让学生体验自主的快乐

——学生自主管理

北京师范大学中国基础教育质量监测协同创新中心
『中国好老师』公益行动计划办公室 ／ 主编

北京师范大学出版集团
BEIJING NORMAL UNIVERSITY PUBLISHING GROUP
北京师范大学出版社

图书在版编目（CIP）数据

让学生体验自主的快乐：学生自主管理/北京师范大学中国基础
教育质量监测协同创新中心，"中国好老师"公益行动计划办公室
主编. —北京：北京师范大学出版社，2019.11
（"中国好老师"育人故事）
ISBN 978-7-303-25274-9

Ⅰ.①让…　Ⅱ.①北…②中…　Ⅲ.①中小学生-自我管理-研究
Ⅳ.①G635.5

中国版本图书馆 CIP 数据核字（2019）第 239389 号

营 销 中 心 电 话　010-57654738　57654736
北师大出版社职业教育与教师教育分社　http://zhijiao.bnup.com

RANG XUESHENG TIYAN ZIZHU DE KUAILE XUESHENG
ZIZHU GUANLI

出版发行：北京师范大学出版社　www.bnup.com
　　　　　北京市西城区新街口外大街 12-3 号
　　　　　邮政编码：100088
印　　刷：北京盛通印刷股份有限公司
经　　销：全国新华书店
开　　本：787 mm×1092 mm　1/16
印　　张：20
字　　数：300 千字
版　　次：2019 年 11 月第 1 版
印　　次：2019 年 11 月第 1 次印刷
定　　价：60.00 元

策划编辑：姚贵平　伊师孟　　　责任编辑：肖　寒
美术编辑：焦　丽　　　　　　　装帧设计：焦　丽
责任校对：段立超　　　　　　　责任印制：陈　涛
特约编辑：许倩茹　徐田文

序　言

"中国好老师"公益行动计划（简称"公益行动"）已经走过了不平凡的五年历程！为响应和落实习近平总书记 2014 年教师节前夕在北京师范大学考察时关于"四有"好老师的重要讲话精神，北京师范大学联合兄弟师范院校一起，发起了"中国好老师"公益行动计划，旨在提升我国基础教育阶段教师育人素养和能力，推动教育公平及优质发展，促进亿万儿童青少年的健康成长。

五年来，"公益行动"大力弘扬"四有"好老师精神，构建全国育人共同体，目前全国已有 6000 多所学校成为"公益行动"的基地校，广泛分布在全国 31 个省（市、自治区）、300 多个地（市）、3000 多个区（县、团场）；20 多万名教师活跃在"中国好老师"网络平台上，交流、学习、分享他们的育人经验；有一大批"公益行动"的基地校通过学校发展共同体，牵手互助，为贫困区县和教育薄弱地区教师的专业发展拓展了空间；"公益行动"面向中小学校开展了近百场多层次的育人能力提升培训，提炼、总结和宣传了一大批优秀育人经验和案例，营造了立德树人、尊师重教、争做"四有"好老师的良好氛围，提升了基础教育阶段学校与教师的育人能力，产生了广泛的社会影响和认同。

"'中国好老师'育人故事"是"公益行动"实施过程中教师们育人实践和研究的案例精粹。2017 年"公益行动"办公室面向全国"公益行动"基地校开展的优秀育人案例征集活动，收到相关案例近万篇，遴选了一等奖案例结集出版。"公益行动"办公室通过多种方式赠送给参与"公益行动"的学校和教师，受到了校长和教师们的热烈欢迎与高度评价。2019 年年初发起的案例征集活动，收到各类征文 23986 篇，反映了参与学校和教师对这一活动的热烈响应和高度认同。

育人案例的征集出版，是"公益行动"发展整体计划的有机组成部分。从

2018 年开始，"公益行动"更加聚焦于学校和教师育人过程中长期存在的真实问题和现实难题，在各地调研和专家研讨的基础上，提炼出四个最为迫切、亟待解决的育人问题模块。这四个模块分别是：模块一，教师如何有效进行心理调适、提升职业幸福感；模块二，如何有效开展家校合作，形成育人合力；模块三，如何关注和帮助有特殊需求的学生群体；模块四，如何提升学生的自主管理能力。"公益行动"办公室鼓励各基地校根据本校实际情况开展有效的行动研究，通过"做中学、学中做"，有针对性地研究并解决育人中的实际问题，在教育实践中不断创新育人方法，丰富育人策略，提升育人水平。今年的征集活动也围绕这四个模块进行，其中，模块一 3002 篇，模块二 4362 篇，模块三 10987 篇，模块四 5635 篇。经过三次评审并邀请专家对入选文章逐一点评，最后结集出版为四本书。这次活动案例主题更加具体，参与人员更为广泛，论文质量显著提高，体现了参与"公益行动"的学校和教师育人研究和实践的日益广泛和深入。

书中的故事和案例来自学校和教师的行动研究和日常实践。和往年一样，这些故事和案例不仅总结和提炼了不同育人情境中的有效方法，也记录了教师在育人探索中的心路历程。故事本质上是对自身历史的一种记忆或再创造，它以直观、生动的形式传播着我们的价值理想、观念认知和情感体悟，也深刻地引导着我们的未来与发展。我相信这些故事更具有打动人心的力量，因为这些都是事关育人的故事，事关生命呵护的故事，事关孩子和教师们生命共同成长的故事！

我相信，不仅广大教师能从中汲取育人方法，获得育人动力，教育研究者和观察者也会受益匪浅。当我们拥有越来越多美好的育人故事的时候，我们的教师就一定能够拥有更为充实、丰盈的教育人生！我们的学生也就一定能够拥有更为光明、灿烂的明天！

董奇

2019 年 10 月

目　录

CONTENTS

小学自主管理案例——新手班主任的探索发现之旅

山东省东营市晨阳学校　王婷婷

"老师，小亮出去的时候推我，还说闪开！""老师，小鑫他跑到外面去了！""老师，小林拿了我的铅笔！"……

类似的对话一直发生在我的工作中，除了正常上课时间，早读、午练和课间期间，总是有可爱的学生们跑到我跟前来，一一举报其他学生的各种行为。如此海量的事件信息就如汪洋中的海浪，处理了一个又来一个，真是"一波还未平息，一波又来侵袭"。

一、基于素质教育和核心素养要求，学生自我管理需求迫切

2018年年初，我成为了新入学一年级六班的班主任。作为一名具有十来年教龄的新手班主任，我既有初任新职的紧张忐忑，也有多年丰富教学经验的信心打底，在接受任职的那一刻，我已然做好了全心全意迎接挑战的准备！当面对同学们这些问题时，我凭着经验帮他们一一解决，但此类事情实在太多，且花费我太多的精力。我一直思考如何才能有效改变现状，而后我逐步认识到只有提高学生的自我管理能力，解决问题才能事半功倍，使我用更充裕的精力来提升班级管理水平，引领学生集体向好发展。

国家提倡的素质教育是一种发展人、完善人的教育，提倡学生自我教育、自我管理、自我学习。如何使学生学会自己管理自己，以其为主体培养具有自律、自爱等自立品质的性格，是广大教育工作者亟待解决的课题。《中国学生

发展核心素养》也明确写道："我们的学生，你们的孩子，能正确认识与评估自我；能依据自身个性和潜质选择适合的发展方向；能合理分配和使用时间与精力；具有达成目标的持续行动力。"

恰逢此时，学校开展"学生自主管理"课题研究，这为我打开了一扇新的大门，我一头扎进课题研究工作，如饥似渴地学习关于"学生自主管理"的知识，借助"中国好老师APP"，我了解了许多"关于如何提升学生自主管理能力"的学生自主管理的实例。在学习的同时我也一直思考着教学实际情况，毕竟他们是一年级小学生，刚入学的他们能做到哪一步？我逐步尝试着理论联系实践，将这些方法活学活用到班级管理中。

二、优选合适班干部，打造班级管理"领头雁" ﹥﹥﹥﹥﹥﹥﹥

我先优选整合了班干部团队。在班级成立之初，我为了便于管理和熟悉学生，表现好的学生都给安排了一个班委岗位，但因此也出现了责任不清、多头推诿的现象。同时我也认识到，并不是成绩好就能胜任管理工作，也不是只有成绩好的学生才能担任班委职务。作为班干部不仅需要自身优秀，还需要其本身有积极投身参与班级管理的意愿和能力，而这方面学生本身的性格因素影响更大。

优化整合后，班干部成员缩减到班长、纪律委员、学习委员、卫生委员和体育委员五人，我把他们每个人的职责都细细地作了说明，确保他们明确自己的负责范围。

经过一段时间的观察，我发现这样效果非常不错。在一次大课间，我在其他班上完课回到班级时，看到我们的小班长和体育委员正在组织同学们做室内操，秩序井然。顿时让我感叹：这些小家伙真棒！

还有一次，学校组织下午最后一节课大扫除，我提前布置了任务。当我往教室走时，通过窗户看到楼道都是晃动的小脑袋，走进楼道才看清楚：学生们拿着抹布擦窗台、窗户、墙壁，一个个认真又细致。走进教室里，我看见在班委和小组长的有序组织下，有的人在拖地，有的人在扫地，还有一部分人在小水房冲洗拖把、抹布，忙而不乱。这大大出乎了我的预料，看着这群孩子笨拙又认真的劳作模样，我也被他们积极热情的行为感染，参与进去，整个班级洋溢着欢乐的工作氛围。

三、优化班级组织结构，做到班级管理人人有责 >>>>>>>

一段时间之后，我意识到管理班级只有五位同学还远远不够，于是我把班级分为十一个小组，将小组范围缩小：由原来的六人减少到了四人，选出两人作为正副组长，实行一人带一人的制度。同时也为组内另两位同学安排任务：组内卫生监督员和纪律监督员。让每位同学都有存在感，每位同学都能为班级出一分力，各尽其职。

每周的值日生也同理安排，小组长带领组员各自负责卫生区域，并进行检查。小组改制后，同学之间出现的矛盾，可以由班委和小组长进行处理。最基本的对与错大家都能评判无误，这又是一个学生自我管理升级的意外惊喜！

四、运用绘画心理学读画读心，深入了解学生内心世界 >>>>>>>

我是一个有十几年教龄的美术老师，同时非常喜欢研究心理学。为了深入了解学生和管理班级，我在跟学生谈话之外，也会利用自己掌握的美术心理学知识，通过学生们的绘画作品，深入分析学生行为和潜意识信息，促进师生之间交流。

小帅同学（化名）画的主题是我的爸爸妈妈。其中爸爸妈妈各自在房间看手机，这体现了孩子对生活中父母的认知。在画的另一面，小帅还画了两个小朋友。我问他这都是谁？他回答：我和朋友。

我问他妹妹没一起玩吗？他说他最讨厌妹妹，所以没画她。

通过绘画，了解到小帅可能属于理想型（人格），爱思考一些不实际的事情（画面偏上），期望自己被关注（自己和小朋友，自己画得比较大，较细致，朋友以简单线条勾出，自己周围有较多的火箭包围），目前带有一些攻击性（尖尖的火箭）。同时发现画上的人物之间都不善于倾听（人物都没画耳朵），对于妹妹比较排斥（没有画妹妹）。

后来，我把这幅画拿给小帅的妈妈看，通过交流了解到，小帅确实比较以自我为中心，在家跟妹妹发生冲突时，也绝不谦让。他们家有电子产品商铺，放学后小帅会跟周围店里的小朋友玩手机游戏。妈妈也承认看手机的时间较多，跟他爸爸商量以后尽量少在孩子面前看手机。

同时，小帅也是内心特别渴望被认同的孩子，中午上学他习惯第一个来到教室。我抓住他的这一特点，在选小组长时，我把副组长的任务交给他，并明确告诉他，一定做到模范带头作用！没多久他妈妈给我发来信息说，小帅做事变得积极主动，对妹妹也开始谦让，说要做榜样。这对我来说也是很意外，没想到这一点的肯定，对他的自我管理有这么大的改变。我在高兴的同时也在思考：怎样进行下一步的深化巩固。

小帅的改变，让我有几个感悟：

（1）刚入学的一年级学生面对这个班级是陌生的，他们的身上都带着"刺"或者"硬壳"，这是一种自我保护。因此作为老师除了创造一个轻松的环境外，还要及时关注学生们之间不和谐的现象，在特殊时期比较容易爆发，还造成扩大化事件。

（2）班级里"带刺"的同学比"带壳"的更容易吸引老师的关注，但作为班主任掌控住整个班级的氛围，调动起多数同学自主管理的积极性，"带壳"的同学们也会从"壳"里走出来。

（3）学生一旦出现问题老师要有足够的耐心，先站在当事人的角度，说出他的感受、认同他。然后提出问题、引导他们，如果一开始就下结论说教，很难说服他们。

五、建章立制和奖惩结合，激发学生自主管理内生动力 >>>>>>>>

成熟的班级管理模式，必须要有详细的规章制度，在中小学行为规范的基础上，根据学生年龄特点和班级具体情况增加相应的规则。例如，在学校规定的校服日，没有穿校服的同学会扣分，从而影响小组的名次。制定每一项的加分、减分，进行组内评比竞争，加强学生们的竞争意识，每周评选一次优胜组，每月颁发一次奖励。为了增加奖励的趣味性，我特意准备了抽奖箱，这有效地增加了学生们比学赶帮超，提升自我管理，进行自我约束的内在动力。

作为一名新手班主任，带领着一年级同学开展学生自主管理，我在管理中并不是一帆风顺的，虽然取得一些小小的成果，但还有很多地方存在不足，需要和领导、同事们进一步地探索和研究，期待我能在自我管理的探索之旅上与学生们共同成长！

点 评 ▶▶▶▶▶▶▶

　　爱告状是低年级小学生的常见行为之一，容易让班主任陷入纠纷解决的"泥潭"，一天到晚疲于奔命地"当法官"，从而造成职业倦怠。对于此现象，构建系统的班级管理平台、培养学生自我管理和自我教育能力是解决上述问题的根本方法，本文老师在此方面进行了一些有益探索。

　　总体而言，该老师首先是优选合适的称职班干部，班里的小干部人数精减，且并不以成绩为唯一选择因素；其次，在原有班干部体系运行一段时间后，在进一步明确班级任务和岗位的基础上，吸收更多学生进入班干部体系，构建及优化班委和小组长合作体系，做到班级管理人人有责；再次，该老师立足自己的美术学科优势，对个别困难生进行重点帮扶，真正走进他们的内心，引导他们自己解决问题；最后，该老师构建了评价体系，对学生的自主管理行为进行针对性评价，运用外在奖惩制度塑造学生良好行为，并在此基础上激发学生自主管理的内在动机。

北京师范大学教育学部讲师　李蓓蕾

"早读小剧场"的惊喜

广东省华景小学　殷润璐

刚接手一年级新班级的时候，为了提高学生的阅读素养，我和学生共同制定了一条班规：每天到校后，在正式上课前进行十分钟早间阅读。但是执行一段时间后，我发现这条班规并没有得到很好贯彻，不少学生经常在正式上课前两分钟才来到学校，有的甚至在上课铃响后才匆忙进入教室，迟到现象严重。经过私下向家长了解情况，我发现大部分学生起床时间并不晚，但由于起床后时间观念淡薄，导致洗漱动作慢、吃早餐拖拉，在时间管理上还未能养成好习惯。另外，学生觉得早读主要是重复已经学过的字词和课文，内容过于单调，导致部分学生早读积极性不高。怎样才能改变这种现象呢？经过思考，我决定针对学生喜欢趣味活动的特点，尝试一种表演模式的早读，于是，我们班的"早读小剧场"活动便应运而生了。

当我在班上宣布每周三开展"早读小剧场"活动的决定时，孩子们一下子欢呼起来，一个个眼神中投射出兴奋之情。有些孩子已经开始兴高采烈地讨论自己想表演的内容，有的则开始寻找自己的表演伙伴……看到他们对早读又产生了浓厚的兴趣，我心里甭提多开心啦！

"不以规矩，不能成方圆。"要让"早读小剧场"从想法变成现实，还需要跟学生共同制定方案和规则。为了保证活动不打折扣地开展下去，我首先跟学生"约法三章"：一是要有规则意识，不能临时变更和迟到；二是认真准备内容，不能敷衍了事；三是学会取长补短，不能只走过场。接下来，我们一起讨论制定了小剧场表演的方案。方案主要从小剧场表演过程的三个方面提出要求，即表演前：（1）自行找三到五名小伙伴结成表演小组，选出组长，取好组名，共同商讨小组要表演的内容，做好排练。（2）正式表演前的两天内要自行设计简易海报进行宣传。（3）表演主题、方式不限，但内容需要积极向上。表演时：（1）每周三7：50到教室的学生领取门票到指定座位观看表演，迟到学生只能站在门口观看。（2）观看时，保持安静，需学会倾听和欣赏。表演后：（1）学会找出别人的闪光点进行学习，对于不足之处，可以用恰当的语言提出改进建议。（2）每个小组表演完成后，由组长总结收获和感受。

一系列的方案、规定渐渐明确，孩子们的筹备活动也热火朝天。一切准备就绪，"早读小剧场"表演之旅在孩子们的分组抽签后逐渐拉开了帷幕，一个个小惊喜也随着活动的开展而悄悄呈现。

下周就轮到"斯特龙"小组表演了，但他们小组的四位男生却在排练中屡次因为意见不统一而闹起了矛盾，甚至有两名组员申请退出。我私下找小组长子皓询问情况，他支支吾吾地说了半天也没说清楚。于是我给他建议，团结是他们小组的首要目标，同学闹矛盾，小组长要先了解清楚矛盾在哪里，再对症下药。子皓听明白了，他决定利用课间召集小组成员开个"解矛会议"，同时邀请我旁听。第三节下课后，我按约定去旁听子皓的小组会，正好听到他在问两名组员："你们申请退组的原因是什么？"活泼的韩浩委屈地答道："因为我觉得陈辰排斥我！"陈辰马上反驳道："你一下课就爱跑到我这里捣乱，我很不喜欢！"韩浩一听，连忙回答："那还不是因为我下课想找你玩嘛……"这一下子皓终于找到原因了，他赶快说："韩浩，你还想继续和陈辰做朋友吗？""想啊！""陈辰不习惯你玩的方式，你能不能稍微改一下？"韩浩不说话了。子皓又说："你想跟别人玩的时候，要先问一下或者打个招呼，不要那么暴力就好啦。"韩浩渐渐明白了，原来他认为自己平时习惯采用的带点儿暴力的打招呼方式是属于好兄弟的表现，却没想到对方不习惯，于是他小声说道："我明白了，陈辰，对不起，以后我会改一改。""没关系，我也有些误会你了。"陈辰小声地回答。看到矛盾解决了，我赶快建议子皓趁此机会把小组表演的主题、排练时间和方式马上定下来，韩浩和陈辰也积极配合组长的工作。因为这次矛盾，"斯特龙"小组比其他组晚了两天排练，他们更懂得了珍惜时间和加强沟通的重要性，课间我经常看见他们聚在一起讨论、反复商议。轮到他们表演时，尽管他们小组呈现的效果不算太精彩，但是他们还是完整地表演了预期的节目，最重要的是，他们没有因为闹矛盾导致不欢而散，也没有打乱其他小组的安排。当看见四个小男孩一起拉着小手谢幕的时候，我感觉到友谊的种子已在他们心中深深扎根，他们学会了沟通，学会了相处，更学会了合作。

梓晴同学是"鲸鱼"小组的成员，她是一位性格内向的小女生，平时课堂回答问题时声音不大，经常需要提醒好几次才能慢慢提高音量。后来，我渐渐发现梓晴课堂发言时的声音已经能够让全班同学都听清楚了。一开始，我还以为是我不间断的提醒奏效了，禁不住一阵窃喜。然而，某天下午观看了"鲸鱼"小组的课外排练后，我才明白了真正的原因。佳荣组长为了让小组的表演能够出彩，在排练中时常大声地鼓励组员要勇敢表现自己。对梓晴同学，佳荣尤其真诚地赞赏她的声音好听，并且多次对梓晴说："你表现得很好！如果再大声点儿就更棒了！"在组长的赞赏和组员的鼓励下，梓晴同学的音量在一次次排练中很自然地提高了，胆量也随之变大了。表演当天，全班不约而同地为他们表演的精彩故事热烈鼓掌。"鲸鱼"小组所有人的脸上都现出满满的自豪感，梓晴的表情里更多了几分自信和满足。像梓晴一样，很多同学通过"早读小剧场"的表演活动提高了胆量，提升了信心。同学们在活动中学会了赞赏，学会了鼓励，学会了帮助同伴找到自信。

随着"早读小剧场"活动的开展，家长们纷纷向我反映学生的变化：很多学生为了准备表演内容，用更多的课余时间来读书，玩游戏的现象少了；学生的阅读范围已经不局限于童话、漫画，很多人渐渐开始浏览历史、文化、军事等类型的书籍；不少学生还会利用课间的几分钟讨论好故事，交流读书心得；为了早读表演不迟到，学生们越来越懂得珍惜时间，早上的做事效率大幅提高，迟到现象越来越少……看着学生们点点滴滴的变化和进步，我和家长们深感欣慰。

"早读小剧场"表演活动不仅帮助学生树立了规则意识，而且让他们认识到时间管理的重要性。小组合作学习则帮助学生树立了协作意识，他们学会了通过沟通来解决问题，通过赞赏鼓励同伴获得共赢……著名的教育家叶圣陶先生曾说过："什么是教育，简单的一句话，就是要养成良好的习惯。好习惯养成了，一辈子受用；坏习惯养成了，一辈子吃亏。"在"早读小剧场"的惊喜之旅中，孩子的好习惯在慢慢养成，同时也启发了我要学会慢教育，让我明白要带着发展的眼光去看待学生。教育的艺术不在于传授，而在于鼓舞和唤醒。孩子自发的力量是强大的，他们的闪光点也是不一样的，作为教师，我要懂得去激发他们内心的力量，促使他们学会自我管理，自我约束，培养良好的习惯，养成健全的人格。

"早读小剧场"给我们班带来了无限的惊喜，我知道更大的惊喜还将继续。

点 评 ▸▸▸▸▸▸▸▸

小学低年级是学习阅读的启蒙阶段，培养学生良好的阅读习惯、促进其阅读能力的提高，对于学生后续的学习和发展具有重要意义。但是对于识字不多、尚没体验阅读魅力的小学一年级学生而言，老师需要采用多种手段提升其阅读兴趣，慢慢吸引其进入阅读的世界，而将阅读的内容表演出来则是其中最有效的方法之一。文中的老师正是运用了这种表演的方法，旨在改变原有单调的阅读活动，提高学生的早读积极性。好的形式还需要一定规则的配合才能得以顺利实施，因此文中的老师还非常有针对性地制定了表演前、中和后的相关规定，是非常有智慧的。

当然，在老师准备好了一切以后，还会有时不时的小意外，需要老师适时地介入。但是在定好规则以后，老师应该是发挥学生自身的主动性，让他们自己去发现和解决问题，这样学生才会有更大的成长。因此就像文中所写的那样，孩子们在活动中学会了合作、赞赏和沟通，这就是比学会阅读更大的收获了。

北京师范大学教育学部讲师　李蓓蕾

预习的故事

四川省资阳市乐至县城西小学校　李红梅

"凡事预则立，不预则废"，"预习"就是提前学习和学前准备，是学生"学会学习"的必要前提，是学生以自学形式进入正式学习的预备环节，它在整个学习过程中具有重要的地位和作用。预习的深入与否，直接影响着学习课文的效率。孩子养成了预习的习惯则会事半功倍。

因为预习，我经历了最不开心的一节课。

2016年9月，我新接手了我校三年级十班的语文教学工作。开校第一天，新老师、新学生互相见面，一切都是那么美好。开学第一课，孩子们炯炯有神的大眼睛齐刷刷地盯着我，听我介绍小时候读书的故事、我以前教过的孩子的学习故事等，表现得特别好奇、特别用心，还时不时地向我发问。刹那间，我就爱上了这个班的孩子，心情一片大好。在那些故事里，我就有意识地渗透了课前预习的重要性，以及语文预习的方法。我也指导学生把预习的步骤简要地写在了语文书的扉页上，要求学生回家预习第一课《大海》。第二天，满以为孩子们已经做好了预习的我兴高采烈地踏进教室，按设想好了的教学流程引导孩子进入课堂学习。结果到了预习情况检查的环节，我开始检查生字词语的认读，发现很多孩子读不准音或者根本不认识；查朗读课文的情况更是糟透了，孩子们句子读不通，读不正确，不漏字就添字。我只好停下来，领着孩子们一步一步地进行预习、学习。这样下来，这节课的任务才完成了一小半，我带着无比糟糕的心情离开了教室。接下来的几天，我每天课前都检查了一下孩子们在课文中做的预习，发现预习情况也很不妙。一部分孩子根本不预习，书上一个记号也没有；一部分孩子只在敷衍预习任务，简单圈画生字词语、标出自然段序号，勾画的词语都是错的，也许根本不知道组成的是不是词语。只有极少部分学生能自觉预习，根据拼音把课文读通读顺，能利用工具书理解深、难字词，能查阅与课文有关的少量资料，能思考课后问题。

　　而后我分析了一下这个问题：孩子们根本不明白为什么要预习，也不知道怎么做好预习，都认为预习不像其他作业那样要老师批阅，觉得可以不做。他们在一、二年级时就没有养成预习的习惯。而恰恰小学三年级又正是强化良好习惯养成和改变不良习惯的重要时期。《语文课程标准》明确要求"小学中段学生逐步养成课前预习的好习惯"，"学生是语文学习的主人，注重培养学生自主学习的意识和习惯"。要实现课标要求，预习需先行。叶圣陶先生也曾指出：在精读指导前，先得令学生预习。预习，是学习过程中极为重要的一环，也是培养学生自学能力的极好手段。只有学生做了课前预习，课堂效果才能得到保障。因此，我暗暗下定决心，一定要从培养孩子的预习习惯上下苦功夫！接下来我便绞尽脑汁，想了种种办法来激发孩子们课前预习的兴趣，逐步培养他们认真做好预习的良好学习习惯。

一、指导孩子明白语文课前预习方法 >>>>>>>>

　　（1）读——读准字音，读通句子，把课文读流利。

　　"读"在预习中是最不容忽视的一个首要环节。应先把课文读正确、读流利，进而从读中悟理、悟情、悟法，并发现疑难。

　　（2）查——初读一篇新课文，学生总会遇到一些不理解的生字新词。提醒孩子请来字典、词典等工具书帮忙。还可根据课义内容查找相关的资料来拓展阅读和认知。

　　（3）画——画出生字词，重点句段。学生画出自认为精彩的描写、含义深刻的句段及对自己有所触动、有所启发的片段，选用自己喜爱的标志画出来，增加预习的趣味性。

　　（4）想——边读边想，这是读书的好方法。

　　想每个自然段写了什么？课文主要内容是什么？用课堂上学到的方法尝试概括。

　　（5）问——让学生自己提出不明白的问题。

1. 心海起航——预习名言，唤起心灵共鸣

发动孩子收集了关于预习或学习习惯的名人名言若干，摘抄到采集本上。通过读名言，积累名言，实现名言导行，激起心海起航。

名言对孩子的教育影响力是巨大的，孩子能领悟名言的意思，受到良好熏陶，能作为座右铭，指导孩子行为，从而培养学生语文课前预习的兴趣。

2. 榜样激励

结合古今中外名人的优良习惯、身边具有好习惯的人的成功例子，以榜样的力量调动学生的积极情感，激发学生兴趣。结合三年级上册课文《"神童"的秘诀》学习，开启心灵之窗。陈毅学习好，被称为"神童"，跟他学习前认真预习是分不开的。通过学习课文让学生体会到预习的重要性，激起兴趣。学生心里榜样的形象逐渐高大，好的学习方法逐渐清晰。谁不想成为"神童"呢？正如周苗苗说：像陈毅爷爷那样去预习，我喜欢上了预习。

3. 评选"预习小能手"

孩子们总想得到老师或同学的肯定，得到了荣誉，便会骄傲自豪，预习的劲头就更足了。同时，"预习小能手"也是孩子们身边最真实的榜样，值得效仿的楷模，能调动所有孩子语文预习的积极性。

我每周进行一次评选和表彰，并录像或拍照，发在家长微信群里。家长能动态地了解孩子的学习状况，孩子也能获得自豪感。一张张"预习小能手"的笑脸照片也不断地丰富我们的班级相册。唐爽说："坚持预习，让我变得更加优秀。"

4. 情境感染

结合《生活、生命和安全》（三年级上册）中的《看看明天学什么》的教学，创设预习情境，让学生形成预习不可少的意识，从而调动其积极性。

这一堂心理健康教育课，通过创设调查情境，比较预习与不预习的学习效果，榜样交流预习体会等，学生心灵受到冲击，表示今后一定要做好预习的情感受到激发。《中小学心理健康教育指导纲要》中指出：小学中高年级的心理健康教育要帮助学生在学习生活中调整学习心态，提升学习爱好与自信心，克服厌学心理。此节课进一步让学生对养成良好的、有效的预习习惯的重要性有

了深入的认知，形成了坚持下去的意识。

5. 活动激趣

我们还开展了主题活动——预习，助我实现远大理想，通过"摘气球读预习名言、看名人因良好的预习习惯获得成功的视频、听实例、学榜样"等活动，学生受到了熏陶，调动了课前预习的积极性。

活动课上，预习小能手正在交流预习心得。邓宇航说："老师像母亲一样迎接我们走进美丽的课堂世界。那世界有只'拦路虎'，会让我们失去上课的信心。只要我们做好了课前预习，再走进那童话般的课堂世界，那'拦路虎'再也找不着了。提前预习，对我们的学习有很大帮助。"

三、效果和发现 >>>>>>>

现在，我班孩子已经步入了四年级，通过这一年多以来的努力与坚持，孩子们大都养成了良好的预习习惯。从每天收上来的预习卡可以看出，孩子们做得尽心尽力，他们最有兴趣的是查找相关的资料，这加深了孩子们对课文的理解，扩展了阅读量和知识面。学生在课堂上投入度很高，表现得一天一个样，学习更积极了、更主动了，说话声音更大了，会思考了。预习能增强学生的好奇心和求知欲望，能调动学生学习的积极性。更令我惊奇的是，学生自主学习的能力得到了提高，我上语文课越来越轻松省力。预习方法也深入孩子们心中，现在的孩子们脸上没有一丝为难情绪，已经习惯了进行预习，预习能力有了很大提高，学习劲头十足。尤其是林锦涛、倪文杰两个孩子，语文的学习有了质的飞跃，预习习惯好了，语文成绩也变得很好，他们还爱上了课外阅读，这肯定和预习习惯的养成是分不开的。不少家长也反馈：孩子对语文感兴趣！这既是对孩子学习的肯定，也是对我语文教学最大的认可！

预习是学习的前奏，前奏激起了兴趣，打下了基础，乐曲才动听、才吸引人。如何培养孩子良好的预习习惯以及自主学习能力，我们需要的是躬身前行，行走在探索的路上。

　　"预习"在整个学习过程中具有重要的地位和作用，很多老师采取了很多方法和措施，希望帮助学生建立预习的学习习惯，但效果并不如意。李老师面对语文教学中学生在预习时出现的问题，积极应对，效果很好。

　　1. 教师的情绪觉察与管理能力为辅导学生的行为重建，奠定了基础。当学生出现问题时，老师及时地觉察学生的情绪，并进行有效的管理，避免了负向的评价带来的学生的负向情绪。

　　2. 在重塑学生的行为前，兴趣的激发很重要，老师通过活动，唤起学生的共鸣，激发兴趣，进行行为改善。

　　3. 重行为和方法的指导，而不是评价式的教育。发现学生的问题后，教师没有马上去指导和教育，而是将重点放在预习的方法的指导，进行有效的行为训练。借助多学科融合，通过心理活动课、班会、主题活动等，关注学生的内在体验，从不同角度帮助学生调整观点，最终落在行为上。

北京市东城区教育研修学院心理教研员　　赵晓颖

班级评价四部曲——积蓄内心自律力量

北京市北京小学长阳分校　李晓瑾

　　"李老师，咱们班卫生因为琪琪扣分了！""李老师，大阔和别人吵起来啦！""李老师，您看队列这样行吗？""李老师，摘抄作业交到哪儿？""李老师……"

　　告别大学校园的第一年，我迎来了我的第一批学生，带着期待与忐忑，初出茅庐的我成为了一名新手班主任，成了全班43位孩子的"母亲"。一开始我由于新接班、没经验，显得热情有余而思考不足，几乎从早到晚所有时间都围着学生转，从进班准备到早读到上操再到用餐，中间穿插着辅导和谈心，俨然把自己搞成了"多面手"，什么都想"自己管"，什么都要"一把抓"……班级管理表面上看顺风顺水了，随之而来的是自身愈发力不从心，效率低下，学生也缺乏自主性……苦恼之余，我不断总结经验和思考改进办法。

一、班级评价四部曲之"老师，我做的怎么样？"

　　这一天，课间操结束了，孩子们迅速从楼道中拥入班级，享受着自己的闲暇时光。我克制自己想开口管理纪律的冲动，站在教室一角静静观察。教室里此时此刻可以说是热闹极了，我在不引人关注的角落里看着有的孩子随意地搬动椅子，椅子和地面摩擦发出刺耳的声音，有的孩子跑到离自己座位很远的教室另一端，有的孩子静静地捧着本书看得津津有味，有的孩子正有说有笑，边喝水边和同桌聊天……没两分钟，有机灵的孩子看到了我"凝视"的目光，吐吐舌头回到了座位上，我心里不禁苦笑："我哪儿就那么凶神恶煞了？"

随着熟悉的音乐响起，上课时间到了。孩子们逐渐安静下来，第一声上课铃响了，全班80%的孩子已经坐好，第二声上课铃响起的时候，还有两个"猴孩子"慢悠悠地向自己的位置走去。

我走上讲台，耐心地等待着每个人落座，孩子们似乎发现了我今天的"反常"，都静静地看着我，似乎没有我的评价就不能开始一节正式的课了。我努力控制着自己的"评价欲"，目光扫过每个孩子，然后笑着说："同学们，上课。"在孩子满脸的疑惑不解中，一节没有对课间状态、课前准备进行评价的语文课结束了。

在第二个课间，我"故技重施"，又走到了角落里，看着他们在教室里的举动。到了第三个课间，孩子们似乎看我在一旁观察也是不太自在，不自觉地收敛了声音，班里的小干部也终于"现身"了，就连班里最淘气的大芮也觉出了异常，他赶紧凑过来问我："李老师，您今天怎么没管理我们的课间纪律呢？"

终于等到有人问了！看着旁边探头探脑想偷听答案的孩子们，我压抑住心中的窃喜，装作恍然大悟的样子："哦！我说你们怎么突然不用老师要求，自己都能做得这么好了，原来这是等着我评价呢！我看你们今天不用老师评价做得也不错，这样，这回咱们一起说说。"

二、班级评价四部曲之"他是我的小榜样。" >>>>>>>

顺水推舟，一节班会课就这么开始了。

刚开始，孩子们还是等着我的评价，想听我口中的"某某某第一个准备好上课的学具……""某某组坐姿始终特别端正……"这些每天重复的细节评价好像还是有着某种魔力似的，吸引着孩子们的目光，今天我却暗下决心不夸。

"榜样"。当我在黑板上板书下这两个字时，孩子们似乎还是有些疑惑。

"今天老师不是评价员，我只是一个观察者，我看到了很多发生在我们班级中的值得鼓励的现象，值得学习的行为。不过，这次班会的主角可不是我，是在座的每一位同学，我们既然都生活在这个集体中，那么相信，你眼里、心里一定有想要学习的榜样，不管是学习还是纪律、卫生，这个小榜样身上一定有着值得我们所有人学习的优点，谁愿意跟我们一起来分享分享，他是谁呢？"

班里一度陷入了安静，似乎孩子们都在思忖这个问题到底该如何回答。

"我认为咱们班的梓淳是我的榜样。"一个温柔的声音响起，"因为今天课间，她一直都在安静地看书、学习，课上的时候只要我一走神，她就会提醒我。"

一个声音发出之后，其他人好像得到了启发似的，都迫不及待地想发出自己的声音。

"我认为张璋是我的榜样！"

"我认为灿阳的优点值得学习。"

"咱们班轩轩作为卫生委员特别尽职尽责。"

……

孩子们纷纷挖掘出班级里的"正能量"，他们言语中所提及之人，那小腰板也如同灌了水的树苗，愈发挺拔起来。就这样，孩子们终于愿意让我退下"神坛"，自己主动站到班级评价的正中央。

三、班级评价四部曲之"请让我来帮助你。" >>>>>>>

一石激起千层浪。这下"找榜样"可在班里炸开了锅。这个时期的孩子们有着很强的上进心和自尊心，都希望受到老师、同伴的赞赏，得到表现的机会。结合我们班孩子的情况，抓住孩子们的这些特点，我们在各组分别申报了友善组长、卫生组长、纪律组长、学习组长，在班上不断树立优秀小榜样，激发每个孩子参与集体活动的热情和承担责任的信心，让每个孩子在集体中找到自己的价值，也在班中形成"人人有事做，事事有人做"的良好氛围。

我想，不论是谁心里都有个想要成为榜样，想要成为英雄的梦吧。

于是在班里，越来越多的正能量涌现出来，学习好的孩子主动给身边同学讲题，卫生组长教会组员如何整理桌洞摆放，纪律组长想方设法地琢磨控制音量的好方法……正因为孩子们自己站到了评价的正中央，用积极的评价、由衷的崇拜、热烈的赞颂去浇灌同伴和自我的心灵，所以"我能成为小榜样""请让我来帮助你"才能渐渐地成为我们班的班风正气。

四、班级评价四部曲之"自律让我更优秀。" >>>>>>>

"班级的事靠谁解决？""我们自己有一套！"班会的"放权"让孩子们兴致昂扬地站到了讲台中心，在后期开展的"自律"主题班会上，他们自己就能组织讨论班级中存在的问题、确定班级愿景，制定班规、形成共同努力的目标，而对于自己经过认真思考制定的目标，孩子往往更愿意接纳。

如今孩子们已经渐渐长大，作为班主任，我在平时也特别重视抓住小的教育细节引导学生关注自身的行为，力求把小事做得越来越好，如每天读进班的字帖静心，上下楼梯时的轻声慢步，已经成为孩子们的自觉行为，每每说起他们也为之骄傲。虽是小事，却也给了孩子们对自己成长的深切肯定和无限期盼。

苏霍姆林斯基说：我们教育工作者的任务就在于让每个儿童看到人的心灵美，珍惜爱护这种美，并用自己的行动使这种美达到应有的高度。那么我想，激励引导，让孩子们自己主动站上评价的正中心，让孩子们自己去发掘内心的自律潜能，是我们每一位教育工作者义不容辞的责任。希望孩子们都能在逐渐长大的过程中，慢慢学会做自己的主人，积蓄内心自律力量。

以上所述，即是作为新手班主任在改革初体验的"苦差事"里尝到的些许"甜头"，"蜜果"摘下，愿在今后的教育教学生涯中细细品味，我们的班级评价成长四部曲完美奏响，后边的绕耳余音，未完待续……

点 评 ＞＞＞＞＞＞＞

作为一名新任班主任，学生管理、班级建设是工作的重点和难点。本文作者李老师，在工作力不从心，效率低下，学生缺乏自主等问题呈现的时候，能够用心思考，并积极尝试，以班级管理四部曲的探索，激发学生的动力。

1．不着急解决问题，而是把握机会，引导学生自我发现，自我改进，形成良好的动力。

2．关注积极，发现榜样，帮助学生发现同伴的努力，进而进行自我约束。相互鼓励，也能形成良好的班级氛围，为班级建设奠定了基础。

3．抓住学生的心理特点和内在需求，激发互相帮助的热情，形成融洽、真诚、安全的同伴关系，彼此接纳，互相友好。

此外，本文的字里行间，通过老师描述学生的行为，同伴间的交往，班级动力的生成等，让我们感受到老师对学生浓浓的爱，因为这份爱，老师看到学生的美好，学生的努力，也能理解和接纳学生的一些行为方式。而这些，也会慢慢地打动学生，最终达成教育目标。

北京市东城区教育研修学院心理教研员　赵晓颖

习惯养成，遇见更优秀的自己

北京市海淀区教师进修学校附属实验学校　张华锋

习惯是指经过重复训练而巩固下来的思维模式和行为方式。培根曾在《习惯论》中说道："习惯决定性格，性格决定命运。"可见好的习惯对人一生的发展至关重要。

初一的孩子，结束了自己快乐的小学时代，开始了崭新的初中生活，而中学生正处于人生重要的转折时期，各种行为、习惯都在不断被塑造，这个阶段正是习惯养成的好时机。今年我所带的班为初一7班，全班共有41个孩子，通过调查我发现一些孩子有良好的学习习惯和行为习惯，而大部分孩子做事较为随意，没有养成优秀的学习习惯和行为习惯。那么培养好的习惯便是我需要去解决的问题。下面我来谈谈我是如何践行习惯养成教育的。

一、营造氛围，激发学生内在动机 >>>>>>>

在接班主任之前，我就一直在思考一个问题，我想把我的班带成什么样子？

入学后的第一天，我便向孩子们提出了这个问题。三天的班级文化建设，我和孩子们一起寻找这个问题的答案。三天后，便有了我们班独特的班训、班徽、班歌以及班级公约。

我还让孩子们查阅了学校的历史，我把学校20年来的发展变化呈现给学生，让他们了解到学校是如何从一所小区配套学校发展成为海淀区优质示范高中，还请了两位高中学长来班里进行演讲，和班里的孩子们谈谈他们来到这所学校后自己的发展与变化。

初一的孩子来到这个新的校园，是需要一定的时间去适应的。首先，要让孩子们接纳并且认可这所学校。其次，要通过班级发展愿景的描述和班级文化的建设，让孩子们对自己三年的初中生活充满期待。

二、目标与方法，习惯养成的有效路径 >>>>>>>>

当孩子们有了很强的意愿想要变得优秀的时候，目标的制定就非常重要，好的习惯养成目标可以为学生的成长提供路径。所以我和孩子们分别从学习、行为和思维三个方面制定了详细的习惯养成目标，并且和孩子们一块讨论如何能达成这些目标，最后制定了习惯养成计划表（表1）。

表 1 习惯养成计划表

习惯	具体习惯	具体措施	教师核心行为	学生的核心行为	习惯养成策略
学习习惯	时间规划	早读20分钟规划	1.教师行为与教育环境相适应。2.做好动员,执行起来标准一致。3.理解习惯背后的意义而非"强制管理"。4.鼓励表扬与树立典型。5.对于某些学生要做思想工作，个别指导。6.每天对习惯完成情况进行点评与总结。	1.能选择与环境相适应的行为。2.学会自主规划时间，有自我控制力。3.明确自己的责任与目标。4.能不断反思自己的成长,自觉地接受老师与同学的建议。5.能不断记录自己的变化与成长。6.能将自己的成功经验进行分享。7.通过自评、互评提高自己。	1.全班交流，制定清晰的习惯养成目标。2.将目标细化落实到每日的常规生活学习之中，并对学生的习惯养成提供方法与工具上的支撑。3.利用一日常规量表对学生的习惯养成情况进行评价，并在晚点评或者班会的时候进行表彰与反馈。
	抽象概括	记笔记，单元知识思维导图梳理			
	总结反思	错题本			
	小组合作	积极参与，有效交流			
行为习惯	外在形象	文明礼貌、发型、服饰、课间操			
	内在素养	卫生、打饭、节水节电、财产安全、课间文明、早读、眼保健操、上下楼梯、功能区使用			
思维习惯	反思习惯	晚点评、冥想			
	提问与质疑	每天问自己问题			
	不以自我为中心	心中有他人			
		情绪管理			
		善于倾听，有效沟通			

三、习惯养成评价 >>>>>>>

在有了目标和具体的方法之后，最重要的事情就是保证我们每天可以按照计划去做，所以评价机制就非常重要。在经过全班的讨论和整理之后，把我们这一年要养成的习惯写进了班级公约，以确保我们可以清楚地知道应该养成哪些习惯，并且制定了详细的评价量表，采取积分制的方式，对每天孩子们的习惯养成情况给予及时的反馈。对于完成好的孩子给予表扬与奖励，对于习惯养成困难的孩子给予个别的指导，通过这种不断的强化和反馈，帮助孩子们养成良好的习惯。

四、反思与总结 >>>>>>>

通过一段时间的习惯养成计划执行，我们可以看到学生们身上的变化，而通过这些习惯的养成，孩子们的自主管理能力更强了，自己的目标也更明确了。"习惯养成教育让我收获很大，军训和早操的严格要求，让我有了更加挺拔的身姿；吃多少打多少，打多少吃多少，养成了我爱惜粮食，不浪费的优秀品质；早读和自习课的时间规划，让我懂得了利用时间的重要性，大大地提高了我的学习效率。"这是在习惯养成教育进行了一段时间之后，一名同学的感受。

"播下一个行动，收获一种习惯；播下一种习惯，收获一种性格；播下一种性格，收获一种命运。"人生最大的幸福，就是可以实现自己的梦想，成为自己想要成为的人。我们今天用心去培养、教育学生，使他们养成良好的习惯，遇见更优秀的自己，实现自己的梦想，我想这也是每一名教育者不懈的追求。

点 评 >>>>>>>

　　处于青春初期的初一学生，青春期特殊阶段的心理特点和内在需求，会在行为上有所体现。而小学的学习生活经历，也会在行为习惯方面有所体现。本文作者用心分析学生的问题所在，并施以科学有效的管理。

　　1. 合理地分析原因，关注学生的入学适应问题。老师站在初一新生的角度，帮助学生慢慢适应初中生活。

　　2. 制定目标，提供路径。在学生慢慢适应初中学习之后，老师引导学生基于自我发展的方向，制定目标，提供路径，并具体到学生的行为细节上，通过制定习惯养成计划表，使学生更加清晰地了解自己的目标和所需要做出的努力。

　　3. 本文还有一个很突出的特点，就是不管是目标的制定，还是设计计划表，以及之后的评价，都是基于学生主体，通过学生的讨论和整理，最终达成的。从学生中来，激发学生参与的动力，最终让学生养成良好的习惯。

北京市东城区教育研修学院心理教研员　赵晓颖

跳过旧洞　开凿新洞——换一个方式帮助学生

福建省北京师范大学厦门海沧附属学校　黄少卿

关于思维，有一个很形象的说法：如果我们把思维看作一辆汽车的话，后两个轮子相当于知识、信息和判断、评论；前两个轮子，一个是创新，一个是设计，这两个轮子给我们提供的是方向。作为一名教师，尤其是老教师，日复一日的教学生使我们积淀了很多的教育教学经验，当我们面对学生的问题时，"后两个轮子"犹如老马识途，惯性前行很在行，却往往会忽视"前面两个轮子"，或者说对"前两个轮子"重视不够。由此，工作或者说事业常遇到瓶颈，不能实现新的突破。

爱德华·德·博诺教授说过，"你把一个洞挖得再深，也不可能变成两个洞"，他指出："到目前为止，科学界的大部分努力都是在已经得到认可的洞里做出尽可能大的逻辑扩展。而科学领域中真正的大发现和大进步却都是起源于跳过了旧洞开凿了新洞。"这就告诉我们：多角度多方式地观察事物，才能产生新的想法和创意。科学领域如此，教育教学领域也是如此。

就说学生的作业管理吧。这是很多教师，尤其年轻教师很头疼的事情。当一个学生没有及时完成作业，按照惯性的管教思维，教师多半是问一问原因，或让学生在学校补做作业，或者与家长联系，要求家长重视对孩子的管理，另外对学生进行苦口婆心的教育，要孩子端正思想，端正态度，下不为例。当然，结果很有可能是下次重复这种教育方式。

2015年9月，我开始在班上做一件事。就是坚持在每一节语文课前，预备铃响的时候，让学生诵读中小学必背古诗，正式铃声响后，让学生朗读一篇美文。课一节节上，美文也一篇篇读，但是我从未和学生交流过文章里的内容，没问过学生的感受。

有一天的语文课前，学生诵读了一篇美文《给春天设计一个未来》：

> 春花的计划是秋实。
>
> 没有方向的航行，永远没有彼岸。
>
> 表姐从德国回来，她说，德国人在墙上钉铁钉，都是用尺量好后，才开始钉。但是，我们仅仅用目测或手量，就立即钉上去。
>
> 是人家严谨，还是我们潇洒？
>
> 是我们马虎，还是人家认真？
>
> 这件小事，一直留在我脑海里。而春天来了，除了把她拥在怀里之外，我们该对她和自己许诺些什么呢？
>
> 不久前，我在龙坂光学工业股份有限公司采访时，看见该公司办公室的四周墙上，悬挂七块大看板。每块看板上，均有一很大的正楷字，连起来，就是一句响亮的口号：一开始就要做对。
>
> 该公司经营有方，就在于老板有这份用心和远见。生活中，为人处世，需了解初始的方方面面，然后给自己一个有的放矢的目标。一个正确的开始，是完美结局的基础；而一开始就乱了，还会有光明的前景吗？
>
> 企业家强调做出精密的年度计划。因为愈有妥善完美的准备，愈能创造高度的生产绩效；愈有用心周全的规划，愈能促成执行的得心应手。实际上，又何止企业家需要计划？服装设计大师皮尔·卡丹说：一切都是设计，没有什么不能设计。
>
> 给春天设计一个未来。
>
> 给自己制定一个目标。
>
> 没有计划就是计划去失败。
>
> 让我们一开始就做对，一开始就成竹在胸。

也恰恰就是在那天，一个学生的作业没有完成。我把他叫到跟前询问原因，他说开始忘记了有这个作业，想起来时已经很迟了，就睡觉去了。我本想批评他，迟疑了一下，就问道："今天语文课前读了一篇文章，还记得题目吗？"

"《给春天设计一个未来》。"他回答得很快。

"读这篇文章最深的感受是什么？"

"做事情要有计划。"他脱口而出。

"文中谈到一个口号，朗读时老师让你们重复读了一遍，还记得吗？"

他略一迟疑，说道："一开始就要做对。"

"你反省一下，作业没有完成，现在有什么想法？"

"老师，我要安排好自己作业的时间。"

"不为自己找借口，一开始就做对，这样能养成良好的习惯，对吗？"

他真诚地冲我点了点头。

我们的交谈很轻松，而他也很快把作业补完，此后，居然再没有发生漏做作业现象。他的反省与改变，就来自上课五分钟的一篇阅读。

天下事，多到不计其数，人不可能件件亲自实践。人这一辈子，无论怎样辛劳、勤勉，实际上只能在极小的范围内体验生活，体验人生。个人之体验，如沧海一粟。不可否认，我们正处在一个躁动的时代，求新求异求快求变，在这种环境下，成人尚且难以沉静下来，何况孩子。如果我们没有与时俱进，用有限的体验去管理学生，那效果肯定不好。而借助读书可以让学生走进不同时期的不同体验，使学生的心灵逐渐丰盈。借助读书让学生观照自己，无须老师的苦口婆心，便实现教育目的，何乐不为？

接下来谈的还是学生作业管理问题。有一段时间，我不停地听到周围的老师说班上许多学生没有及时完成作业，一直和家长沟通却效果不佳。我们是不是可以换一个思路来对待这样一件事情呢？在某一周日晚上，我萌生了一个念头，决定到学生家里检查周末的作业。

那一次我给一个家长（学生妈妈）打电话告知：十分钟后到她家里检查孩子的作业。在电话中，我感觉到家长有点慌。事后我了解到，孩子妈妈那时正在楼下聊天。她接我电话后先打电话给孩子爸爸，让他告诉孩子黄老师要来家里检查作业这件事。

十分钟后，我准时到了学生家里。虽然坐在客厅里，但透过房门，我就可以看得到孩子书房桌面的一片狼藉。

当我提出要求孩子把周末作业给我检查时，孩子却说："我去找找。"接着，到处找作业本的孩子询问妈妈是否看到了他的作业本，妈妈也就跟着加入了找本子的行列。

过了一阵子，先是妈妈出来告诉我说：孩子的作业是周五晚上在托管班做完的，但是孩子没有收拾的习惯，本子又不知到哪儿去了。

我不吱声。

又过一阵子，孩子接着出来告诉我："作业找不到了。"这时，我才很认真地问他："你确定作业做完了？需要我帮助找吗？"孩子回答说："作文没有写完，其他作业没找到。"孩子妈妈一听孩子这么说，立马开始教训孩子："你不是说周五晚上就做完了吗？"同时，转身拿出手机给我看，以证明周五就把孩子的作业转发给托管了。

眼看着孩子和父母要开始一番理论。当时已经是晚上9点，我迅速打断他们的争论。随后了解孩子平时几点睡觉，得知通常是晚上10点。我随即跟孩子说：今天晚上剩下的时间由我来安排，我们用一小时多一点的时间完成周末的作业。接着我把作业做了个简单的梳理后，就让孩子自己回书房写作业。我则坐在客厅等待。10点10分，孩子完成了作业。

一个周末作业一个多小时就完成。我没有多说，也无须多说，和家长孩子简单强调了一下：每天要完成的家庭作业不是难事，一在安排，二在落实。之后我便离开了。

那么为什么一些家长对孩子在家的学习管理一直处于无方法不落实状态？我想到了这次的上门突击检查作业，我们不妨换个思路，把一些学生的作业检查提前，同时通过上门示范的方法指导家长落实对孩子的管理。

到学生家里突袭检查作业这么简单的一个"跳开旧洞，开凿新洞"的行为，带来的是老师、家长、学生关系的良性循环和学生学习的良性循环。

我要继续说的仍然是学生的作业管理问题。如果说照上一个例子所述，家校配合的方法正确了，孩子能按时完成每天的作业，那么这样坚持下来，是不是就能帮助孩子养成良好的写作业习惯，就能解决问题了呢？我觉得仅这样做还远远不够，我们应该寻找根源，进行治本的行动。

现在的孩子们大多数是独生子女，每天大部分的时间在学校度过，上着各种各样的课；放学回家后，有的家长下班迟，忙着做饭做菜，催促着孩子吃饭、做功课、洗漱、睡觉；更有许多的孩子中午和晚上放学后都被交给托管班，家只是他们每天晚上回去洗澡睡觉的地方。孩子们要的是学习生活，学习生活是"学习"和"生活"，而不是只有"学习"没有"生活"；可现在，孩子们除了上学、功课，在他们生活里缺少了"陪伴"。孩子们需要分享或共担喜怒哀乐，有人倾听并及时引导他们正确面对每天的学习生活中遇到的种种困难、困惑。"汝果欲学诗，功夫在诗外"，我认为给孩子们找"伴"，一定会让我们的教育别有洞天。

2019年5月，我把班级50名学生按照座位就近原则，分成12个学习小组，其中10个小组由4位同学组成，2个小组由5位同学组成。每个小组自己讨论，产生大组长和各学科的小组长，成立小组学习群。他们互相交流学习情况，互相督促彼此的作业。因为刚组建的群，我们做了一个尝试，每天小组成员做完作业先向本组组长汇报，小组全部完成就在班级群里接龙，而接龙的顺序将量化为分数，最终成绩优胜的小组将予以奖励。由此，我看到了一些很有意思的事情：

> 有一个小组群，其中一位男生，经常不完成作业，多次被老师发现晚上放学或者早上上学在学校百果园写作业，一问原因才知道，孩子在家里没法好好写作业，又怕组员会催他，就干脆放学回家前在学校写完作业，有时作业没有及时写完，早上就早点到学校躲在百果园写完再进教室。还有一个小组群，其中一位学生成绩比较差，平时作业经常漏写，自从成立了小组学习群，她经常第一个完成作业，把作业拍到群里，然后不停地提醒其他同学赶快完成作业。另外一个小组群，给自己小组取名"每天进步一点点"，当这学期初我在班级宣布小组可以不用再在班级群汇报作业情况并接龙时，这个小组的组长在小组群给组员留言："组员们告诉你们一个消息，虽然黄老师今天说不用在群里接龙了，但是我们仍然要保持自己作业的质量和速度，所以，请大家做完作业后仍然把所有作业拍到这个群里来。谢谢各位啦！"

上述这样的例子在小组群里的交流不胜枚举，我重点说一个5人小组吧，以下是这个小组交流的一些片段：

这个小组在第一天就有两名学生给我留言。

> 周同学留言说："黄老师晚上好，经过这次小组活动我有一些心得想和

您分享。今天我体会到了团队的重要性，我们组的赵同学因为写作业比较慢导致我们组最后一个接龙。当时我们四个人写完作业之后等了很久，每个人心里都很着急，还打电话给他妈妈，令我们庆幸的是他的妈妈正在催他写作业，果然，没过多久他的作业就写完了。我、林同学、谢同学一接到他写完的消息都高兴坏了。谢同学之后马上去学习群里接龙，我们的一直悬着的心这才放下来。虽然我们是最后一个完成作业的小组，但是我们在九点之前完成了作业，这还是很令我们高兴的，大家都早已在心里下定决心，下次一定要更快更好更高效率地完成作业。"

组长林同学留言说："黄老师您好，我们虽然今天倒数第二，但我把酸甜苦辣都尝了一遍。我接不到谢同学和赵同学的电话，十分着急，眼看各组同学开始接龙，我的心里很不是滋味，因为我一直对我们小组的实力十分肯定，可都8点了，他们俩一点动静也没有。作为组长，我立马在QQ上联系了谢同学的妈妈，阿姨说他刚上完象棋课，马上就开始写作业。我的内心又得到了一丝丝安慰，原来他没写完作业是有原因的。我又给赵同学的妈妈发消息，一直都没回，过了一会了，终于有消息了，原来赵同学作业没写完，阿姨正在催促他。我心里有点生气了，因为在学校，赵同学说他只剩下一项作业了。正当我在抓狂时，妈妈对我今天晚上的心情与表现表示了不满，我突然一下觉得心里凉凉的，眼泪不由自主地滴下。最后在班长、劳动委员的鼓励下我又振作起来。我一看，刘同学6点38分就完成了作业，赵同学此时也完成了作业，我又很激动。最令我感动的是赵同学的妈妈，她给我解释了赵同学为什么这么晚写完。原来赵同学也是为了我们小组在努力，所以，作为组长的我有什么资格不做好呢？谢谢黄老师为我们提供了这次学习、合作、磨合的机会！我十分喜欢这个方案，同时我们小组也会继续努力！"

以下是小组平时发出的一些公告：

"期末考即将来临，我们要做好充分的准备，以下是我们的复习计划，为了我们小组的成绩，请大家配合。大家都按时完成，那我们小组就稳居第一。语文我们准备复习的是听写。数学我们每天都复习一些概念和题目，今天我们复习第二单元因数与倍数，可以把校本拿出来复习，温习一些不熟悉的题目。明天到学校我们可以互相考一考，或是找一些题目做。"

"同学们，我们的作文必须好好对待，争取拿五颗星。"

"明天有语文公开课，要穿粉色夏季制服！不要忘记了！"

"7月20日假期联络（跟谢同学联络，因为我要去旅游，不能带电脑，所以无法制作表格等）；

8月5日假期联络（跟林同学联络）；

8月20日假期联络（跟周同学联络，因为我要参加夏令营，无法制作表格等）；

备注：今天大家把读书笔记与日记发到群里，已经放假11天，快的同学有4篇以上，慢的同学至少有3篇。"

……

从以上的种种，我们不难看出，给学生分小组，给他们找了伙伴，他们有了成长共同体，内在的动力就激发出来了。他们相互督促的不仅是作业，不仅是学习，而且还有精神上的鼓励，方法上的交流。他们相依相伴一起成长。作为教师，我们"下功夫在诗外"，为学生开凿了一个"新洞"，收获的又何尝不是一片"洞天"？

其实，作业管理如此，其他方面的管理也是如此。比如，关于学生迟到的问题。我们常遇到学生迟到的现象，我们总是很生气，当面严厉地批评学生，学生认了错，虚心接受却不改，迟到现象依然继续不断。我们不妨"跳开旧洞"，开凿一个"新洞"，换一个形式批评学生。有一回，我就让上学迟到了的学生写写他们迟到的故事，从中发现了许多有趣的故事。

我们来看看一位同学迟到的故事。

《迟到》

秋来，冬去，春睡，夏日正好眠。

今天是2015年10月14日，星期三，晴。

虽说已过夏，但是今年的秋季却迟迟没有来，所以，也算半个夏天。

中午，吃完饭，我小睡了一会儿，便开始做数学题。但是，做着做着，不知不觉，又睡着了……

　　不知过了多久，我醒了，家里安静得让我忘记了时间的存在。我瞄了瞄四周，就看见小桌子上放着一小碗板栗，颗颗板栗都豁开口子，露出金黄的果肉，在那儿诱惑着我。不用说，一定是我睡着时爷爷送进来的，爷爷每天都会给我拿点水果什么的。爷爷送板栗来了，却没有叫醒我，因为睡觉也是一门艺术嘛，绝对不能影响、破坏艺术的品质！

　　我扑向小桌子，伸手抓了一颗板栗，突然就看到躺在板栗旁边的数学书，它敞开着胸怀，那还空着的数学题就这样跃入眼帘，无声而又坦荡地提醒我作业还没有做呢。是的，下午就要上交。怎么办？吃板栗还是做数学题？于是，种种纠结之后，我果断地抛弃了数学题，选择了板栗……因为总不能辜负了老人家的心意吧。当然，还有一个原因是——一边吃一边做数学题，数学书会弄脏的。

　　待我慢悠悠吃完板栗后，才去穿鞋子，我拿了水，走出家门……

　　一路上，很想能遇到一个同学可以结伴同行。可是，我发现一个六年级同学的影子都见不到。门岗旁，一位路过的阿姨正在问时间，我一听：什么，1点50分了！不好，我迟到了！于是我一路狂奔……到了班级门口，只见教室里坐满了同学，他们都安静地在忙些什么。我快步走了进去，发现黄老师正在登记迟到的同学……

　　回到座位后，我终于回过神来，才发现数学书没带，才想起书房空调没关，台灯还开着……

　　唉，希望秋天快点到来，也许秋天就没有那么想睡了吧……

　　读了这个故事，我忍俊不禁，和全班同学进行了分享。大家哈哈大笑过后，写故事的同学印象深刻，听故事的同学也印象深刻，而后再也不迟到。这功夫下在常规外，却有了意想不到的收获。

　　跳过旧洞，开凿新洞。一条路走到底，必然会走进死胡同；而多角度多方式地观察事物，才能产生新的想法和创意。科学领域是如此，教育教学领域也是如此。我们对学生的管理如此，学校对老师的管理又何尝不是如此？

学生的作业和迟到问题，一直是令老师头疼的普遍存在的问题，面对这些，本文的黄老师，通过一个个在学生身上发生的故事，向我们讲述了他是如何应用多种方式，站在不同角度，帮助学生进行行为改善的。

1. 挖掘有利资源，利用班中的相关活动，如课前阅读，通过美文触动学生的内在体验，由浅入深地引导学生思考，从而意识到问题所在，并有动力去改善。

2. 通过家访，关注学生的作业，并施以指导。家访可以拉近家长、学生和老师的距离，建立有效的家校关系。而良好的师生关系，又是学生行为改善的动力和基础。

3. 借助团体的力量，通过小组合作，互相督促，学生为了团体的荣耀而约束自己的行为，老师此举很巧妙。再加以适当的奖励，很好地激发了学生的学习动力。

北京市东城区教育研修学院心理教研员　赵晓颖

关注细节　培养小学生的好习惯

天津市宁河区芦台第一小学　王异乡

闲谈时，很多班主任经常这样感叹：现在的小孩子越来越不听话了，我也深有感受。我接手这个班级已经有一段时间了，通过观察发现班中的孩子存在着各种各样的坏毛病：有的早上经常迟到；有的座位下总是有纸屑；有的书包里，桌斗里乱七八糟；有的下课了铅笔橡皮随意丢在桌上；有的去楼道里站队时拖拖拉拉；有的走路时连跑带跳；还有的对父母大呼小叫……

一、分析原因 >>>>>>>>

当今小孩子的特点是：一方面他们聪明，好奇心强，接受新事物的能力快，另一方面他们任性，自私，怕受挫折，自理能力很差。现在的生活条件越来越好，家长们总是希望把最好的留给孩子，而忽视了对孩子的品德、行为方面的教育。家长特别是爷爷奶奶、姥姥姥爷对孩子非常溺爱，总觉得孩子还小，大一点自然会好，孩子们既没有养成良好的习惯，也没有要养成良好习惯的意识。所以要解决以上的问题，就要改变家长的观念，关注细节，培养小学生的好习惯。

（一）观察细节 制定明确的近期小目标培养学生好习惯

对于二年级的学生来说，制定大目标是空洞的，所以从开学初起，我根据学校工作安排和本班实际情况，每周都与学生们一起制定近期小目标。近期小目标很简单：上课不说话，书写要端正；排队靠右行；校园里不乱跑；做好课前准备；座位下无纸屑等。这样班中每一个学生都有自己的目标。因为目标很小，完成起来是相对容易的。而学生们在完成目标的过程中，就能增强自我约束力，从而有了进步。

（二）重视细节 利用班主任自身榜样的作用来影响、引导学生养成好习惯

我接手班级一段时间后，发现孩子们能够在我的指导下把值日做好，在规定的时间内把教室打扫得干干净净，但是教室的保洁情况很糟糕，无论我怎么强调，地面上总是有或多或少的纸片、垃圾。怎么办呢，于是我与同学们约定我们一起保持教室的干净，我负责我的三尺讲台，孩子们负责自己的小天地。每次下课，我都要把讲台和周围的地面收拾干净，孩子们看见了，也学着我收拾自己的书桌、地面。就这样，孩子们渐渐养成了下课先收拾桌面和地面的好习惯。

大扫除时，为了让每位学生都能认真地完成任务，我首先带头擦地，用抹布把讲台周围擦得干干净净。行动是无声的语言，孩子们看到我这样干，都自觉地按照老师的分工，认认真真地干起来。同时还要与老师比一比，看谁干得又快又好。就这样孩子们有了保洁意识，做到了书桌周围干净整洁。老师要做学生的榜样，要注意自己的言行，时刻用自己的模范行为来影响、教育学生。

（三）强调细节 用良好的班级文化氛围培养学生好习惯

作为教师，要每时每刻注意对学生进行教育，学生们每天生活在教室里的时间最长，我利用教室的布置创设良好的班级文化氛围，培养学生的好习惯。

1. "美化"板报

把板报交给学生，确定主题，搜集材料。学生们密切合作，使板报期期做到图文并茂，每一期的板报都显示了学生们的用心与能力。办板报的过程中，学生们学会了合作，分享。

2. "美化"展示栏

让学生把自己的作品展示在展示栏上，把进步的学生的名字展示在展示栏上。这样提高了学生们学习的热情，也养成了学生们主动学习的好习惯。

3. "美化"课桌

要求学生做到桌布每周洗，用过的笔、橡皮等物品能及时放入文具盒中，时时提醒自己，克服随意性；桌斗内干净整洁，保持脚下无纸屑。告诉孩子们班级卫生就是从打扫一个小纸屑开始。这样孩子们养成了讲卫生的好习惯。

4. "美化"图书角

图书角有学生们最喜欢的读物，供班内每个学生阅读。学生主动从家里拿来自己喜欢的书摆放在书架上，全班同学一起共享。班中的图书管理员每天对图书进行归类摆放，并做好借阅登记，班中的每个学生都非常爱护图书。

（四）抓住细节 用内容丰富的班级活动培养学生好习惯

用形式多样、内容丰富的活动来影响学生。通过活动的参与，孩子们各种知识与能力得到了拓展与补充，视野被拓宽，各方面都有了成长。如"好书一起读"活动，班中定期交流读书心得，推荐好书，经过一段时间，很多孩子喜欢上了读书，课间休息时经常看到孩子们讨论自己所读的书的内容。作为班主任的我，经常关注学生们，并在读书方面进行适当的引导，学生们慢慢地变了，变得彬彬有礼，变得乐观健谈，下课打斗的学生没有了，虚心好学的学生增多了。

班会活动是对学生进行行为习惯教育的最根本途径。开展班会活动并不是为了应付学校的检查，而是针对班中出现的问题，去解决问题。一次有针对性的班会活动的教育效果，会胜过许多次空洞的说教。开展班会活动可以最大水平发挥学生的积极性和主动性，每一个学生不仅能在思想上受到触动，而且在行动上也会有所改变。同时，还要根据学校、班级的实际情况，多多寻找身边的教育资源，让孩子们的养成教育在活动中进行。

本学期我看到孩子们的浪费现象很严重，本子用了几页就丢掉；铅笔乱丢，不知道爱惜；各种文具专买贵的；花钱大手大脚……看到这种现象，我召开了"勤俭节约不能忘"的主题班会，事先让学生们回家收集贫困地区的小孩的生活资料。班会课上学生们展示交流收集到的资料，谈体会，明白了虽然我们的生活富裕，但也要做到勤俭节约不浪费。班会课后，学生们有了很大的变化，本子不乱写乱丢了，文具能爱惜地使用，有一部分学生还把压岁钱攒了起来，说将来说要帮助有需要的人。此次班会达到了让学生学会节约的预期效果。

（五）留心细节　与家长合作共同培养学生好习惯

良好的行为习惯的培养离不开家庭教育，因为家长的言传身教更具有感染性，更具有潜移默化的作用。有一天走进教室，我看见班中的小明因为同桌不小心碰到了他而破口大骂，我批评他，他振振有词地说在家里爸爸就这样骂人。可见，家庭教育是多么重要。所以，老师在对孩子们进行养成教育的同时，要时刻与家长联系，互相了解孩子在家在校的表现，如果家庭教育出现问题，要及时指出，让家长在家中用自己的好习惯去影响孩子。总之，孩子的好习惯的培养是离不开家长的合作的。

三、效果和总结 ▷▷▷▷▷▷▷▷

通过师生、家长的一段时间的共同努力，孩子们的行为有了明显的改变。我相信他们会越来越棒。对小学生的好习惯的培养不是一朝一夕的事情，需要我们长期的努力，需要老师耐心的、有意识的强化和训练。我们应从大处着眼，小处着手，在一言一行、一举一动中逐渐培养学生的好习惯。就像诗中所说：随风潜入夜，润物细无声。对个人来说，孩子们的良好习惯一旦形成，将会一生受益；对班级来说，孩子们的良好的习惯形成了，良好的班风自然就会形成，我们的班级就会成为一个积极向上、阳光健康的班级。

点 评 >>>>>>>>

　　我国著名教育学家陶行知先生认为，教育就是培养学生的良好习惯，小学阶段更是培养个体良好习惯的关键时机。文中的老师就以习惯培养为主题，从习惯培养的目标、发挥班主任的榜样作用、创设良好的班级文化氛围、丰富班级活动和家校协同五个方面进行了论述，既有对于低年级学生的习惯培养目标的思考，也有关于习惯培养的具体措施，非常具有操作性。

　　当然，文中老师没有对习惯培养具体目标进行深入论述，这是值得其他老师去思考的。不同阶段、不同班级学生的特点不一样，老师们需要制定的习惯培养目标也应该不一样，并且应该随着学生的发展不断地调整，而这是习惯培养的最重要的出发点。

北京师范大学教育学部讲师　李蓓蕾

利用活动契机，提升学生的自我管理能力

北京市第五十七中学　闫小毛

一、研究背景 >>>>>>>

高中阶段是学生人格形成的关键时期，如何让学生在三年中学好学科知识，同时提高自身的各项能力，为步入社会奠定良好的基础，是高中教育工作者一直探索的问题。新时期的高中生，视野开阔、知识面宽、求知欲强、追求个性发展，对各种实践活动有强烈的兴趣，但也存在意志薄弱，个人主义，抗挫能力和心理承受能力较弱等问题。

现代的德育越来越强调发展人的潜能，激发人的主体性、能动性和积极性，注重人的自我发展、自我完善、自我教育。通过活动提高学生各方面能力是学校教育的重要途径，活动的开展，有利于促进对学生品格性情的塑造、社会劳动精神和职业道德、沟通交际能力和社会实践能力的培养和发展。活动具有课堂教学无法替代的育人功能，如果能把活动的育人功能发挥出来，那么活动培养能力的功能会作用于学科教学，熔炼班级的功能会作用于班级管理，同时为班主任的教学和管理工作助力。

二、研究目标 >>>>>>>

综上所述，学校活动作为一种喜闻乐见、内涵丰富的动态教育形式，在学

校德育工作中具有重要作用，我们在策划、实施该类活动中要善于创新，勤于探索，我确定研究的目标是如何策划和组织具有育人功能的活动，确立本研究的目标为：通过探索具有育人功能的活动，提升学生的自我管理和自我教育的能力。

三、解决问题举措及实施的过程 >>>>>>>>

我带领班级承办学校第十二届科技节活动，在活动的组织策划实施过程中不断实践、反思、改进和提升，总结成功经验，吸取失败教训，从主题选取、操作流程、评价维度三个方面探索学校活动如何发挥育人实效。

（一）育人活动主题的选择

学校科技节是一个彰显学校办学特色，同时体现时代感，与前沿科技紧密结合的活动，每年的科技节由高一学生策划和承办是学校历来的传统，学生的实践能力能在活动中得到充分锻炼，这也正是发挥活动育人功能的良好契机。本届科技节的筹办任务由本班级承接下来，班级同学从精神面貌上看：活动开始前，摩拳擦掌；活动进行中，干劲十足；活动结束时，意犹未尽。

（二）育人活动的组织和实施

1. 预热切入，制定主题

在科技节策划活动开始前，班主任做了充分的铺垫，首先对学校往届科技节承办形式进行了介绍，所有环节都需要同学们亲自动手，如徽标设计、场地规划、经费预算等，能参加这样的活动对提升自己的能力是一次难得的机会，也是一次展现自己综合实力的契机。同学们对此次活动充满了期待，跃跃欲试。

一次活动的创意其实是对活动的包装，能让活动更有吸引力和生命力，更具灵气。本次科技节的创意纷呈：主题为筑梦之梯，简写为T字母，对应三个子主题，Truth——探寻真理，颜色为红色，意味着真理用鲜血换来；

Technology——创新科技，颜色太空蓝；Tomorrow——畅想未来，颜色是充满希望的绿色。本届科技节的会徽美观，科技感十足，会徽的中心是蓝色的T型飞机，体现学校的飞行班办学特色，同时对应于未来主题，一侧是红色的原子核结构，另一侧是蓝色的卫星太阳能帆板，分别对应真理和科技主题。除了会徽，本次科技节的入场券名叫Ticket，外形为T字型。这些创意都出自学生，现在的学生从小受过长期良好的艺术培养，创意远超过老师，但学生生成创意的过程缺乏经验，学生的创意是零散的、随机的，不是一个人的创意，而是一群人的创意，需要筛选、磨合。作为老师，应该做的就是创设让学生形成创意的外部环境，在筹办过程中，对于每一个创意，大家都会集中讨论、研磨，每一个成员都阐述自己的想法，并对其他同学的想法提出建议，可以说科技节的每一个创意都是集体智慧的结晶。

2. 核心团队建设

承办一次大型活动，班主任要承担太多的角色，策划、摄影、美术、技术、化妆方方面面，但如果班主任能够想办法调动起学生的兴趣和能力，将这些角色分配给学生，而自己充当导演，那么这样的活动想必一定是具有育人功能的活动。

一支富有战斗力的团队是整个活动的重要保障，因此在活动开始之初，需要第一时间组建活动的核心团队，并且明确责任分工。班主任挑选了能力、精力和热情出众的同学组成了核心团队，形成了最初的项目领导框架。本次科技节活动核心团队最开始由五名同学组成，根据同学的不同特点确立了角色分配，包括：总负责人，各项目负责人，开幕式负责人，场地规划，桌椅统筹，费用统计，展板负责人等。随着活动的深入，整个流程设计得更加清晰和具体，各环节更加细化，新的项目负责人也在不断产生，但所有的负责人都责任清晰划定，各司其职。

3. 过程规划，明确阶段性目标

活动按照计划有条不紊地开展，从时间节点上进行规划是必要步骤。因此从科技节筹办开始，活动中心组就规划了一直到科技节当天的时间进度表。从1日的主题确定，3日的会徽设计完成，5日的各项目第一次统计完成，一直到17日的志愿者确定，开幕式PPT和宣传片完成，18日开幕式彩排，标题版悬挂完成，3D画完成，19日的桌椅布置完成，气球悬挂完成，入场券发放完成，每一天都有具体的目标达成要求。只有将具体目标落实到位，最后的结果才能完美呈现出来。在这个过程中，同学们凝心聚力，严格按照时间进度朝着目标前进。

4. 根据时间进度表实施进度监管

科技节策划活动以每日例会的形式来进行进度监管。在例会中，各项目负责人汇报项目的进展情况，并做好会议记录。每日的会议记录非常翔实，活动结束后，已经记了厚厚一本。会议记录的好处体现在三个方面：第一，有利于提升活动开展的规范性；第二，有利于会议的高效务实；第三，有利于活动方案设计的整体布局和调整。

5. 及时化解过程中产生的各种矛盾

在活动开展过程中，工作人员之间不可避免会产生矛盾，班主任需要进行必要的心理疏导和人员调整。这个环节很重要，如果没有做到位，那么不仅完全起不到活动的育人效果，还会产生副作用，让学生产生消极心理。这次科技节的筹办过程并非风平浪静，活动后期中心组的同学之间出现了严重的矛盾分歧，起因是总负责的同学在平时言行中过于专横，引起了其他几位同学的不满，各项目之间的协作出现了巨大阻力。观察到几位同学的情绪异常，班主任及时和他们进行了谈心，找到了问题的原因后，对组内同学做了整体的心理疏导，对总负责人的优点加以肯定：做事情有热情，有干劲；也指出了其缺点所在：做事情自以为是、爱指手画脚且不听取他人意见。班主任号召同学们以全面客观的方式评价身边的同学，以豁达宽容的心胸去接纳身边的同学。此次化险为夷保障了科技节最后的成功举办。

6. 成果固化，评价跟进

活动结束以后，对活动进行总结是将育人成果固化的必要手段。以班会总结表彰的形式为主，个人谈心为辅，并抓住个别学生的转型契机，使活动收益最大化。

班上有一位同学，高一从外校进入班级，该同学平时作业态度不认真，也没有集体意识和观念。在活动筹办初期，该同学委托其他同学提出加入活动策划组的申请，正好该同学数学成绩优秀，于是以场地设计负责人的角色被吸纳进入中心组。进入组后，该同学一直闷闷不乐，后来老师从家长那儿了解到，该同学觉得分配的任务非常艰巨，责任重大，十分想把分配给自己的活动任务干好，又不知道如何开展，同时该同学和周围同学不太熟悉，平时也不爱表达，缺乏沟通。班主任鼓励该生：中心组是群策群力、团结互助的一个集体，大家会一起帮助他完成分配的任务。该生备受鼓舞，利用空余时间用皮尺反复测量操场，规划各项目的场地位置和面积，设计平面图，最终设计出科学美观的项目位置图，并以此进行了科技节的全部项目的场地布置。活动后，该生发生了一些改变，作业按时上交，上课状态很好，班级跑操时声音也最洪亮。这些改变也许是一些小的改变，但无疑是进步。

除了以上环节，整个活动还需要各个层面的宣传支持：班级层面的宣传可以扩大活动的影响力，吸引内援；学校层面的宣传可以为活动的顺利举办争取有利的外部环境，也可以对策划团队良性施压；家长层面的宣传可以取得家长对活动的理解，变阻力为动力。

四、研究成效及反思 >>>>>>>

（一）研究成效

经过20天的筹备，以"筑梦之梯"为主题的学校科技节成功开幕，主会场分为三个区域，涉及机器人、天文、物理、化学、生物及科技前沿等多个领域。整个活动受到了学校师生的广泛好评，同学们对科学的热情被活动点燃。除了这些，班级学生更是在此次活动中得到了锻炼，无论是个人能力还是班级凝聚力都大大提升。

1. 学生自主管理能力提升

在科技节的现场，各项目场地的上方都悬挂着项目标题板，这样一块牌子看似简单，其实有一套制作的流程：首先将板材切割成等面积的方块，然后根据项目的特色，给项目取一个生动有吸引力的名称，之后需要将名称用艺术字的形式设计在底板上，完成之后需要给已绘制出底稿的艺术字刷上丰富的色彩，最后将项目板系上绳子悬挂在场地上方的钢丝上。活动场地一共有几十个项目标题板，每一块标题板都凝聚了同学的智慧和心血，每一个制作环节都需要同学之间的默契配合。

本次科技节涉及几十个项目，有些是本校资源，有些则来自校外资源，如中科院提供的人工造云、空气炮、仿生鸟等项目。不论是校内还是校外项目，都有专门的项目负责同学，这些同学要自己与相关老师进行联络，商量场地、志愿者、桌椅、电源、广告宣传、费用等诸多细节。正是在这些对接过程中，学生既加强了处理实际问题的能力，也提升了沟通和交际的能力。

2. 学生团队协作意识、能力提升

除了项目标题板，活动中还有很多环节需要学生的特长支撑，比如几十个项目用来盖截的印章，由活动中心组的同学自制；所有项目的统计细目表，由同学自己设计并填写；项目的场地安排，由同学自己测绘；开幕式的主持人也是由中心组有朗诵功底的同学担任……

3. 学生的领导力增强

本届科技节，不断有同学以不同形式申请加入活动中心组，最开始中心组只有5名同学，后来不断招收要求加入的同学，发展成为20多人的团体。在科技节举办的当天，班级42名同学全部参与到活动组织中来，充分体现了活动对班级的影响力和号召力。

（二）研究反思

通过本次活动，我体会到：活动育人在班级管理中具有独特的价值与作用，要使活动取得应有的育人效果，必须把握最佳的活动时机，确定鲜明的活动主题，策划适合班级和学生特色的活动方案，在组织和实施中实时监管、动态调整，及时化解矛盾、扩大宣传，最终使得活动的育人实效最大发挥。

本研究有以下两点需要进一步深入探讨：

（1）学生在活动中形成的品质与能力在活动后的学习生活中如何固化？

（2）学生的活动表现如何量化评价？

　　学生的认知主要是在实践和活动中发展起来的。丰富多彩的活动，可以在无声中育人，在潜移默化中促进学生的成长。在班级中开展活动，可以帮助学生在活动的过程中感知、体验、学习、提高。

　　本文作者以活动为载体，提升学生的自我管理能力，并以课题研究的方式，在行动研究中发现，在实践探索中思考，有一定的研究价值。

　　1. 本文讲述了一次活动从准备、设计到实施，以及最终的结果呈现的过程，有相对完整的情节，能反映出事件发生的特定背景，并在活动中强调学生的年龄特点，体现了活动设计的基本特点。活动的过程符合教育的内在规律，体现活动设计的基本思想。

　　2. 关注学生的内在体验和实际获得，并在文章最后部分进行了本次研究成效及反思的阐述，为今后的工作打下基础，做好铺垫。

北京市东城区教育研修学院心理教研员　赵晓颖

用"管理记事本"评价方式培养小学生自我管理能力

北京市育园小学　孙桂梅

　　自我管理能力作为学生发展的核心素养十八个基本点之一，对于小学生来说尤为重要。因为儿童时期是自我管理发展的关键期，小学生学业成绩、言谈举止的差异主要产生于他们的自我管理水平。因此，寻找适合小学生年龄实际的自我管理评价方式，就是提高小学教育管理水平的关键。

一、评价内容描述 >>>>>>>

　　一次学业质量监控公布成绩之后教室内充满了各种声音："我真倒霉，这题我就根本没看见，其实我会。""哎，你哭什么？""我因做题慢，题都没做完。"等等。其实，学生做事马虎、不求甚解、拖沓的毛病，老师和同学们都曾经指出过，可为什么没有效果呢？仔细想想就不难发现，无论是教师的提醒还是同学的批评，这些都是外在的"他评"，没有真正地引起学生的自我认同、自我反思，当然也就起不到应有的作用。可见，只有将"他评"转化成学生的"自评"才能促使学生自我调整，良好的学习行为习惯才能养成。四年级时，我开始采用"管理记事本"的评价方式让学生展开自评，从而达到了学生自我管理的目的。

（一）"黑板提醒栏"帮助学生自我管理

这个年纪的男生做事毛手毛脚，常常丢三落四，而我们班男生比较多，问题就尤为严重，经常一玩儿起来就忘了写作业。为了提醒那些丢三落四的学生及时完整地完成作业，我在布置作业任务的同时就把布置的项目记在黑板的右侧。这样做还是有一定成效的，但是随之也产生了一些问题：首先是其他任课教师用黑板时，记录就会擦掉；其次是如果老师没及时记录，反而让那些没写完作业的学生找到了合理的理由。

（二）"作业记录本"形成学生自我管理

因为有了老师的提醒，一些学生每天只要黑板上有作业就写，没有就不写，不但没有养成自我管理的习惯，反倒产生了依赖性。于是，针对这种情况，我让每人买一个小的记事本，布置一项作业就记录一项，完成了就在这项任务的后面画上对钩。

这样改革以后，学生作业的完成情况有了明显的进步，多数同学都能及时完成作业，组长不用再去催促组员写作业了。

（三）"管理记事本"实现学生自我管理

"作业记录本"帮助学生养成了良好的写作业习惯，那么，学生的其他行为习惯是不是也可以效仿这样的方法呢？我眼前一亮，开始对"作业记录本"进行了改革，将"作业记录本"改成了按照统一规格、统一格式、统一项目、统一记录标准进行管理的"管理记事本"。

表1　管理记事本

项目	起始时间	终止时间	效果评价

这是我班正在使用的"管理记事本"格式，这样的记事格式是从2017年下半年开始的。

第一天学生的积极性还挺浓厚，每布置一件事就赶快记录在本上，因要记录截止时间，所以学生只要是没完成的都能积极去完成。那些粗心的学生，有了"管理记事本"帮他记录，也能逐一地完成任务了。

谁知还没超过两天，班中就有一些同学毛病又犯了。"你的语文作业还没交呢。""你那数学题还没改呢。"教室里催促声此起彼伏。我经过调查发现：（1）个别学生没有及时记录；（2）有的把记录本忘家了；（3）完成情况过于简单，敷衍了事。如何解决这样的问题？重建相应的评价机制十分重要。经过班级集体讨论，原有的评价标准变更如下：

（1）每天能认真填写"管理记事本"；（2）能用"管理记事本"来约束自己；（3）因为"管理记事本"的约束，让自己有了突出进步；（4）能控制自己的不当行为，并得到大家的认同；（5）勇于承担责任，为他人着想，并得到大家的认同。

从此，每天放学前10分钟，全班五个小组的同学们，以组为单位，拿着"管理记事本"，按照评选要求，评出组内榜样，再由老师颁发榜样徽章。佩戴时间是一天，到第二天的评选为止，连任可接着佩戴。对表现特别突出的，可佩戴特殊榜样徽章。

三、取得的成就 >>>>>>>

从"黑板提醒栏"的尝试运用到形成"四统一"规则的学生自我"管理记事本"管理，评价方式在逐步适应学生发展需要，学生也在自我激励的评价过程中不断调整自己的行为，学生悄然发生着变化。

1. 学业成绩转变的代表——郑某

使用了"管理记事本"之后，她做事开始有条理了，心也不再像过去那样浮躁了。她的学习成绩也从后几名进步到班级中上游。

2. 行为习惯转变的代表——曹某

曹某是一位拖沓的孩子，她妈妈向我反映，因拖沓的问题母女俩没少吵架。自从使用"管理记事本"，曹某拖沓的毛病改正很多，她们母女俩也很少吵架了。

3. 不良习惯转变的代表——于某

因使用"管理记事本"以后，班中自我反省的气氛浓厚。一度整天沉迷于游戏中的于某，主动找到我说："老师，我功课落了很多，您上课的时候多点点我，否则我总走神。"从躲避老师教育到主动申请老师监管，这是从一个孩子内心发出的需要自我改变的心声。

四、创新点 >>>>>>>

面对小学生的教育评价，我自身特别的创新经验谈不上，重要的是教师关注到了学生的心理需求与教育评价的关系，让同学们通过自我反省的方式，将个人日常生活中自我提醒的暗示作用转化为书面的有形记录过程。这个外显的操作过程虽然平添了新的任务，但在这样多维度的评价中让学生找到自身不足，从内心确立了自我转化的目标，用集体积极向上的气氛推动每一名同学进步。

五、反思与体会 >>>>>>>

作为一名小学班主任，通过实践我深深体会到教育评价的价值所在。面对童真的小学生，教师呆板的说教很难让他们听得进成人的意见，有的也只是些许的畏惧，更多的是无声的反抗。通过采用这种以学生自我管理为主的自我约束、自我评价、自我选择目标、自我实现的评价过程，让他们体验到认真、严谨对待学业后的成功，体验到努力与成功的关系，从"他律"逐步转化为"自律"，这就是为学生提供成长需要的教育。当学生们已经意识到自我管理带来的成效时，这种自我评价的管理就会让同学们一系列优秀的品格、能力逐渐定型，持久反复强化后，最终转化为同学们受益终身的习惯。

点 评 >>>>>>>

　　自我管理能力弱是小学生普遍存在的问题。小学生年纪尚小，知识经验少，缺乏自我教育能力，需要班主任对他们进行有目的的训练和培养。自我管理能力包括自我评估、自我完善和自我管理三个层面。本文以"管理记事本"评价方式让学生展开自评，从而达到了学生自我管理的目的。培养小学生自我管理能力，考虑到班级学生的实际情况，符合学生的年龄特点，实施过程细致并有侧重的辅导，效果很好。

　　教师关注学生的心理需求与教育评价的关系，通过"管理记事本"，以贴近学生需求的评价方式，引导学生进行自我反省，以多维度的评价让学生找到自身不足，从内心确立自我转化的目标，用集体积极向上的舆论推动每一名同学进步。

　　此外，这样的评价方式，既爱护学生自我管理的积极性，经常进行成就巩固，又会让每个孩子都成为有责任、会坚持的班级管理的积极参与者，以集体的力量推动个人的成长。

北京市东城区教育研修学院心理教研员　赵晓颖

情绪管理——培养孩子的心理弹性

北京市北京小学长阳分校　王萌

情绪调节能力是指管理和改变自己与他人情绪的能力。这种能力是人类适应社会生活必备的技能之一，在儿童发展的过程中，情绪调节能力的发展是孩子社会情绪发展的核心部分，对孩子未来的情绪管理、个性和心理健康都有重要的影响。

一、伙伴交往 >>>>>>>

小学阶段的孩子在学校中与同伴关系处理得是否得当往往就是孩子对自己情绪调节能力的体现，3～7岁的孩子，如果有好吃的、好玩的跟别人分享他们就会觉得彼此是朋友了；或者要求朋友能够服从自己的愿望和要求，如果能顺从就是朋友，不能顺从就不是朋友。这个阶段的孩子的玩伴往往是暂时的，不稳定的，会出现很多冲突。所以让这个阶段的孩子懂得什么才是真正的朋友，有助于他们管理自己的情绪。

于是班级内开展了"认识真正的朋友"主题班会，在班会中孩子们讨论了受欢迎的品质，如正直、有爱心、乐于助人、懂得分享、宽容大度等。同学们还分享了自己和朋友之间的小故事，最后总结出什么是真正的朋友："支持你、说真话、尊重你的习惯、做游戏遵守规则、允许你有其他的朋友、不到处说你的隐私、不贬低你、希望你身心健康、希望你有良好的性格、希望你做负责任的决定。"

二、面对冲突 >>>>>>>

当孩子们对友谊有了正确的认识时，在他们面对冲突的时候就可以站在他人的立场思考解决问题，并尽可能调节自己的情绪。下面通过几个真实的小故事走进孩子的内心，帮助他们学会调节自己的情绪。

（一）家长注重孩子的情绪反应，孩子也会逐渐养成关注自己情绪的习惯

故事一：《妈妈的爱》

有一个妈妈从小觉得欠孩子的太多，因此想加倍偿还，妈妈很怕孩子不高兴，心理出现问题。有一天，孩子因为学习跟妈妈发生了争执，很晚才睡觉，第二天一早，孩子的情绪依然没有好转，于是这位妈妈就给老师打电话描述了昨天发生的事情，并要求中午把孩子接回家继续安抚补偿孩子一个午觉。可是这个孩子来到学校后并没有表现出任何的情绪变化，她完全投入了学习，并和小伙伴自由玩耍。中午，孩子见到妈妈便立刻呈现出一副十分委屈的样子，扑到妈妈怀里，跟妈妈一起走了，老师望着她们的背影，陷入了沉思……

故事二：《你撞到了我》

有一个小朋友A排队走路的时候动作很慢，后面的同学B撞到了她，并且拍她的肩膀说："你快点"，A同学回头："你干吗啊，为什么拍我？"便回拍了一下，B同学见状不甘示弱反拍回去，就这样冲突产生了。老师见状请两名同学出队解决，以免影响全班同学。询问了情况之后，老师问："你们就这样僵持下去会怎么样？"他们都知道会无休止。"怎么解决这个问题？每个人谈谈感受。"老师继续说。前面的同学说："我腿疼，所以走得慢。"后面的同学说："哦，原来你腿疼啊，我不知道，下次你跟我说我就不催你了。"事情在和平沟通中解决了，但是老师继续询问腿疼的同学："哪里疼？"上下检查后发现小朋友骨头没事，肌肉也没事，老师便仔细询问疼的具体位置，孩子掀开裤子，发现腿上就只有一个非常不明显的小口子，确实有血迹，但是无大碍，于是老师安慰她："你是最坚强的，这点挫折对于你来说不算什么，让我看到你坚强地走回班好吗？"孩子特别高兴，蹦蹦跳跳就回班了，一点没有腿疼的样子。

故事中的小朋友需要的也许只是别人的关注和对她的同情，对她心理情绪的一个安慰，不管是消极的同伴关注，还是老师的积极关注，这样的现象还有很多……

在社会中，为了更好地与他人相处，理解他人，孩子需要能正确识别情绪，学会符合文化要求和情境场合的情绪表达方式，孩子识别和理解情绪能力越高，其社会适应能力和学业成就往往越高。孩子们已经能感受到别人的情绪变化、喜怒哀乐，但是他们对复杂的情绪还是不能理解。

（二）学会关注别人的情绪，有助于调节自己的情绪

故事三：《心理伤害与身体伤害》

一个小女孩和一个小男孩是同桌，一次普通的口算练习过后，小女孩的口算成绩比较差，小男孩得知便取笑她："你真笨，这么简单的口算都算不对。"小女孩一定十分沮丧，便回道："你才笨呢！"小男孩见状也不甘示弱："我口算全对，你错了很多，是你最笨。"一来二去小女孩觉得自己说不过他就动手打了他，周围同学看到他们起冲突了跑来跟老师告状，说小女孩打了小男孩，老师了解情况后就在黑板上写了两个词"心理伤害、身体伤害"，并问孩子们："你们觉得那个严重？"孩子们异口同声："身体伤害。"

是的，我们的孩子们关注自己的情绪却不懂得关注别人的情绪，他们觉得外显的身体伤害比看不见的心理伤害要严重。其实孩子的情绪表达是有一定规则的，要让孩子们知道在特定情境中哪些情感应该表达，哪些情感不应该表达。他们逐渐明白出于保护自己，尊敬对方等原因有时候不能直接地把自己真实的情绪表达出来。

（三）培养孩子的心理弹性，需要我们做出一些努力

回头看这三个故事：妈妈对孩子情绪的关注，让孩子学会了关注自己的情绪，于是他要求别人也要关注自己，可是他们却不懂得关注别人的情绪，孩子间的冲突就此产生了。因此家人、同伴的情绪表达方式及反馈会影响孩子的情

绪表达方式。我们要让孩子具备关心他人的能力。

1. 体谅孩子的"情绪"，用心去理解孩子的真实感受

发生冲突后我们要表达对孩子遭遇的理解："我特别理解你的心情，我和你有同样的感受……"让孩子内心觉得自己是有依靠的，是安全的。

2. 多与孩子进行"情感"对话，告诉孩子自己真实的情绪体验

让孩子学会换位思考。某天早晨，教室柜子上放着一个扫把，同学们来来回回却没有人把这个扫把拿下来，于是老师说："此时，我的心情很沮丧，因为我看到一个跟我心情差不多的伙伴，它的家本来不应该在那儿，可是不知道是谁让它变成了现在的样子。"孩子们听了纷纷寻找这个"沮丧"的东西，突然，他们看到了扫把，七嘴八舌开始讨论，是谁把扫把放在了柜子顶上？于是一个一个的小故事也产生了：

例1：《孤独的小扫把》　作者：郝鑫博

我是小扫把，我本来在储藏间，和拖把在一起聊天，可是有一天，有一位小朋友把我放在柜子上，小柜子说："你在我身上干什么？弄得我好痒。"我说："那是因为一位小朋友把我放在你身上。"小柜子不说话了，这时有一位好心的小朋友把我送回了家，我很高兴。

从此以后，孩子们学会换位思考，并且把看到的写成小故事：

例2：《小米粒的哭泣》　作者：李奕安

吃饭时，有个小朋友把米粒掉在了地上，踢来踢去。小米粒觉得"很痛"，而且被粘在地上，很难受，"我好想好想我的同伴呀！可我只能孤单地在一边，我哭了好久好久"。终于，有一位好心的小女孩把我捡了起来，这位小女孩的名字叫"张扬"，"我很谢谢这位心灵很美的小女孩"。

例3：《小石头的心事》　作者：刘兆媛

我是一个小石头。我有很多朋友，我和他们都生活在北小长阳分校的小花园里，我们生活得很平静。但是，在一个阳光明媚的中午，一群孩子来了，我看见他们轻轻地踩在我朋友的身上。他们走的时候，我突然感觉眼前一片漆黑，原来我被一个小朋友装进了口袋里。他的口袋又大又深，可是我爬出口袋

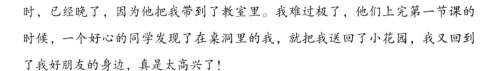

时，已经晚了，因为他把我带到了教室里。我难过极了，他们上完第一节课的时候，一个好心的同学发现了在桌洞里的我，就把我送回了小花园，我又回到了我好朋友的身边，真是太高兴了！

3. 帮助孩子学会健康的情绪表达

（1）害怕（说出来）：当你感到恐惧害怕的时候需要跟自己信任的人谈谈。

（2）伤心（哭出来）：伤心的时候可以跟别人说、哭出来，也可以写下来。

（3）愤怒（合理发泄）：深呼吸，然后发泄自己的情绪。

（4）关心（不同的表达）：关心别人不一定说出来，也可以送一张卡片，一幅画。

（5）高兴（表达、感染别人）：表达出来让别人也感受到。

4. 引导孩子反思自己的情绪

当情绪平静之后，要引导孩子反思自己之前的情绪，告诉孩子以后遇到问题要想怎么解决问题。

5. 让孩子从以情绪为中心逐步转向以问题为中心

故事四：《会射箭的小孩》

　　这里面的主人公有5个，我们就分别叫他们1、2、3、4、5吧，1号小朋友和2号小朋友发生了冲突，原因是1号小朋友用橡皮泥捏出了一个很有意思的造型，结果2号小朋友要他的橡皮泥，1号不给，2号就把1号的造型弄坏了，1号就用脚踹了2号，2号回击，于是冲突发生了。3号和4号小朋友也是因为一些小事发生了冲突，是在吃午饭的时候，而且3号小朋友是属于比较有个性的，根据经验直接引导效果并不显著。于是我抓住了1、2号两个小朋友的性格比较温顺，直接引导效果显著的特点，并且请了一位比较受欢迎的5号小朋友进行了一次聊天会。先让1、2号小朋友说了自己的想法，他们互相指责对方，听了他们说的，3、4号小朋友针对1、2号小朋友发表看法，互相支持一方指责另一方。5号一直沉默，最后问5号怎么想。他对1号说："回去我用我的

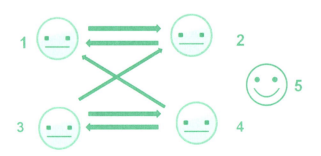

橡皮泥给你再做一个吧，行吗？"此时，孩子懂了，5号小朋友在想如何解决问题，而不是在想谁对谁错。

如此当孩子们遇到冲突时可以这样想：发生了什么？我如何面对？以后我应该怎么做？

当孩子们具有了正确的信念后，就可以从冲突中退出，也能以自敬和敬人的态度处理事情。不理会他人的挑衅，接受他人意见，发现自己有错时会承认和道歉。

点 评 >>>>>>>>

近年来，学生的心理健康问题越来越受到国家和社会的重视，而情绪管理是学生心理健康均衡发展的重要组成部分。除了心理老师外，班主任是我国学校心理健康教育重要的核心力量之一。文中老师以同伴交往为切入点，以班级为平台，以班会为实施形式，组织学生进行了关于认识友谊及冲突解决的讨论和学习，这对于小学阶段学生学会同伴交往、建立良好伙伴关系、形成支持性人际网络具有重要意义。

如何进行冲突解决是本文论述的重点，班主任巧妙地利用多个相互关联的小故事，深入浅出地从家长示范、换位思考、适宜情感表达方式、从情绪应对到问题应对的转化等各个方面论述了促进学生情绪管理的多种方法。

北京师范大学教育学部讲师　李蓓蕾

育人有道无定法　简约工作不简单

北京市北京小学长阳分校　王萌

在七年的班主任工作中我一直用心爱护每一个孩子，把全部爱心和才智无私地献给了班级。我深深体会到：做一个班主任，要用崇高的政治信仰和道德信念去点燃学生的理想之火，用较高的文化素养和高超的教学艺术去启迪学生的智慧，用良好的自身修养去做学生的人生榜样。

一、明确目标，在日常管理中育人

班主任要有整体的思路，对于所带班级有终极目标，也有阶段性目标。在每个阶段，为了目标的达成，选择恰当的策略，并有效地实施。接班初始，我先制定好班级终极目标：优秀班集体。然后确定好每一学年的阶段性目标：一年级，养成良好习惯。二年级，培养自主做事的能力。三年级，培养自立、自信、自律的自我管理能力。四年级，形成班级凝聚力。在这些目标的指导下，我让每一学年的各项活动都来为目标的达成而服务，一个优秀的班集体就在系统工作中形成了。

班主任时刻影响着每一名学生，在班级日常管理中会发生很多意想不到的事情，因此没有一种方法是处理问题的"万金油"，但是班主任要时刻怀着一颗尊重、关爱的心。

我们班有一位同学叫小伟，他攻击性很强，加上不讲卫生，所以没有朋友。在我外出学习的时候，以他为首的十一个同学把男厕所小便池堵了，导致楼道漫水。我找了每个同学的家长谈话，只有小伟不以为然，家长也没有到校了解情况，我严厉地批评了小伟并要求亲自到他家里跟他的父母沟通。可是一进他家，我看见一片狼藉，找不到一件干净的东西，他妈妈在一片破破烂烂的被褥中抱着十个月的弟弟。原来他的妈妈没有工作，爸爸脾气暴躁，以卖鸭蛋为生。这样的生活环境，这样的生活状态，我还能要求孩子怎么样呢？小伟边哭边向我诉说他内心的苦闷，他觉得家里太穷了什么都没有，想玩悠悠球没有他就自己做了一个。他说自己没有朋友，别人都嘲笑他，所以他每天都自己一个人玩。于是我重新反思我的班主任工作，从班干部入手，深入调查，走进学生的内心，私底下找来几个班里有影响力又懂事的孩子，让他们主动接近小伟，跟他做朋友，然后告诉小伟王老师是你最好的知心人，有任何困难王老师都会帮你解决。他渐渐地开始给我写信说心里话了，慢慢地开始跟同学们做游戏交朋友了，家里条件不好，父母的卫生习惯不好，我就给他买了洗漱用具，每天到学校洗漱，就这样他变得阳光、快乐！所以，只有我们在心中接纳了学生，才能在日常的教育教学中进行慢慢的引导，简约而大气地处理问题，孩子的身心就会健康成长。

二、营造温馨家园，在建设班级文化中育人 >>>>>>>>

润物细无声，班级文化建设对于营造良好的学习环境，促进学生身心的健康发展具有潜移默化的作用。

（一）环境文化，润物无声

进入我们的教室，就像走进一个温馨的家，那里有孩子们用心画出的他们眼中的多彩世界，那里有他们端正的笔迹，那里有他们在实践活动中的心得感想。

今年的寒假我把枯燥的寒假作业变成了"照顾'蛋宝宝'"实践活动，目的是让孩子们在"照顾'蛋宝宝'"的过程中培养责任感，懂得感恩父母和老师。

开学后孩子们把他们精心呵护的蛋宝宝留念带到学校，他们亲手将自己拍的照片或者文字成果布置在班级文化墙上。有的同学的蛋宝宝因为自己的粗心大意没几天就摔碎了，为此还伤心难过了很多天。有的同学怕蛋宝宝坏了，把它放在家里，时间长了竟然把它遗忘了，当然也有细心的同学将蛋宝宝照顾得很好。为此孩子们不仅感受到了照顾别人的不易，而且懂得付出了才会更加珍惜。孩子们不仅懂得珍惜现在，而且有一双发现美丽的眼睛，一颗充满阳光和温暖的心，从教室一角的那些生机勃勃的植物上就能体现得淋漓尽致。还记得分小组领养植物时候的"斗争"，他们每个人为了能够领养到自己喜欢的植物，纷纷到网上查找资料，然后跟其他组员比谁更了解这些植物。如愿以偿的小组自然欢呼雀跃，没有如愿以偿的小组励志要把不起眼的植物养得有声有色。他们还分工分期进行浇水，定时将自己的植物摆到窗台上接受光照，看着他们精心呵护着自己的植物，作为班主任的我按下快门留下每一个他们成长的瞬间。在浓浓的文化氛围中熏陶出来的孩子们是如此积极向上。在不知不觉之中耳濡目染，潜移默化的教育，充分发挥了环境因素的教育功能。

（二）制度文化，智慧管理

为了帮助学生养成良好的行为习惯，形成班级以班委为核心的自主管理制度，民主选举班长两名，一名分管学习，一名分管生活常规。另外分设一名学习委员负责带领学生早读，分管"学习之星、读书之星、作家之星、数学之星"等与学习有关的评比项目；一名生活委员负责检查教室内外卫生，物品摆放、红领巾、小黄帽等常规检查，另外协助生活班长管理中午吃饭各项事宜，分管"责任之星、自律之星"评比项目。在班委下每组分设一名学习组长，负责每天每节课间针对每名同学进行每项作业的检查督促，并做好记录；另外还有体育委员、文艺委员等负责班级相关工作，分管"文体之星"评比栏。班级内部在学习、卫生、礼貌、两操、纪律等方面都做了明确的规定。在管理上我遵循四字五步："关注细节、给出标准、讲解方法、及时反馈、经常鼓励。"我们以小组为单位进行评比，针对不同项目进行检查记录，每天汇报给班长，由班长将总分公布在评比栏上。制度大家定，班委民主选，同学们比得有滋有味。为了鼓励学生，我在不同时期采用不同的奖励方法，让学生经常处于新鲜状态。

三、润物无声，在语文课堂教学中育人 >>>>>>>>

语文学科具有强烈的人文性，语文课堂应该成为有生命的课堂；成为塑造灵魂的地方；成为师生共同成长的空间。以语文课堂为突破口，引导班级的正确舆论。我们的语文课本中很多课文都是引导班级舆论的好材料：《六个馒头》中同学间不留痕迹的帮助；《天鹅的故事》中动物们的团结一心；《我的心事》中诚实守信的姐弟……学完这些课文后，让学生课下议一议，我们该怎么做？根据课文特点，巧设辩点，引发思考，感悟生命的平等。辩论中的针锋相对体现了生命的自由，尊重了学生的独立存在。使语文教学不仅仅是学习语言的过程，更是人的意识、人的精神的培育过程，班里舆论导向就这样随着课文的学习而不断深入。有了良好的舆论班风就正了，优秀的班集体就有了雏形。在班级中开展各种各样的活动：每日一诗、每周一个成语故事、排练成语故事表演……每个学生参与其中，学生在班级活动中快乐成长，班级文化建设随之成型。

四、陶冶情操，在怡情益智的集体活动中育人 >>>>>>>>

为了学生的个性发展，我班从实际情况出发，积极开展丰富多彩的班队活动，为学生搭建展示的舞台：先后开展了"书香润童年""践行北京精神 争做文明少年""感恩父母""好书推介会"等班队活动。在活动中做到全员参与，发挥每个孩子的特长。孩子们自己排练的表演剧《小猴了的转变》《我们的学校生活》等得到了学校师生的好评，在活动中激发了学生的创作欲望和表现欲望。我们班人才济济，参加各种活动积极踊跃。如小宝同学参加北京市绘画大赛并获一等奖；学校的鼓号队、合唱队都有我们班同学的身影；我们班同学还代表大宁学校参加区里举办的成语故事表演赛。

活动举办得有模有样，学生连课间十分钟的休息时间也玩得有声有色，抖空竹、跳皮筋、踢毽子、转呼啦圈等有意义的游戏活动给孩子们带来快乐。于是我们举办了课间十分钟活动比赛，在玩中成长，让每个孩子都在不断努力中获得成功的喜悦，吸取失败的经验，感受成长中的酸甜苦辣。在活动中，我们班每个同学都以班级为荣，形成了强大的班级凝聚力。学校的课间操比赛、运动会、跳绳比赛、少先队活动评比，每次桂冠都属于我们，在一次次的活动中孩子们懂得只有付出才有回报，学会坚持、懂得承担。

五、善于沟通，在家校结合中育人 >>>>>>>

家庭是教育的第一场所。家校双方，在教育孩子上统一思想，达成共识，密切配合，形成合力，教育实效必然倍增。而作为班主任，就要努力实现这种教育资源的整合，形成教育合力，优化孩子的成长环境。

我努力开好各种形式的家长会，以达到教师与家长二者间的高度和谐，实现共同教育的目的。本着愉悦性、实效性、参与性原则，我会把对每个同学的家访作为我的一项重要工作，通过家访让学生紧紧围绕在老师的周围，在班级中先形成向心力。我家访的原则是，只说好话，不说坏话；只讲家教策略，不说家教问题；只指引前进方向，不揭过去伤疤。第一次去学生家里，学生很紧张，家长也很紧张，他们不知道老师会带来什么消息。而当我把孩子的表现向家长介绍时，孩子笑了，我看到他自信的眼神；当我听完家长的介绍，把设计好的家教方法教给他们时，家长笑了，我看到了他们充满希望的眼神；当我把班级的发展计划和孩子的发展规划向家长介绍时，我看到了一家人满意的笑。

点评 >>>>>>>

班级管理并不简单，它是教师和学生之间的双向活动，是一种互动的关系，参与者是教师与学生双方。积极有效的班级管理，可以提高学生的学习效率，同时也能维持班级秩序，形成和保持良好的班风。此外，通过班级管理活动，还能锻炼学生能力，让学生学会自治自理。

1. 目标清晰，精细管理。作为班主任，管理好学生，必须要有明确合理的班级管理的目标定位，才能做到班级管理的有的放矢，才会实现班级管理的统一、协调。本文作者，在班主任工作中有整体的思路，制定班级终极目标，阶段性目标，具体到每个年级。这样的目标设定，使得班主任工作目标明确，细致系统。

2. 学科渗透班级管理，润物无声。老师以语文课堂为突破口，引导班级的正确舆论。有了良好的舆论，优秀的班集体便有了成长的土壤。

3. 关注家校协同，共促学生成长。王老师作为班主任，努力实现家校教育资源的整合，形成教育合力，优化孩子的成长环境。

北京市东城区教育研修学院心理教研员　赵晓颖

以班级事务的"自助"，实现学生管理的"自主"

北京市海淀区教师进修学校附属实验学校　左改玲

我们每个人都吃过自助餐，其原则是根据"个人喜好和食量各取所需、杜绝浪费"。

在我带班的实际过程中，惊喜地发现了相似之处。班级事务需要班级的小主人们来完成，如果能够根据"小主人们"的意愿和能力让他们自助选择愿意做什么、能做什么，这对于实现他们的自主管理目标是有所助益的。

一、师生一同制定有特色的班级发展目标 >>>>>>>>

在班级建立之初的第一次班会课上，孩子们根据自己内心的设想说了说心目中的班集体是什么样子。学生们畅想道：我心目中的集体是团结的、互助的、和谐的、友好的、积极进取的、心向集体的等。这种畅想很美、很好，但美中不足的是，无班级特色，不易让人记住。我就引导他们与自己的班号"1"结合起来，能不能用"一字词语"来表达班级愿景。

当然，这样的"引导"我是做了前期准备的。从通知我带1班之时，我就想到曾学过那么多积极向上的、充满正能量的一字词语，把它描述为班级发展愿景，应该能凸显班级特色。经过一个月的打磨，我们师生全体达成了这样的班级发展目标：学习上，一拼到底；为人上，一诺千金；做事情，一丝不苟；同学间，一团和气；建设一马当先的1班。

就这样，"一马当先的1班"就成为了我们班响亮的班级新番号！

一马当先，是一个汉语成语，意思是指：作战时策马冲锋在前，形容领先，也比喻学习、做事走在众人前面，积极带头。一个学期的班级建设实践证明，"一马当先"这个词我们全体师生认为还是选得很好的，它非常有画面感——作战时策马冲锋在前的画面。

在这样的画面中，孩子们努力让自己成为"冲锋在前"的那匹马。

二、以班级事务的"自助"，实现学生管理的"自主" >>>>>>>

学生才是班级的真正主人。所以，我在班级倡导的是"我为人人，人人为我" 的思想。人人都要积极地为班级做贡献，共建1班，共享1班班级环境和成功。在特别时刻能够使个人私利服从于班级大局，形成"我是1班人，我一马当先为1班做事"的局面。当然，班级也会为个人着想，为班级做事的原则是：尊重个人意愿，按能力分配任务。

我用带班中的几件具体事例来向大家介绍一下。

1. 学校运动会

学生们为了班级荣誉真的是一马当先踊跃报名，每个项目限报两人，报名场面基本上是秒杀。唯独在800米项目上，上午四小时过去，还未报满。我只好利用中午时间做了一下思想工作：我们重在参与，不在乎结果！几秒之后，终于有个身影站了起来说："老师，我报800米吧。"而这位同学是班里很瘦弱、娇小的孩子。

"你擅长800米？" "不擅长！"

"你跑过800米吗？" "没有！"

"那你为什么报名？" "为了班级，想努力拼一把！"

这就是一马当先班级精神最完美的体现了吧！这也是实现"自主管理自我"的一个突破吧！

2. 承办建队活动

在组织此项活动的过程中，半数以上的同学都积极参与其中。活动的负责人之间分工明确、密切配合，从组织到策划再到演练走台之类的这些小细节，同学们都做得很好。一方面体现了班级同学在做事上一丝不苟，另一方面也向全校呈现了一次高质量的年级活动，得到了少先队辅导员赞扬。

3. 安徽游学活动

五天的外出游学活动学生们表现得很棒，表现之一是能够自主完成学习任务，之二是能准时准点集合。课程学习专注认真，做到了"一诺千金准集合，一拼到底求学识"。

4. 班级值日表

我班的值日生团队是自由组建的，而非班主任的安排。一方面在劳动时间上，学生可以根据自己晚间的事务安排，选择一天做值日；另一方面在劳动项目上，学生可根据自己的擅长之处选择自己能做得最好的一项。每天的值日生团队就这样诞生了！班主任可以从中选择一位责任心较强的同学作为值日组长，放学前提醒值日生，督促值日项目快速完成，检查值日是否合格……总之，所有项目都合格后，才能一起离开。

5. 班级项目负责表

1班优良的生活环境人人创造，1班优良的学习环境人人共享。班级事务有序开展，需要发挥每个孩子的自觉性，需要调动孩子们的主人翁意识。

由此，班级项目团队组建的过程如图1。

图1　班级项目团队组建过程图

三、养成优良习惯，助力学生的"自主" >>>>>>>

养成好习惯是对班级发展目标最有力的支持。

我们1班学习上的目标要求是"一拼到底"。"一拼到底"包含做事的"高效""自律""坚持""规划"等众多好习惯，这之后才能实现真正意义上的"一拼到底"。由此，本学期我们班重点培养的好习惯就是：高效、自律、规划、坚持。

而这几个习惯并不能孤立地去培养。例如，培养1班学生自律好习惯，就需要他们事前做好规划，按照规划学习加强自律性；每天、每周按照做好的规划去学习，不仅做到了专时专用，而且利于提高做事效率；自律、高效、规划这6个字，如果不能坚持下来，就会功亏一篑。只有持之以恒，才能收到超乎想象的效果。

只有养成好的习惯，才能促进学生高质量的学习；只有养成良好的习惯，才能达成班级愿景。在一学期的培养和实践中，很多孩子已经受益于优良习惯。

学生1：开学初，班主任发给了我们每人一个精致的小册子——规划本。我把每天早读干的事写上去，完成一项打一个钩。不仅如此，我会每周末做一个小结，把本周做得好的与不好的地方记录下来，便于下周改正，周末还会做一个小结。这样早读被安排得井井有条，也不会浪费时间去发呆了。有了规划之后，我的学习效率提高了不少，时间也被利用得更加充分了！

学生2：对于英语学习，我几乎每天都听一段哈利·波特的英文录音，在我看来这可以提升我的阅读和语言表达的水平。又或者读几页英文书，记一下英文句子，这成了我每天的习惯。当然，这种习惯带来的好处也非常明显，我在英语考试中，阅读题对我来说，基本没有难度。

点 评 ▶▶▶▶▶▶▶

本文立意新，从"自助"到"自主"，很好地诠释了教师的带班育人方略。

本文以一个词语来表达班级愿景，想法独特，既将班级发展目标简洁呈现，又满足学生的心理特点与需求，生动有趣，达成效果。

通过"一马当先"，实现学生自主管理。在班级建设过程中，不管是学校活动，还是班级日常管理，老师紧扣班级愿景，通过不同的方式，实现班级目标。

本文论点突出，围绕主题，借助事实来论述，力求抓住重点，深入细致地进行分析，把问题点明，把道理说清，强化教育效果。

理论联系实际。本文作者从学生的实际出发，就事论理。对案例中描述的事实，提出的问题，运用教育学、心理学的基本原理，进行科学分析，提出解决具体问题的措施，有一定的价值。

北京市东城区教育研修学院心理教研员　赵晓颖

巧用班级评价手册　实现班级自主管理

重庆市渝中区中华路小学校　郑焕友

在对高段学生进行班级管理的时候，我发现有老师在场的话，班级纪律良好，反之班级纪律较差。针对这样的情况，我在反思一个问题：如何实现班级的自主管理，保证无论老师在不在场，班级纪律都可以保持良好。我结合高段学生心理特征，根据学校德育处对班级学生纪律的基本要求，和学生们共同制定了班级评价手册，以此为依据对学生遵守纪律的情况进行评比，以达到学生自主管理的目标。

一、班级评价手册的制定 >>>>>>>

（一）评价手册制定的原则

1. 民主参与

儿童心理学家让·皮亚杰通过研究发现十一二岁的儿童对于规则的认识处于编辑成典阶段。他们"不仅确定了游戏程序的每一个细节，而且他们似乎特别高兴事先尝试一切可能的情况，并为这些情况订好规则"。高段学生正好处于这样一个年龄阶段，我们要相信他们通过讨论研究是可以制定一个适合班级纪律评价的规则的。那么什么样的规则，学生更愿意遵守呢？皮亚杰说得很清楚，"当推理的自主性（按照自己建构的一套规范来进行推理评价而不是自动接收他人的即成价值）开始发展，儿童日益成为争辩的评判者，而不是继承思想的接收者时，规则就必须由大家来评议了"。以此为依据，我们在制定班级评价手册时的首要原则就是民主参与。每位同学都可以发表自己的看法，无论是评价的内容，还是奖励的手段，又或是惩罚的措施，通过商量讨论，尽可能让大部分同学对规则没有异议。

2. 修改完善

规则既然制定出来，不可能是完美无缺的，肯定要根据具体情况进行修改完善。皮亚杰通过研究发现：十岁以后，儿童充分理解了规则的意义，不再把规则看作神圣不可侵犯的，认为这应该是互相协商产生的。在实际操作过程中，如果制定的奖励手段或者惩罚措施不能够明显促进儿童从他律转向自律，那么相应的手段或措施就应该进行修改完善。

（二）评价手册制定的内容

我们根据学校德育处对于学生的基本要求，结合我们班学生的具体情况，以时间节点为依据，以小组为单位，设定了以下评价内容：早读要按时到校，听从领读员指挥，自觉读书；早操要规范统一，动作整齐有力；午间管理要有序排队，文明用餐；眼睛保健操要认真规范；放学要安静快速，保持地面清洁。

二、班级评价手册的执行 >>>>>>>>

（一）预防为主，奖惩并举

我们会根据同学们在不同时间节点的表现给他们打分。每个小组起评分是一百分，如果违反纪律就按照人次一次扣十分。制定评价手册的目的是为了预防同学们违反纪律，所以我们在进行评价的时候会尽可能地给同学们机会。比如，在早读时，如果经过领读员提醒仍然不认真读书的同学会给他的小组扣分，但是第一次提醒是不会被记名字扣分的。做得好的小组可以根据每个时间节点的表现加分。为了鼓励遵守纪律的同学，提醒不遵守相关纪律的同学，我们会在每天下午放学时统计总得分，我们一共七个小组，总分前四名的小组将在第二天获得特权，垫底的小组将承担第二天的教室清洁工作。特权奖励包括但不限于午间管理时优先排队打饭、领取牛奶时的优先选择权、偶尔违反纪律的豁免权等。

根据皮亚杰在《儿童的道德判断》里的论述：随着年龄的增长，儿童支持"相关性惩罚"（"无须通过使人痛苦的惩罚来使儿童遵守规则，只需简单地使违反规则者意识到违反规则也就破坏了社会关系，破坏了合作的基本社会协定就行了"）的比例上升了。而且在高段学生群体里这个比例占比更大，因为他们认为相关性惩罚比抵过惩罚更加"公正"。基于这一点我会让早读不认真读书的同学体验领读员的工作，带着大家读书；没有认真做早操的同学来领操；乱丢垃圾的同学负责教室外面属于我们班级公共区域的卫生工作等。

（二）严格执行，灵活处理

全班同学共同制定的班级评价手册就必须严格执行，否则会影响评价手册的权威性，但是有的时候也要学会灵活处理。皮亚杰认为儿童关于公正概念的成熟认识出现在十一岁或十二岁这个时期。他们认为公正应该考虑到动机和环境。他们不仅重视相关性原则，做判断时更会结合行为动机和环境的因素考虑是否判定犯错或减轻责任。有一次一位男生向我投诉：早读时他好意提醒他的同桌认真读书，结果被领读员认为他在说话违反了纪律，给他的小组扣了分，他觉得不公平。我了解到情况后，主动找到了那位领读员交流问题：首先肯定她认真负责的态度，接下来也提出那位男生提醒同桌读书的良好动机，建议她以后在处理类似问题的时候要注意动机和环境的因素，不要不问情况就下定论。领读员也反思了自己的行为，保证以后会问清楚情况灵活处理。

三、班级评价手册的效果 〉〉〉〉〉〉〉〉

（一）强化纪律意识，学生自觉遵守

我们班在实行班级评价手册评比两个月后，我感觉到大部分同学的纪律意识大大增强，自觉自愿去遵守我们共同制定的规则。个别违反规则的同学会受

到其他同学（主要是小组成员）道德上的指责，这样同学违反纪律的频率大大降低，学生的精神风貌有重大的向好转变。其他任课老师和负责午间管理的科任老师也向我反映个别调皮、经常扰乱课堂秩序的学生有很明显的变化，经过老师提醒后再次违反纪律的可能性大大降低；更为重要的是无论班主任在不在场，学生遵守纪律的情况基本保持一致，我认为通过班级评价手册评比活动的实施，规则意识深入人心，大部分同学基本完成了他律向自律的转化。

（二）便于学生操作，便于班级推广

班级评价手册是由老师和学生一起讨论制定的，按照学生在校时间节点来确定评价内容，评价手段使用加减分的方式简单明了，奖惩分明，便于学生操作，在班主任不在场的情况下由班干部组织、特定志愿者（监督具体行为习惯是否违反评价手册所制定规则的同学）负责。其他班级也可以根据班上具体情况增减评价内容，确定评价手段，便于推广。

希望通过班级评价手册评比活动的开展，内化学生的规则意识，由他律转化成自律，以实现班级自主管理的终极目标。

点 评 ﹥﹥﹥﹥﹥﹥﹥

班集体的自主管理既是班集体建设的内在动力机制，又是学生集体在班级生活中进行自我教育、发展的活动平台和表现方式，是班集体主体性的充分体现。本文基于高年级学生的心理特征，制定规则，形成手册，达到学生自主管理的目标。

1. 本文作者依据皮亚杰的认知理论，将学生的民主参与作为制定班级评价手册的首要原则。每位同学都可以发表自己的看法，无论是评价的内容，还是奖励的手段，又或是惩罚的措施，都充分调动了学生的积极性。

2. 应用行为强化理论与技术，根据学生的心理特点与实际情况，老师精心设计每一个环节，以满足学生需求的强化物作为鼓励，当然，适度的惩罚，也使得方法较为有效。

3. 实施过程中，老师严格执行，灵活处理。特别是学生个体在过程中出现的问题和困扰，老师能够积极关注，有效应对，效果较好。

北京市东城区教育研修学院心理教研员　赵晓颖

在逆境中起航

甘肃省青海油田第一小学　张燕红

2018年，我因工作调动，来到了青海油田第一小学，校领导将五年级二班班主任工作交给了我，我在心里打定了主意：新的环境就要从头干起，只有把每一天当成新的开始，时刻做好起跑的准备，才能跑得更快，更远。

一、我接手了一个"特殊班级" >>>>>>>

事情往往比预料的糟糕，我刚到班级时，对这个班级的感受是：第一，学生没有上进心。班级中的孩子们一个个懒懒散散，在一次年级组织的小活动中，有学生告诉我：老师，你别忙活了，忙也是白忙，反正第一都是一班的。遇到问题学生不会积极面对，从自身找方法解决问题，而是消极对待，还没行动就想着怎样去推卸责任。第二，这个班级才五年级，可是到我这已经是第六任班主任了，换过太多的"妈"，他们早就习惯了靠自己。我刚来时，很多情况不清楚，什么时候做卫生、什么时候上操，上操怎么做，轮到我班级值周了，派哪些同学去值周等都不知道。班里有一名小班长，组织协调能力很强，她会跑上讲台主动提醒我该干什么了，这个班级没有固定的班主任，让我既心疼又着急。第三，这个班级似乎"不能文也不能武"。升旗仪式上一般要宣读一些表彰决定，某某班某某同学获得象棋比赛一等奖、讲故事比赛一等奖、跳绳比赛集体一等奖……但这个班的学生们鲜少获奖。第四，这个班级的尖子生几乎没有。五年来班级均分一直都是年级倒数第一，个人年级名次根本排不上，全年级倒数前三名全在这个班级，还有一名特殊生。就这样，我就成了这群孩子的"妈"。

二、什么原因导致今天的局面 >>>>>>>>

第一，本班频繁地更换班主任及任课老师，使一个班级没有一个固定的核心人物，就缺乏了主心骨，学生遇事不知道找谁解决，更不知道该怎么解决，就会出现一团乱麻的情形，班级管理混乱、状况百出，学生学习掉队。第二，本班没有积极向上的班级凝聚力。这个班级永远尾随在其他班级之后，无论是学习还是竞赛、无论是劳动还是纪律，人人没有自信心，没有奋发向上的劲头。第三，本班多数孩子的家庭环境复杂。因为地区的原因，本地的大部分孩子父母都在千里之外的生产基地上班，孩子没有固定的人去管理、教育，这个这样教、那个那样管，孩子没有形成良好的学习习惯。第四，本班的"小班长"缺乏约束力。一个五年级的孩子，我发现她的管理方式简单粗暴，动辄吼骂同学。这个"小班长"可以用，但是要戴上"紧箍咒"。

三、对症下药 >>>>>>>>

我以最快的速度熟悉了环境，了解了班级情况，作为一名经验丰富的老师，我深知班主任工作多而繁杂，如果不能建立一个良好的班队委，各项工作就很难顺利地开展下去。所以新学期一开始，我花了很大的心思培养班级的骨干力量，合理规划，让班级的工作程序化和制度化。再从思想工作入手，因为思想工作是班级各项工作的基础。利用班队会对学生进行身心教育，帮助学生厘清思想上的模糊认识，提高学生的思想境界，利用课余时间与学生促膝谈心，及时对学生进行有针对性的教育。在班内积极开展"理想教育""感恩教育""养成教育"等行之有效的教育活动，让每个学生找到目标、树立理想，挖掘他们的潜能，激发他们的斗志！

很快我发现这些措施对他们不太奏效，他们太需要一场胜利来鼓舞士气了。

（一）树立榜样

时机很快就来了——本年级举行演讲比赛，我紧锣密鼓地张罗了起来，从写稿到定稿、从选拔到指导、从背景到音乐我一一把关。功夫不负有心人，我们班的段宸泽获得一等奖、李雷文欣获得二等奖，打碎了孩子们心中的"必败"的想法。赛后，我把孩子们的奖状高高地贴在教室里，榜样就这样树立起来了。

（二）激发信心

要想提高一个班级的成绩，要做的绝不是抓优等生，而是拉起那几个"小尾巴"。配合学校的自主式班会课，我开展了"我来露一手"的自主班会课，要求每名同学都要有自己的节目，孩子们的潜能是无限的，"双簧""相声""歌舞""诵读"应有尽有。让我感动的是，"小尾巴"们对这事儿上心着呢，还跑了很多地方租来了长袍，扎起了冲天辫，偷偷拿来了妈妈的粉饼打成了白脸，让我仿佛看到了未来的明星。演出当天我请来了家长、学校领导、任课老师，效果比我想象的要好得多，很多家长感动地流下了泪水。这场活动下来，孩子们心中自信心增强了，个个跃跃欲试，不再是之前那些蔫头耷脑的"差生"了。

（三）找到帮手

同时，我也要赶紧找帮手。"家校合力"是时候发挥作用了，我认为和家长最有效的沟通方式是设身处地地为孩子着想，十个手指伸出来尚有长短，何况一个班智商、性情、家境各不相同的四五十个孩子，不要带着旧眼光去看待任何一个孩子，不管他的起点在哪里，超越自己就好了。我的这个理念得到了家长们的认同，纷纷与我联手，一改往日任其自由发展的态度，在家盯读书、听写生字、督促背诵。很快我发现我们的班风悄然发生了变化，一下课孩子们讨论的不再是某某游戏，而是某本书。同学作业没写好，会有人去帮助他；谁的作业受到了老师的表扬，大家会投去羡慕的眼光，跑去围观……

（四）倾情课堂

班级的班风正了，学生的思想工作抓好了，教学成果自然就显现出来了。我常常阅读教育教学杂志，随时了解教育改革的新动向，捕捉教学发展的新信息，掌握教学课改的新方法，摒弃了"满堂灌""填鸭式"教学法，让"启发式""愉快教学法""注重学生的个性发展"等理念走进课堂。在继承中求创新，在创新中求发展，用新颖灵活的教学方法，为我的语文课堂带来了教学的生命力，教学效果显著，一个学期下来，我所带的班级语文期末考试全班达优，均分提升了近十分。

（五）由扶到放

授之以鱼不如授之以渔，我们班级向上的班风形成了，良好的学习习惯在渐渐培养中，下一步我要做的是慢慢放手。这个班级如今最大的优势就是有一支得力的班干部队伍，经过大半学期的锻炼、培养，这支队伍已成气候，我这个班主任在与不在都能有效地管理好班级。班长管理全班，学习委员查收作业、直接跟各科任老师对接，体育委员负责路队、课间操，劳动委员负责室内外卫生，包括排班、检查验收、评比。每周一的班队会课由班长点评全班一周学习、表现情况，同时受全班同学约束、监督。

四、初见成效、再接再厉 >>>>>>>

良好的班风、积极向上的学习态度、得力的班干部队伍，使得这个班级面貌发生了巨大的变化。各科任课老师纷纷反映班里的作业质量高了、上课发言的同学多了，家长们也说孩子做作业积极主动多了，学习也没有那么吃力了。在全校大会上校长点名表扬我们班，午间诵读组织好、劳动纪律好……期末考试中，我们班终于摆脱了倒数第一的魔咒，并且缩短了和年级优班的差距。虽然这些成绩对于其他班级来说不算什么，但是对于一个长久掉队、缺乏关爱的班级，却犹如久旱逢甘霖。

回首自己这一学期做了什么呢？第一，找准点。没有绝对的差，也没有百分百的优，孩子的潜能是无限的，树立一个相对优秀的榜样、以全新的眼光去看待每一个孩子，鼓励表扬为主，激发他们的自信心。世界上没有任何一个学生愿意心甘情愿地当弱者，我们要做的只是通过观察找到孩子身上那个点，那个启动他发力的点。第二，找合力。一个五十人的班级仅靠班主任一人来管理是远远不够的，要懂得一定要和家长形成合力，他们是和我们有共同愿望的最佳搭档，取得他们的充分支持和帮助十分重要。班委的力量也不容忽视，他们才是真正的领头羊，管理好领头羊，让他们带领全班走稳、走好。第三，授之以渔。无论是学科知识还是班级管理，掌握高效的学习方法往往能取得事半功倍的效果，要想让学生取得进步，无外乎在这些方面给学生以帮助，如怎样学习语文、怎样阅读、怎样管班……

同时，我也清醒地认识到，成绩只是暂时的，今后的路还很长，还需要我不断地和孩子们一起去探索，至少，我们这艘学习之舟已经扬帆起航，路就在脚下……

点评 >>>>>>>>

面对班级凝聚力弱，学生动力不足等问题，本文作者能够全面地分析学情、班情，通过多种途径，用有效的方法，改善班级状况，重塑学生行为，收到了较好的效果。

1. 积极关注，用心分析。关注学生问题行为背后的积极因素，并看到学生内在的需要，进而根据学生的心理特点读懂行为。理解、接纳、共情是走进学生内在的关键。

2. 激发动力，成功体验。过往的班级成长经历，使得团体动力弱，学生呈现这样或那样的问题。面对一个没有信心的班级，老师想办法改善学生缺乏积极性的状态，通过一次活动的成功，帮助学生重拾信心，激发动力，学生的问题也就迎刃而解。

3. 家校协同，联手共育。家庭对学生的影响力巨大，班级建设和学生的行为改善中，老师能够联手家长，家校一体，方能达成很好的效果。

北京市东城区教育研修学院心理教研员　赵晓颖

"月明星稀"与"繁星满天"

黑龙江省龙江县实验小学　李长林

陶行知先生说过，"好的先生不是教书，不是教学生，乃是教学生学"。在我的班级管理和课堂教学中出现了一些问题，随着这些问题的解决，我一直在思考两个成语"月明星稀"和"繁星满天"，一直在结合教育教学实践努力尝试让教室内不再"月明星稀"，而是一派"繁星满天"的喜人学习景象。

一、"月明星稀"问题出现的背景及表现 >>>>>>>

随着课程改革的不断深入推进，老师们都已经习惯了以学生为中心的课堂学习，在具体实践中是不是只要考虑到以学生为课堂主体，就没有问题了呢？答案是否定的。老师们每天、每月、每年都会面对各种问题，把这些问题解决好了，才能称之为成功的教育。

半年前，我新接了四年级七班，从那一刻起五十六个可爱的孩子就走进了我的生活。记得在开学第一节数学课上，我提出一个简单的问题，当时我想这么简单一个问题一定有很多同学抢着回答，可是结果让我大失所望，举手的同学寥寥无几。下课了，同学们顿时活跃起来，说笑声此起彼伏，有几位乐于和老师接近的同学来到我面前，我问他们："咱们班的同学为什么课堂上不喜欢举手表达呢？"他们说："李老师，班级同学们在过去的三年里，已经习惯了不举手，举手的总是那一两位同学，老师也总是喜欢叫那一两位同学回答问题，我们习惯了这样的学习方式。"

这样的学习状态应和了夜空中"月明星稀"的景象：一轮明月高挂夜空，明月没有出现之前，夜空中群星闪烁，当月亮高挂其间，很多星星顿时失去了光彩，甚至被忽略。

接下来我利用几节课的课间找十几位同学交流，和同学们的谈话让我了解到，班级近一半的学生，在过去三年内几乎没有站起来回答过问题。交流的结果既在意料之中，又在意料之外，我陷入了沉思，这样的现象并不是一个班级独有的，这样"一花独放"和"月明星稀"的课堂学习状态亟待改变。

二、"月明星稀"问题出现的主要原因 >>>>>>>>

为什么会出现"月明星稀"的现象呢？孩子们在来到这个世界上时没有太大不同，都是那么天真可爱，是后天的教育和影响让他们有了不同的性格差异。

（一）来自家庭的原因

来自家庭的影响是第一位的，如果家长善于表达和表现，孩子大概率不会出现害怕表达和表现的状况。我还了解到班级中有很多同学都是留守儿童，他们的父母在外地打工，从小跟随爷爷奶奶或者外公外婆一起生活，他们的语言表达和表现能力在一定程度上不能得到很好的发展。因此家庭的影响是造成这一现象的根源。

（二）来自老师的原因

即使家庭教育缺失，如果学校教育点拨引导到位，孩子们还是能在后天的教育中健康地成长。然而老师提问的总是那几位乐于举手的同学，原因是老师为了顺利完成一节课的任务，而忽略了关注每位学生的进步成长；是老师为了实现优秀生的成长，而忽略了大多数同学的学习机会；是老师在课堂实现了整体灌输，而忽略了全班参与、因材施教、因人而异的教育本质。

（三）来自学生心理的原因

造成"月明星稀"现象还有学生心理原因，经过调查我了解到班级三分之二的同学都存在这样的"心理阴影"。他们也尝试过回答问题，但是每当答错了或者说话声音小时，得到的不是来自老师的鼓励，而是老师的训斥和同学的嘲笑。他人的一句"你真笨，这么简单的问题也不会"，久而久之在学生的心里就会形成一种暗示，他们会不由自主地想："是啊，我真笨，我还是别参与课堂回答问题了，这样老师和同学就不会笑话我了。"于是，课堂上默默地坐在那里的同学成了课堂学习的主体，这种"月明星稀"的现象就出现了。

（四）来自师生关系的原因

虽然说课程改革已经有几个年头了，可是我们的课堂还是有很多"老师一言堂"的影子，很多老师在课堂上唯恐学生听不懂，就喋喋不休地讲，学生呢？在座位上无可奈何地听，这种被动的接受式的教育，让老师和学生之间的距离越来越远，老师高高在上，学生害怕哪里做得不好，即使没有学会，也不敢向老师提出来。最终导致"月明星稀"的课堂学习方式的形成。

三、摒弃"月明星稀"，创设"繁星满天"的计划和策略 >>>>>>>>

为了让同学们真正成为课堂学习的主体，让同学们积极参与课堂学习，人人成为课堂学习的主人，从接班了解到"月明星稀"现象后，我即着手制订育人计划："命名班级、构建小组、科学管理、学会表达、人人参与、规范展讲、质疑评价"，历经二十一天，课堂上不再"月明星稀"，而是"繁星满天"。

（一）策略一：命名班级

要想让"月明星稀"的现象变成"繁星满天"，我每接一个班级，都要把班级名字由几年几班变为"竹苑书香班级"，寓意："同学们犹如青青嫩竹在一片葱郁的竹林里，静静地品读读书学习的芳香，在班级以竹子坚韧不拔的品格，努力向上茁壮成长。"

班级有了命名后，我即着手创建班级文化，教师内张贴"竹苑书香"四字书法条幅，着手设计"班风、学风、目标、口号、班歌"等内容，让孩子们在开学之初即感受到班级的喜人变化，让孩子们从开学初即感受到我应该有变化了，我不想在这样的班级内被其他同学落下。

（二）策略二：构建小组

班级五十六名同学，根据每位同学的"性别、性格、爱好、表达能力、成绩"多方面信息，把同学们科学分成十个小组，做到"组内异质和组间同质"，就是说尽量做到小组内和小组间的科学最优化分配，其中有一个小组只有两人——我把在班级中从未表达过的小许和小乔同学调出来和我组成一个小组，名字叫"三人行"小组，其他小组也都有各自的名字，如"勤奋自强小组、扬帆远航小组、坚韧不拔小组、力争上游小组"。

（三）策略三：科学管理

小组构建好了，接下来就是要实现科学管理了，同学们自己设计制作了组旗、组牌、组花，并把小组组名、目标、口号、成员分工、小组常规等内容填写到组旗和组牌上，实现小组内人人有事做，事事有人管。

班级有带班班长两名，负责每天日常事物处理，配合班主任管理好班级，值周班长两名，负责组织同学们课堂学习、课间秩序、与带班班长一起组织放学。班级有学术助理两名，负责检查督促同学们完成作业，早午自习的晨读和午练，还有配合老师做好课堂学习的组织工作。班级还设有卫生监督员、纪律监督员、文艺委员、劳动委员、体育委员，他们都有自己的工作职责，每天在老师和班长的带领下开展自己的工作。

班级十个小组在每周都实行"实现心愿，优秀小组"评比活动，在班级黑板的一个角落设计一个表格，采用扣分制，每天班级干部在带班班长和值周班长的带领下，监督每个小组成员在"出入教室、上下楼、课间活动、间操、文活、体活、卫生、路队、课堂学习"几方面的表现，并及时把分数写到表格中。周五统计结果，评比出两个优秀小组，老师为两个优秀小组照集体照，并张贴到"实现心愿，优秀小组"评比墙中，期末累计哪几个小组被评上次数多，作为班级五星小组和五星队员的评比依据。

科学管理让每位同学对小组产生了如家一般的感情，他们每天为了小组的荣誉认真做好自己，有了"组兴我荣，组衰我耻"积极向上的劲头。

（四）策略四：学会表达

说到学会表达，做起来不容易，因为同学们在经历了三年多的小学学习之后，语言表达已经形成了定式，个别同学善于表达，很多同学甘愿默默无闻，还真得有好方法激励他们。

首先，我引领学生利用家长微信群每天展示自己读书情况，每天十五分钟，以小视频的形式把读书视频发到群里，找到读书表达的成就感。

其次，我示范引领学生进行规范化课堂表达训练，引领学生说大段完整的话。从前同学们站起来回答问题总是说："老师，我是这么想的……"这样的回答面对的是老师，这是不对的，因为课堂学习的主体是学生，他们应该这样说："各位同学，大家好，我的观点是这样的……谢谢大家。"小组同学在展讲时应该说："各位同学大家好，下面由我们小组为大家展讲这个问题……我们展讲完毕，有谁为我们小组提问或补充，谢谢大家。"提问或补充的同学呢？则说："某某小组，我代表我们小组为你们补充……我的补充你们满意吗？谢谢大家。"即使遇到不会的问题，也要说："各位同学，这个问题我有些不明白，谁能帮帮我，谢谢大家。"

综合这么多课堂表达用语，总结一下有以下几类："破冰语"是与人接触的问候开场白；"陈述语"是用较长的一段话，把自己或小组团队的观点清晰地表达；"讨论语"是课堂中小组内讨论问题说的话；"结束语"是表达完自己的观点后的简短总结，是一种延伸与升华。

（五）策略五：人人参与

课堂学习人人参与，才会有学习的仪式感和成就感，我在调动学生课堂学习积极性时，首先让小组内学习实现人人参与，在课堂学习中有了小组内参与学习做铺垫，在表达时同学们就会丢弃原有的胆怯心理，大胆地参与课堂学习。对于那些经过老师和组员鼓励之后还是不敢表达的同学，要经常提问他们，给他们锻炼成长的机会，即使他们答错了，也要说："各位同学，我们这个知识点学会了，要感谢某某同学，正因为他回答错了，才让我们重视了这一问题，掌声送给他。"可见人人参与激励赏识会让课堂学习发生质的变化。

（六）策略六：规范展讲

课堂学习人人参与调动了同学们的学习积极性，那么在个人和小组表达自己观点时，都需要进行规范的展讲，能把一个知识点一个问题解释清楚需要大胆地表达和一定的展讲能力。我充分利用每一次展讲知识点的机会，让每个小组和每名同学都有展讲汇报的机会，还适时地拍照发到家长群中，让孩子们找到展讲学习的成就感和愉悦感。

（七）策略七：质疑评价

很多同学不敢质疑和不会评价，这方面的欠缺对他们语言表达产生了很大冲击。课堂学习中，有些时候同学们学得很顺畅，这时老师应该故意制造一些小矛盾，以辩论的形式让孩子们参与其中，其中可以用"耳语和小纸条"策略让同学们积极参与课堂质疑评价。教师还可以故意在课堂学习重难点方面制造不会或者困惑的假象，让学生们合作探究学习的氛围更浓厚，就会收到意想不到的效果。

同学们质疑和评价时充分参与了，老师的任务是控制课堂质疑评价学习的节奏，让问题在同学们交流探究、质疑评价中得以解决，最终提高的还是同学们的课堂表达能力。

四、"繁星满天"课堂学习收获与日俱增 >>>>>>>

"命名班级、构建小组、科学管理、学会表达、人人参与、规范展讲、质疑评价"七大策略的实施对于提升同学们课堂表达能力效果喜人。

班级在重新命名之后，同学们是第一亲历者，在开学第一次日记中，孩子们用他们稚嫩的话语表达出对班级这一变化的喜悦之情。他们这样写道："今天最大的惊喜是我们班级变样了，变得我不认识了，叫竹苑书香班级；我的班级像一个大家庭一样，真好；我们换老师了，虽然还是原来的教室，但是我觉得像换了教室似的；我们班级是与众不同的，我们在开学第一天就学习了班歌，我们的班歌叫幸福少年，我觉得我们就是幸福少年。"

同学们在经历了构建小组之后的喜人变化就是团队意识增强了，很多孩子从自私、封闭中走了出来，他们每一天都能信心百倍地投入小组管理和个人健康发展之中，都成了优秀小组的参与者和构建者。班级小张同学在日记中这样写道："今天真高兴，我们班座位不再是一律向前了，我们六人一组，同学们面对面坐着学习，我是副组长呢，还是数学学科长和卫生监督员。我们小组的名字叫学无止境小组，我爱我们的小组，今天一回到家，我就把这一变化告诉了妈妈，妈妈也高兴地鼓励我要为小组争光，要做好自己的工作。有了这样可喜的变化，有了家长的鼓励，我相信我们小组六个人每人每天都会有新进步。加油，学无止境小组！"

科学管理让同学们每天的生活有规矩可循，从前都是老师和几位班级干部喋喋不休地喊叫，现在变成了同学们每天秩序井然地做好每件事，每天开心有序地上好每节课。我们"三人行"小组的副组长小许同学在日记中这样写道："李老师，我有一个大发现，我发现班级变安静了，虽然过去我学习不好，但是我不喜欢喧闹，过去同学们每天不论课上，还是课下都静不下来，现在好了，同学们知道自己啥时间做啥事，我喜欢现在的班级。"

同学们学会表达了的最大变化在于每个人都能有勇气举起手来回答问题。在数学课上，同学们针对一个问题汇报表达时，通常争论得面红耳赤，有时竟然交流出多种做法。班级小许同学和小乔同学从前不敢表达，叫他们回答问题，也只是在那儿低声细语，现在的他们有了质的变化，回答问题声音大了，表达清楚明白了，自信心随着流畅的表达而日渐增强，语数成绩都提高了三十多分呢。从前班级有一半的同学不敢表达，现在是全班同学都敢于大胆表达，都体验到了表达的无限乐趣。

人人参与班级管理，人人参与课堂学习，经过半年多时间，同学们课堂上人人参与学习的热情高涨，学习成绩也在积极参与学习的过程中有了飞跃。班级小柴同学的妈妈给我发来信息，这样写道："从前我家儿子不喜欢上学，每天他一回家和我说起班级的事情时，就像说其他班级的事情一样。现在呢？不一样了，孩子每天一进屋就吵着和我说班级如何如何，显然他已经是班级的主人了。看到孩子们的进步，我们家长真高兴，老师辛苦了！"

规范展讲让每位同学找到了当老师的感觉，课堂上我是他们的"同学"，他们每一次的规范展讲都能赢得其他同学热烈的掌声，规范展讲让我和同学们的表达能力在半年时间内有了令人欣喜的变化。从前一个问题抛出去，全班静静的，没人回答，现在同学争先恐后地举手，流畅响亮的规范展讲让课堂成了师生学习的舞台。从前的课堂上，同学们不敢提出质疑，至于评价更是老师一个人的事儿，如今同学们在课堂学习中敢于提出质疑，敢于提出自己的观点。

在实施了七大措施，家长了解到同学们的喜人变化后十分欣喜，他们对孩子的态度也有了改变，家庭教育也走上了良性轨道。同学们在学会语言表达和勇于表达的同时，他们心理上的障碍消失了，学习的自信心也随之增强。学生和老师之间距离越来越近，课堂上探究学习的氛围越来越浓。

从"月明星稀"到"繁星满天"，是一种课堂学习状态和境界的提升，课程改革进程中的培养目标是"倡导学生全面、和谐发展，关注每个学生的成长以及着眼于学生的终身可持续发展"。基础教育是培养学生全面发展的教育，"繁星满天"的课堂学习方式会让每一位学生在学习进步成长的星空中闪烁，最终成长为生活习惯优秀和学习习惯优秀的国家栋梁之材。

点 评 ▸▸▸▸▸▸▸▸

本文用"月明星稀"与"繁星满天"来形容学生在班级生活、学习生活中的状态，并应用有效的方法，对学生进行辅导。

1. 通过访谈了解学生的问题，走进学生，探寻真正的原因，使得后面的辅导策略能够有针对性地解决问题。在原因分析部分，本文作者从家庭、老师、师生关系以及学生自身的心理原因等方面进行分析，全面地了解了本班学生的实际问题，以及问题背后的道理。

2. 方法有效，效果明显。本文作者从命名班级开始，构建小组、科学管理、人人参与……最终实现学生的自主互助学习的目标。特别是构建小组，老师不是简单地分组，而是做到了"组内异质和组间同质"，足以看到老师的良苦用心。

3. 细致指导，重在方法。在指导过程中，老师没有刻意说教，而是用具体的方法进行指导。如策略四学会表达，老师在课堂上示范引领学生进行规范化课堂表达训练，引领学生说大段完整的话。而这样的指导效果初显，学生上课举手分享越来越精彩。

北京市东城区教育研修学院心理教研员　赵晓颖

培根、育芽、散叶，催开"自主"之花

安徽省合肥市师范附属小学　柏玉萍

教学就是教学生会自学，教育就是教学生会自育。真正的教育是能够激发学生去自我教育的教育。何炳章先生在《回到教育原点》中提出了"自育自学论"。他认为：自学能力和自育能力是人一生的两大基点，或者说是健全的、高品位的人生的两大基点。因而，有效地培养学生的自学和自育能力也应当是提高学校教育社会化程度的两大基点。

我所在的学校是一所办学80多年的老校，在"启迪心灵，明亮人生"的办学理念指导下，学校以"放出光芒，把希望点亮"为校训，培养身体健康、精神饱满、品格高洁、科学与人文素养良好的明理少年。在这样的理念引领下，我们各班都将这些培养目标贯穿在日常的教育管理中，贯穿整个小学六年。这六年，孩子们从懵懂童年向活力少年过渡，从完全的"被教和被助"走向"自理和自管"，并在集体实践活动中完成生命的体验式成长。接下来，结合我近两届的班主任实践经历，围绕如何促进学生自主管理谈谈我的几点做法。

一、"七彩虹"文化引领，培"自主"之根 >>>>>>>>

有人认为：中高年级段可以实行自主管理，低年级段谈自主管理尚早。我认为，低年级应该是自我管理意识的前培养期。教育重点应该在于催生自我意识，激发自信，让他们成为一个灵动个性、活力饱满的人。

首先要建立一个快乐而凝聚力极强的集体，让孩子在这个集体中快乐发展，找到在集体中的自我存在感。经过一段时间的相互了解后，结合学校"启明"教育理念，我开始赋予这一届的班级"七彩虹"文化。"七彩虹"的含义为"童年的生活多姿多彩，犹如彩虹七色，充分体验，个性发展；彩虹弓背如桥，童年是生命走向幸福之桥；彩虹弯弯似弓，童年积蓄力量，蓄势待发；风雨之后见彩虹，寓意辛苦付出之后才会成功"。我希望，每个孩子都成为一个充分发展的独特个体，但是他们又都围绕着集体发展。

成长离不开体验。围绕着"七彩虹"文化，我们开展了丰富多彩的实践活动，如"爸爸妈妈讲科学""变脸大王进课堂""假期售水活动""开启科技之门"等。每一个多彩的活动设计往往来源于实际需要和生活中的灵感，指向能力提升和人性发展。暑假的一天，几位妈妈带孩子到公园散步，看到很多人口渴，买水很不方便，便萌生了带孩子来卖水体验生活的想法。我们共同设计了售卖方案，孩子们分组轮流投入活动中去。在活动中，孩子们体验到了口语交际的鲜活场景，突破了胆小羞涩等心理障碍，认识到了二维码、支付宝等现代化的收款方式，总结了一些简单的营销策略，也切实感受到合作才是成功的前提。活动结束后，每个孩子领到了25元的现金，这是孩子人生中的"第一桶金"，也是综合能力的体现。对于"这笔钱怎么用？"我们展开了大讨论，最终的讨论结果是用赚来的钱建成一个班级小书架。这是用自己的智慧和汗水挣来的劳动成果，每个孩子在阅读时，都倍感自豪，同时倍觉珍惜。

当我们用七彩的实践活动将整个世界带到孩子面前的时候，幸福感会促使着孩子的思维和心灵去"思考"：我要做个怎样的孩子？我可以为集体做什么？教育最终指向的是人的发展。我们引导孩子做什么样的人，其实不需要告诉孩子"不要怎么做"，而要告诉孩子"可以这样做"，这是一种正向的、积极的引导，是促进他们自我管理和自我完善的途径。这样的一次次活动也将集体拧成了一股绳，每个孩子都愿意约束自己、提升自己，用"最好的自己"去助力"最好的集体"。

除了"七彩虹"班级文化，一个集体还应该有其独特的个性文化，孩子们在这种独特文化的浸润下，舒展生命，获得自信。在我所带的班级里都有着浓浓的"朗读"文化。因为我个人的特长，我也将朗读作为建立集体自信的一个突破口。在我所带的两届学生中，人人爱朗读，人人会朗读。朗读，成了特殊情感的表达方式和沟通学习的渠道。看，我们用朗读表达着对带教启蒙老师的感恩，展示着少年人的精神风貌，在赛场上尽显集体风采。我们用朗读传承本土文化，将中华文化推向世界，用朗读参与世界文化的传播……在我们班，有事没事，孩子们就会拿本书静静阅读，或者找段文字朗读。朗读，已经成了他们独特的生活方式。读着读着，孩子们变得高雅有品位了，变得自立而自信了。看了我们上届的毕业照片，大家都说，你们班不管是男生还是女生，气质怎么都那么好！这是独特的朗读文化给孩子带来的独特气质，甚至对小学以后的生活都有影响。上届的孩子告诉我，现在初中举行经典诵读比赛，各班领诵的学生基本上都是我原来班级里的孩子，他们倍感自豪。

　　"七彩虹"班级文化孕育自我，独特的朗读文化培养自信。一个少年，只有当他学会了不仅仔细地研究周围世界，而且仔细地研究自己本身的时候，只有当他不仅限于认识自己的内心世界的时候，只有当他的精神力量用来使自己变得更好、更完善的时候，他才能成为一个真正的人。有了个体的自我觉醒和自信建立，班级自主管理才能应运而生。

二、部级班委组阁分工，育"自主"之芽　>>>>>>>>

　　当每个生命都充分而饱满地发展时，他们就感受到了自己作为"人"的存在，开始思考可以为周围的世界做些什么？从二年级开始，我就实行 "人人有岗位，事事有人干"的管理方式，让每个孩子都参与到班级管理中来，人人都做班级的主人。我将班级分为学习部、阅读部、纪律部、卫生部、文艺部、体育部六大部，将班级各项工作划归到各部。管理模式采用"组阁分工+自主管理"的方式。部长和副部长是需要在全班竞聘演讲的，由同学和老师共同投票产生。各部建立后，全班同学按照自己的兴趣和意愿加入各部。各部根据报名人数设立等额岗位，部员竞聘，部长和副部长商议安排工作，确保人人有岗位，个个得锻炼。这样的一种组阁方式，让能力强的孩子主动投身到部级管理工作中来，成为班级的领头雁，而能力弱的孩子又能在部内得到锻炼。

　　每个部都有自己的常规工作。以阅读部为例，他们需要和老师共同建设书香班级。要统筹和指导各个书香小队的阅读评比，如每两周组织阅读有进步的学生到图书馆选取全班共读的书，分发和记录共读书籍，和老师一起设计阅读小讲座的专题，安排、组织和落实。借阅工作繁杂而细致，不能出错，还要尽量关照到大部分同学的兴趣。但是他们做得有条不紊，很少出错。

除了常规工作，我还鼓励他们做一些特色的自主管理工作。上届学生六年级时，中央电视台正热播《中国诗词大会》，那时我们已经背完了《小学生必背古诗75首》和一些古文，但是生活中很少用到这些知识。阅读部便利用每周一下午的班会课自主组织"班级诗词大会"。两位部长迅速确立题目组核心成员，分工制作题干和独具传统文化风格的PPT，设立主持人和计时员、记分员、PPT操作手等岗位，在全班进行招募。按照学号顺序设立参赛顺序，人人经历一次古诗词挑战比赛，得到锻炼。而在这个过程中，老师始终处于指导者和提醒者的角色，给予学生最大的发展空间，促进其自我管理和发展。

相同的自我管理经验可以相互辐射影响。学习部紧接着组织了班级辩论赛。其实辩论赛怎么操作组织，我是不太懂的，我仍然选择"放手"。孩子们自己上网查找比赛规程，将全班同学分成若干组，进行班级对抗赛。我所做的是帮助他们选择辩题，指导辩题。从主持到PPT都是他们自己来做，我受邀参加辩论赛，负责点评和提升。这样的过程一方面把班主任从一些琐碎的事务中解放出来，只用做一些指导和提升的工作，另一方面也让班主任更加深入地去思考和探究怎样实现孩子的自主管理。

不管是常规的管理工作，还是特色的管理工作，我都没有现成的经验可以参考，需要边做边积累经验，生成一些好的管理办法。"三百米晨跑"是在四年级时由体育部分管的活动。每天早晨，孩子们到校的第一件事情不是早读，而是晨跑。有的孩子懒惰，躲跑；有的孩子喜欢跑，早读课开始了也不进教室；有时候遇到雾霾不能跑；有时候有的孩子生病不能跑……这么多复杂的情况怎么办？体育部两位部长有点泄气发愁。我让学生一一罗列，放到班级会议中集思广益，形成跑完进班"签名打卡制"，并制定"淘宝币"奖惩措施，用班规来约束。三年晨跑坚持下来，现在孩子们上了初中，切实体会到了这项活动带来的无限益处。事实证明，自主管理活动一方面要促自主，另一方面也要强管理，在动态的发展中增强孩子们自主管理的能力。

三、多元"淘宝会"评价 散"自主"枝叶 >>>>>>>

没有评价就没有教育。自主管理能力的提升需要评价手段来促进，我采用的是"淘宝会"多元评价体系。

班级开"淘宝会"，"钱"从哪里来？我和孩子们一起设计了个性化的"七彩虹"班币。和现实中的钱币不同的是，班币是流通的物品，更是评价的手段。"挣钱"的过程恰恰是实现各项评价的过程。开展初期，需要老师引导学生制定班币奖罚制度，涉及班级管理的方方面面，如纪律、卫生、发言、作业等。为了凸显班级阅读工作的特色，我还特地在阅读方面做了更加细致的规定。如每个同学拥有一张阅读"存折"，记录阅读完的书目，每本书按照厚度和难度设立5元、10元阅读值，月底兑换。

如何最大可能地刺激"购物欲望"，促进"货币流通"，推动评价生成性发展是"淘宝会"评价实行的核心。接下来我来说说几个有趣的小做法。

（一）主题"淘宝" 自主设计方案

班级评价每月一总结，"淘宝会"每月一主题。主题设计紧紧围绕学生的喜好和能力发展，如"我的拿手菜""好书等你来""手工DIY""水果拼盘会""玩具换购会""才艺小剧场"等。如"水果拼盘会"，学生想在原有经济状况下"赚钱"，需要提前在网上百度水果拼盘的创意造型，自己购买不同水果，在家里尝试制作，接受家长提出的建议，改进后再制作，带到教室售卖。售卖前，学生要根据制作成本合理定价，定好出售的方式（如整盘出售还是按不同水果分量出售），还要设计贴切新颖的销售语言，招徕"顾客"。 苏霍姆林斯基说，儿童的时间应当安排满各种吸引人的活动，做到既能发展他的思维，丰富他的知识和能力，同时又不损害童年时代的兴趣。这样一个销售过程正是动手制作、销售技巧、财务管理等各种综合能力的锻炼，也是有趣的生命成长过程。

（二）合作开店 自主管理团队

未来的社会是合作共赢的社会，团队的力量永远高于个体的力量。等学生熟知了"淘宝会"的形式后，老师可以建议学生采用合作的方式开店。如全班同学可以按照兴趣特长分为"美食""阅读""书画""科技"等公司。推举能力突出的孩子担任董事长，由他招募总经理、会计、店员、营销员，甚至是市场调查员。

合作开店结束后，教师要及时组织团队之间的评比，按照人均获益量给予评价，这是面的评价。同时，还要注意点的评价，对各团队中涌现出来的自主管理好做法，主动积极为集体奉献的人给予奖励。实践证明，孩子在集体中更容易迸发出智慧，在团队中快乐创生出很多自我管理的办法。如团队中有一人专门负责考核队员的工作努力程度；市场调查员专门负责现场查看别的团队销售情况，及时汇报董事长，及时调整销售策略等。

（三）融经济元素　自主解决问题

在"淘宝会"推荐的过程中，会随时发生问题。比如，遇到一件心仪的"商品"，自己的"钱"不够怎么办？有一次，有一个男孩看中了一个折叠多层文具盒，但是他各方面的表现所获得的"钱币"买不起文具盒。教师需明白："淘宝会"只是外在的评价形式，最终目的是促进学生自我管理，达到自我完善。因此，可以让他采用"分期付款"的方式购买。男孩最终如愿以偿地买到了文具盒，在接下来的几个月里，他需要更加努力地阅读、积极发言、为班级奉献才可以挣得更多的"钱币"来"还贷"，他的自我成长就在"积极还贷"的过程中。

"拍卖会"适用于解决大家都集中想买一样商品的难题。当商品的需求变大后，商品的价值就被提高了。有一次，很多学生都看中了一支青花瓷的钢笔，商家无法决断。老师立即招募拍卖师，告知简单的拍卖流程和注意事项。班级拍卖活动极大地考验了购买者的判断力和心理定力，这种不人云亦云的自主判断能力正是一个独立自主的人的必备品格和能力。

（四）虚实商品　自主完善人格

如何保证"淘宝会"月月推进？这里就有一个货币回收再流通的问题。除了孩子们的商铺，老师也拥有一个超级商铺，里面既有创意商品，如一些小玩意儿、必备文具等，也有一些虚拟产品，如"作业免写卡""当一天班长卡""和老师合影卡""心愿卡"等。虽然有孩子对我这个"黑心老板"相当不满意,但是他们仍然对购物乐此不疲,尤其是虚拟商品,如"作业免写卡"的购买,有的学生买来是为了偷懒,有的是为了调节生活,有的买来是以备不时之需。其实,这些都是作为正常人的正常需求,都应该得到尊重和理解。

学生美好的情感也可以通过"淘宝会"评价方式来牵引生发。比如,五年级元旦前夕,和我们朝夕相伴的五位实习老师要离开我们,孩子们万般不舍,非常希望实习老师元旦时能回来看看他们,和他们一道庆贺新年。在大家的集思广益下,我们开展"心愿众筹会",众筹数额达到一定数额,心愿就能实现。孩子们纷纷"慷慨解囊",很快众筹到了心愿。在孩子们的习作中,我发现了一颗颗真诚而美好的童心,他们回忆了和实习老师在一起的快乐时光,表示用多大的代价去再次品尝快乐时光也愿意。也有的孩子说,心愿是自己的,不管别人献出多少,只要遵从自己的内心就可以。在这样的过程中,我们看到的是人性的自主建构和完善,看到的是情感的自我圆融。

(五)会后总结　自主反思提升

活动以后,如果不注意总结提升,那么活动就失去了一半的意义。每次"淘宝会"后,我都制定话题,请学生总结评议。有时候,我们会总结最佳的营销策略,有时候,我们会总结如何才能获取更多的"本钱",有时候我们会评述"淘宝会"中难忘的人和事,有时候,也会引导学生对"淘宝会"提出建议……有了"淘宝币"的约束,他们会自主地去读书,去认真地写作业,时不时还要做几件好人好事,"淘宝币"推动着孩子一步步走向自我管理和完善,实现了生命的成长。

自主管理,绝不等同于教师放任不管。它更需要教师无限相信学生的潜能,从一线的执行者变为退居幕后的指导者。激发学生的自我意识、发现自身的价值,实行扁平而简约的管理模式,在丰富多彩的实践活动中去发掘生命的潜能,实现生命的自我成长。我校的办学理念是"启迪心灵,明亮人生",我们的班级管理就是要在这样的自主管理模式下去唤醒心灵,激发智慧,增长才干,丰富情感,培养一个和谐、全面发展的人!

班级管理是一种组织活动过程，它体现了教师和学生之间的双向活动，是一种互动的关系，参与者是教师与学生双方。自主管理，就是把班级管理建立在学生自我意识的基础上，以学生为主体的班级管理模式。二者合二为一，对于学生的成长起着重要的影响。

1. 本文作者从低年级开始，挖掘学生的自我管理意识，通过活动，帮助学生从小树立自我管理的意识，为中高年级班级自主管理能力的培养奠定了基础。

2. 帮助学生建立集体意识，强调个人与集体的关系，做最好的自己，助力最好的集体。过程中，老师注重学生自主的渗透和凝聚力强的集体建设，帮助学生建立自我存在感。

3. 通过主题活动、家校协同，使自主管理成为学校与家庭连接的纽带、桥梁，促进了学生的自主教育，为班级的自主管理打下良好的基础。

北京市东城区教育研修学院心理教研员　赵晓颖

"我的吉尼斯，请你来挑战"
——促进学生自主发展教育活动设计案例

安徽省淮南市淮南师范附小广弘城校区　王婷

一、活动背景 >>>>>>>

　　淮师附小广弘城校区是淮南师范附属小学2014年8月在山南校区开办的一所新校区，学生一半以上来自农村家庭，且很多家庭是老人在带孩子，孩子的基础薄弱，综合素质发展水平有限，自信心不足。如何消除孩子的自卑情绪，激发他们自我学习、自我发展的动机，帮助他们在一点点体验成功中追求进步，是我们新校区要解决的难题。在沈建山校长引领下，我们直接从淮师附小本部校区引进以争当"十星学生"为载体的综合素质评价改革活动。学生的素质达标包括十项内容，即每学期每名学生都要从写好作业、阅读好书、讲文明礼仪、综合实践活动、爱心奉献、体育锻炼、兴趣特长发展、创新实践、培养一个好习惯、学会一项生活自理能力十个方面开展达标竞赛活动。这项以自定目标、自主发展、自主达标为特点的综合素质评价改革重在调动学生自我发展的意识，促进学生的自主发展和综合发展，从而推动学校素质教育的深入开展。为使这项综合素质达标活动更具吸引力，我们引入了"我的吉尼斯，请你来挑战"活动，把学生的争取达标活动和学生个体、班级、学校层面的"吉尼斯纪录"展示活动有机结合起来，调动学生的主体参与意识，促进学生的自主发展和综合发展。

二、设计理念 >>>>>>>>

作为面向整个校区开展的一项以综合素质评价改革为特征的学校综合教育活动，我们力求遵循小学生的身心发展规律，关注差异性、发挥自主性、突出激励性、体现趣味性、注重协同性，努力调动师生家长的全员参与，引导学生实现自主发展和综合发展，探索新时期学校推进素质教育的新路径。

三、活动目标 >>>>>>>>

（1）依据个体心理发展差异性理论，细化综合素质评价的十项内容，激发不同发展层次学生自我发展的内驱力，促进他们不断追求进步，努力实现自主发展、个性发展，促进综合素质的全面提升。

（2）构建学校素质教育的活动载体，探索多元评价、发展性评价的有效实施途径，推动学校素质教育的全面深入。

四、活动时间 >>>>>>>>

学校全员参与，以每一个学期为基本活动单元。

五、活动过程 >>>>>>>>

"我的吉尼斯，请你来挑战"主要结合我校以争当"十星学生"为载体的综合素质评价改革活动开展。本学期，我们的活动主要分为三个阶段。

第一阶段：心理适应阶段——开展活动，全员参与（八月至九月）

根据综合素质评价的十个方面，学校广泛开展各种全员性参与的活动，让学生和家长在活动中了解综合素质评价改革的内容，了解如何提升孩子的综合素质，这实际上是一个让家长和学生感受了解新环境的心理适应阶段，也是广大家长和学生消除自卑情绪，激发信心的阶段。

（一）召开"三会"，全面发动

（1）开展教师学期前培训会议。宣传学校综合素质评价改革，明确自身任务要求，了解学生成长记录册的使用和围绕综合素质评价改革所开展的"我的吉尼斯，请你来挑战"系列活动的设计要求。

（2）召开校区新学期校会。向全体学生作《争当十星学生，追求自主发展》的动员报告。

（3）召开全校区家长会。由校长对全体家长进行宣传培训，让他们了解学校综合素质评价改革活动的意义、要求，调动家长参与积极性，发挥家长的协同作用。

（二）自主定标，确定发展伙伴

结合我校每个学生成长记录册的填写，组织学生在家长和老师的指导下，根据自己的实际情况制定自己十个方面的发展目标，并基于自己的达标实际，确定自己每一个项目的达标成长伙伴。伙伴可以是老师、同学，也可以是家长、邻居，还可以是特长班的老师或教练等。

（三）结合达标发展项目，整合校园活动

为促进学生十个方面的达标活动，校区政教处、教导处、班主任和各学科教师，在学校的统一部署下，结合学生的达标竞赛活动，整合学校校本活动设计，开展了一系列丰富多彩的校内外活动，有些活动甚至持续整整一个学期。主要包括：

1. 针对写好作业开展活动

语文学科的写字、说话、片段练习，数学学科的写数字、列式计算等内容的学生作业多次被做成展板展出。另外，我们还开展了拼音、汉字书写大赛，不断强化学生写好作业的意识，让孩子从中得到激励。

2. 针对习惯养成、文明礼仪开展活动

校区自行创编了学习习惯童谣上课篇、作业篇、读书篇，文明礼仪渗透其中，孩子们课前课后吟诵，大队部督促检查。一年级把诵读《弟子规》和习惯养成文明礼仪结合起来，老师们采用课前读、回家背的方式加强记诵能力培养，然后各班各自开展"讲弟子规故事比赛"，选拔出来的孩子再到学校进行比赛。

3. 针对综合实践开展活动

徒步游山南活动，老师带孩子徒步来回一个多小时到"两琴相悦"。孩子们看尽沿途风景，捡拾各种落叶，学习摄影取景，制作树叶书签和贴画，历练意志，愉悦身心。亲子踏秋活动，得到了很多家庭的积极响应。淘淘乐活动，受到了更多家庭的热情欢迎，在图书交流中，孩子们学会了与人交往、分享。

4. 针对爱心奉献开展活动

老师们精心布置教室，把它装扮得像家一样，孩子们自己养护花草，布置教室，这是最朴素的爱心教育。班会课，结合国旗下讲话主题，从感恩教育、文明礼仪教育、爱心奉献教育、爱国主义教育等方面着手，一个月一个大主题，每周一个阶段主题，政教处制定好表格，张贴在每个班里。各班主任依据表格，制作课件，认真开展教育活动。

5. 针对实践创新开展活动

在图形创意组合、树叶贴画、书签制作、手工折纸、钟表制作等多项实践创新活动中，学生大胆想象，敢于设计，诞生了许多令人惊叹的作品，学生的动手动脑能力得到了提升，创新意识有了萌芽。

6. 针对自理能力开展活动

各年级各班针对孩子自理能力的需求，设计了不同内容的提升自理能力活动。一年级开展了整理书包比赛，二、三、四年级开展了整理书包、系鞋带、系红领巾、穿外套等综合技能比赛。通过比赛，带动家长加强对孩子自理能力的培养。

7. 针对体育锻炼开展活动

上下午各30分钟的"两操一跑"面向师生，特色渐显。校区冬季特色运动会设置了全体学生跳小绳达标、亲子跳绳和全体教师运动会等运动项目和国际田联少儿软式体育器材趣味比赛项目。它和每日两次的"两操一跑"一起，日益成为具有校区特色、面向全体师生坚持开展的校园活动，促进了校园、家庭

运动热潮的形成。

8. 针对阅读好书开展活动

新校区自开办起，就大力推行"一日三读"——早读、午读、睡前读，如今"一日三读"已成为全体学生共同拥有的良好习惯；早晨、中午学生进校就读书，更成为校园的一道亮丽风景。在第二十个世界读书日来临之际，校区还举行了首届以"阅读·悦读"为主题的阅读周系列活动。

9. 针对兴趣特长开展活动

针对学生兴趣特长培养，校区开设了各类校本活动课程。语文学科的小古文诵读、经典阅读进课堂、写绘本，数学学科的动手学数学、思维训练，英语学科的歌曲赏析、英语书法展示，体育学科的啦啦操、韵律操、篮球操，美术学科的剪纸、手工，音乐学科的合唱、自制打击乐器。校本活动课程激发了学生学习兴趣，拓宽了学生学习视野，提升了学生综合素养。

第二阶段：制作吉尼斯卡，开展阶段性展示活动（十月至十一月）

在第一阶段家长和学生广泛参与各类活动，对综合素质评价活动有了直观感性的体验之后，开学第二个月第二阶段"我的吉尼斯，请你来挑战"拉开帷幕。

以月为单位，每月四周的活动大致分为两个环节，第一个环节是制作"我的吉尼斯"卡。卡片内容是我们校区从学校综合素质评价的十项中选择的易于实践挑战的七项，把这些项目变成了一个个简单的短句，学生根据自己的发展情况用短句记录。学生既可从综合素质评价的十项中选取自己最具竞争性的项目进行自我发展和记录，也可选择自己不擅长的项目去追求发展和进步，这也是对不同个体心理发展差异性的尊重。"我的吉尼斯"卡每个周末制作一次。制作"我的吉尼斯"卡的过程，是对自己本周发展状况展开盘点、体验成长的过程。班主任指导学生把每个月前三周的吉尼斯卡粘在自己的成长记录册上，自己和自己比，充分尊重学生个体发展的差异性，让每个孩子每周都能在自己的进步中一点点获得成功体验，从而驱动学生自己进一步提升目标，不断进步。这个环节把枯燥而严肃的综合素质发展的日常周评价变得更加富有趣味性和操作性，促进了学生自我悦纳感的增强。"我的吉尼斯"卡制作要求及挑战细则如下。

"我的吉尼斯，请你来挑战"卡制作要求及挑战细则

一、挑战要求：

1. 每个学生做一个最长8cm，最宽6cm的任意造型卡片，颜色自选。

2. 学生从每项中任选一至多条去做，记在自己做的卡片上。

3. 欣赏他人的"吉尼斯"卡，自主选择超越项目。

4. 自己有其他擅长项目，也可以一并写在自己的"吉尼斯"卡上，和同学进行挑战。

二、挑战细则

写好作业

本周我 _____ 次作业全对

本周我的作业得了 _____ 颗星（大苹果）

本周我的作业书写进步被老师夸奖了 _____ 次

体育锻炼

本周我一分钟能投篮（颠乒乓球等） _____ 个

本周我一分钟能跳绳 _____ 个

本周我一分钟能踢毽子 _____ 个

本周我一分钟能拍篮球 _____ 个

本周我一分钟能仰卧起坐 _____ 个

本周我一分钟能转呼啦圈 _____ 个

文化阅读

我本周内读书 _____ 本

我两分钟内能默写成语 _____ 个

我两分钟能说 _____ 个歇后语

我五分钟内能背古诗 _____ 首

我一分钟能用字典查 _____ 个汉字

爱心奉献

本周我帮助了 _____ 位需要帮助的人（同学、邻居等有困难的人）

本周我参加了 _____ 次爱心活动

自理能力

本周我洗了 _____ 次碗

本周我学会做 ＿＿＿ 种菜

本周我最快 ＿＿＿ 分钟整理好书包

本周我最快 ＿＿＿ 分钟整理好自己的书桌

本周我最快 ＿＿＿ 分钟整理好自己的床铺

本周我最快 ＿＿＿ 分钟穿好了鞋子，系好了鞋带

本周我最快 ＿＿＿ 分钟戴好了红领巾

创新实践

本周内我做了 ＿＿＿ 次手工作品

本周内我完成了 ＿＿＿ 幅剪纸作品

本周内我完成了 ＿＿＿ 个泥塑作品

兴趣特长

本周内我练习了 ＿＿＿ （时间）乐曲（小提琴、钢琴、古筝、笛子等）

本周内我练习了 ＿＿＿ （时间）舞蹈

本周内我练习了 ＿＿＿ （时间）书法

本周内我学会唱 ＿＿＿ 首歌

本周内我画了 ＿＿＿ 幅画

本周我和 ＿＿＿ （人名）下象棋（围棋、跳棋）赢了

学生在制作"我的吉尼斯"卡时，可以自主评估自身当前的能力水平，选择自己挑战的小项，以及下一阶段通过努力可达到的阶段性小目标。这个小目标由学生自己决定，充分考虑了学生能力的差异性，教师、家长等成长伙伴主要充当引导者、促进者角色。根据班杜拉的自我效能理论，学生每周盘点目标达成的过程，对孩子来说是一种积极的强化过程。比如，这一周能跳小绳 60 个，这是学生的现实状态，当他有再进步的需要时，动机不论是来自内部的，如自身兴趣、锻炼身体的自我要求，还是来自外部的，如周围人的鼓励、同伴之间的竞争，都能激发孩子持之以恒地完成他为自己设置的目标。

第二个环节张贴成长吉尼斯卡，"请你来挑战"。每个月的第四周，学生把自己本周的吉尼斯卡粘贴在班级的"我的吉尼斯，请你来挑战"展板上，形成一种竞争氛围，孩子们带着前三周成功体验带来的自我效能感，去挑战自己的同学。从心理学角度来说，适度的压力可以激发学生潜在自我内驱力，从而

获得更大的进步。挑战结果张贴在"我的吉尼斯，请你来挑战"专栏里，每个人的记录可以被自己刷新，也可能被同学超越。在自我竞争、同伴竞争中，提升学生的自主管理能力和综合素质。

从意志品质培养角度来说，这一阶段活动的最小时间单位是一周，即学生每周可以从十项素质达标项目中选择挑战项目，通过设计卡片，记录自己的成长足迹，不论进步的程度是大还是小，都是一种内在动力。比如，挑战自理能力的孩子，本周不会洗碗，到了下一周知道洗碗的步骤了，再下一周能基本把碗洗好了，再下一周自己便会发现洗碗的一些小技巧，能又干净又快地洗好碗。学生一步步地发现问题、解决问题，挑战一个个小困难的过程，是自我成长的过程，也是意志品质得到进一步提升的过程。

第三阶段：现场观摩表演，总结发展成果（十二月至次年一月）

准备阶段：申报展示项目，加紧最后练习。在前两个阶段学生自主发展、个性发展的基础上，为了进一步增强学生的自我效能感，加大他们自主发展、全面发展的动力，十二月至元旦来临之际，我们设计开展了"我的吉尼斯，请你来挑战"班级展示活动，进一步展示学生自主发展成果，激发学生挑战自我、追求发展的积极性。活动前三周，校区结合学校综合素质评价活动的十项内容制定了挑战细则，班主任根据各自学生特点，在班级里开始自由申报。从学生报名到成果展示前的一段时间内，从校内到校外的课余时间，到处可以见到我们广弘城校区孩子们争分夺秒练习各自"吉尼斯展示项目"的身影：穿针引线、转呼啦圈、比查字典、默写成语……在一次次练习中，孩子们的信心一点点增强，孩子们的发展也有了更大的动力和更强的自主性。与此同时，孩子们之间形成的良性竞争，也拓宽了孩子们的发展视野，丰富了他们未来的挑战项目。因为每个孩子都是不同的，展示的成果都是个性化的。这一切对其他孩子来说，本身就是一种示范和引领。通过展示活动，促进孩子们自我教育、共同成长也由此得以落实。我们校区对十项达标项目的展示子项目进行统筹。各个班级根据学校项目设置表，再结合班级的实际制定了班级的展示方案。

展示阶段：集中安排展示，现场观摩表演。12月31日，一年的最后一天下午，全体学生都在以一种特殊的方式辞旧迎新。根据校区的统一部署，各班"我的吉尼斯，请你来挑战"现场展示活动如火如荼。这样的活动中，人人都是主角，个个都是明星。有的孩子穿针捻线，小手灵活；有的孩子在转呼啦圈，速度飞快，竟达628个之多；有的孩子在垒铅笔，一根、两根、三根……啊，居然垒到了120根；有几个孩子在比谁一分钟内查出的字多；有几个孩子在默写成语，一个又一个成语在笔下流淌……没有最好，只有更好。此项活动进一步调动了学生参与综合素质评价、追求自主发展的热情，为学生达标竞赛活动提供了强大的助力。

总结阶段：学期最后一个月，在班主任的指导下，孩子们提交成长记录册，提交达标申报过程和成果材料，由班级的家委会代表组成的达标认定小组对孩子们一学期来的十项素质达标项目进行达标认定，评选班级发展之星。

六、活动成效与反思 >>>>>>>>

以"我的吉尼斯，请你来挑战"为特色的学生素质发展评价活动是在我校以争当"十星少年"为载体综合素质评价改革的基础上在本学期开展起来的一项校本特色活动。这一学期，该项活动在校区的统一推进下，开展得有声有色，深入人心。初步成效主要体现在以下几个方面：

一是学生参与综合素质达标竞赛活动的兴趣明显提升。本项活动的开展，使得广弘城校区的综合素质评价改革活动有声有色，成效显著。特别是第二阶段制作"我的吉尼斯"成长卡，把原本严肃枯燥的每周达标盘点变得有情有趣，更有吸引力了。期末的"我的吉尼斯"发展成果集中展示，更是把综合素质达标活动推向了高潮，在孩子们的优势发展项目上，孩子们的成长尤为喜人，自信心也得到了极大提升。

二是学生自主发展、综合发展的成效明显提高。一学期来，在老师家长的指导下，孩子们几乎每周都沉浸在自我发展、自主达标的活动之中。学生的成长脚印更坚实了，自我评价水平得到提升，如跳绳一项从原来"我跳得很好"转变为"我原来能跳60个，现在我能跳100个了"。很多孩子从过去被动地发展走向了主动发展，实现了三大可喜转变——从要我学到我要学的发展态度上的转变；从只关注学业发展到关注自己综合素质提升的发展内涵上转变；从过去只关注老师家长要求到发展领域不断扩大、发展标准不断提高的转变。

三是校内外协同育人、促进学生最优发展局面初步形成。校区为了促进学生的发展，调动了全校教职工的积极性，开设了丰富多样的校本活动课程，满足学生多样化的学习发展需求。我的成长吉尼斯的达标竞赛活动也进一步调动了家长参与的积极性，许多家庭结合孩子的发展积极开展多样化的亲子活动，为孩子们营造良好的家庭氛围。特别是学校的各项大型学生活动，都可以看到家长们主动参与的身影。还有的家长主动承担了班级选修课的教学任务，实现了更深层次的家校协作。

与此同时，此项教育活动实践也使我们感到，小学教育活动的开展必须要关注孩子们的身心发展特点，选准活动载体，不断地唤醒学生发展的主体意识，使参与活动成为孩子们的内在需求，这样的活动才更有意义。"我的吉尼斯，请你来挑战"的活动设计正是基于此而开展的。活动的深入开展也让我们感到，学校在满足孩子们的个性化发展需求方面，无论是师资还是场地设施都还存在着不足，如何根据校区孩子们的实际开设生动灵活的、适应性更强的校本课程还有很长的路要走。

点 评 ▶▶▶▶▶▶▶

竞争会给孩子们带来进步的动力，但也带来了压力。强调快乐学习和生活增强了孩子们的自主性，但缺少同伴间的交流和督促略显动力不足。如何将两者有机地结合是一个值得研究的课题。该案例根据个体心理发展差异性理论，采取学生、家长和教师全面动员，从写好作业、爱心奉献等十个方面入手开展素质教育活动。

这是一份完整的设计方案，明确了活动的理念、目标、过程各阶段的具体安排以及活动最后达到的效果。"我的吉尼斯"卡是活动的全记录，从中可以看到孩子们的成长、进步和活动设计者的精心构思。孩子们在活动中交流了思想、培养了自信，也在活动中一次次真切地感受到竞争和自我挑战的相互融合。"十星少年"的评选不是最终的目标，却在孩子们心中逐渐地建立起自己的人生理想。

天津市学生心理健康教育发展中心主任　吴捷

趣字当先，习惯养成——以兴趣激发学生自主性的班级管理策略

北京市石油学院附属小学　樊微微

一、第一板块：学习兴趣的激发 >>>>>>>

背诵、阅读、习作，常常令很多学生和家长苦不堪言，甚至很多家长还为此给学生报了很多课外的国学、习作、大语文课程等。我深深理解学生和家长那种焦虑与不安。作为语文老师，这也是我一直思考与探索的问题，在十余年的探索中，我找到了一些以活动为载体，以激趣为核心，以任务驱动为策略的班级互动学习模式，取得了一些成效。

（一）揭"皇榜"，背经典和《诗境的秘密》

揭"皇榜"，背经典，是颇受小学高年级学生欢迎的活动之一。我选择《语文课程标准》要求学生掌握的经典文言名篇为素材，如《论语（节选）》《爱莲说》《小石潭记》《陋室铭》等，每一篇制作成一张"皇榜"。每张"皇榜"根据篇幅、背诵难度，对应不同的难度星级，从5颗星到半颗星不等。有人质疑：有些是中学才要背诵的内容，你是不是给学生增添负担了？其实，我是在创造"最近发展区"，我们不能否认班级中有一部分学生是学有余力渴望更多内容的，我认为，设置一些也无妨。

班中每位同学根据自己的能力与水平，选择一张"皇榜"，成为负责它的小"钦差"。例如，全班有40人，那么我们就有了对应40个名篇的40位小负责人。这些"皇榜"集中张贴后，班级活动就开始了。

每个人都可以自行选择名篇去找"钦差"背诵，背诵篇目的选择权在学生手中，背诵周期长短也由学生自主选择。"钦差"执掌这一篇的评价权，评判也分为三个等级：背诵流畅，用红色笔在皇榜上记录学号；能背诵，但有五处以下的不熟练，用蓝色笔在皇榜上记录学号；能背诵，但不熟练处较多或需要提示，用黑色笔记录学号。背诵者可以多次找"钦差"来刷新成绩，直到自己被认可为止。反过来想，作为"钦差"的同学，当30余人都来找你背诵的话，听30余遍，再不会背也耳熟了。在背诵的过程中，当学生发现共性问题的时候，老师进行方法点拨，如怎么断句，怎么根据意思确定读音，怎样结构化地去记忆，作者写这篇文章的时候处于怎样的背景？这一系列的问题的解决，就变得针对性极强。

到期末的时候，我们统计每个学生的背诵篇目折合为多少颗星，超过20颗星的同学，期末考试时的背诵部分就可以免考了。相应地，背诵多的同学还可以获得神秘大枕头奖状，进一步激发了第二个学期学生的背诵热情。这一游戏中，每个学生都被赋予了自主权，学习真正成为了他们自己的事情，在挑战中不断获得成就感，同学间的竞争是良性状态。不久你会发现，学生在口头交流和习作中都会不自觉地引用经典，这就说明经典在他的词语库中占有一席之地了，说明他把对经典的理解化在了自己真实的生活中。所谓文化落心田，大抵是这个意思吧。

中低年级其实也可以使用这种任务驱动的形式，变换素材即可，如古诗词就非常合适。说到古诗词的积累，我还借鉴《秘密花园》的形式设计了校本教材《诗境的秘密》，把小学生应该掌握的古诗词画成图，学生根据图画想象画面猜这是哪首诗，然后涂色，再写下这首诗。这一连串的动作包含着一连串的智力动作，集想象画面、理解诗意、练习书法为一体。我还为学生留下拓展空间，当他想要积累或创编相关主题的诗歌时，还可以自己写、自己画。这本校本教材，能为不同阶段的学生提供不同的使用方式，一举多得。

（二）飞行棋

飞行棋是很多家长小时候会玩的游戏，这种喜闻乐见的形式，我把它放在了指导学生学习中——让学生设计飞行棋棋盘。

例如，在整本书阅读中，学生可以根据情节发展脉络设计步骤和步骤要求；在指导错别字和形近字教学中，学生可以根据汉字的演变过程设计棋盘内容；学生假期旅游，回来可以根据旅游景点设计棋盘。

这种承载多元内容的形式，转变了学生的身份，使流程性的思维路径可视化地展现在棋盘中。与此同时，学生还会提出版面设计、游戏规则、配色等问题，综合调动着他们已有的学习经验，构建新的学习经验体系。这种涉及玩家体验的任务，使用者的体验感受天然成为评价方式，激发学生不断改进，这也避免了由家长包办代替的可能。我深知家长对制作小报等作业的无奈，这种形式给予学生试误的机会：哪儿不好，继续改进。一点点促成他的真实能力的形成。作为游戏玩家的同学，在游戏过程中必然会了解到棋盘上的相关内容。知识的传递，就这样在游戏中悄然发生了。

（三）循环日记、小人书、童心绘本和微电影

习作重在实践，它像学习游泳一样，不下水永远只能是空谈。

每位语文老师的理想都是学生每写一篇就细致指导一篇，但现实却不可能做到，因为时间不允许，教师的精力也不够。班级中，学生资源是把双刃剑，我们把它利用好，就能转劣势为优势。在吃过苦头、走过弯路后，我渐渐探索了班级习作氛围营造的策略——在精细指导修改学生的大作文之余，把周记和日记折中，采用循环日记的方式开展班级练笔。学生以自然组为单位，每天由一个同学写自己的小练笔，字数、体裁、题材都不做具体要求，而是在以下方面做要求：

（1）为你的文字配上相应的画面。为什么要配画面，我在后面再详细阐述理由。

（2）完成后，请自己给自己写评语。再由爸爸妈妈读一读，写简短的评语。

学生完成后，第二天交到我手中，我批阅后写教师评语，再汇总当天交上来的5或6篇（有几组就有几篇），讲共性问题，读优秀作品。发到学生手中后，学生转交给下一位同学，在下一位同学开始动笔写之前，还要写一写听讲评后的感受，作为来自同学的评语。

当一个组的同学的习作循环一轮以后，如果大家都得到了优的成绩，则一组同学获得一次作业豁免权，即可以任选一天免写当天的语文作业，豁免权可

当周兑换，也可以保留使用权。这激发了学生之间的互相帮助意愿，调动了集体的力量，促成集体的进步。

我着重说配图的重要，人在创作文字作品的时候，头脑中呈现的往往是一个个画面，就像电影一样是一帧一帧的连续镜头。很多家长和老师发愁学生写东西总是干巴巴的，缺少具体的描写，关注不到细节，而配图正是为了解决这个问题。画出画面，再根据画面组织语言。我们还可以充分利用教材，引导学生把课文变成"小人书"，学生在理解课文的同时，还可以续写、改写、扩写、变换人称写，学生的习作兴趣就这样被激发出来。反过来说，学生还可以把自己的习作创作成绘本，这又是一种思维与动手双重加工的过程。我们还可以与英语学科结合，引导学生制作双语绘本，再加入腰封等元素，按学生的话说："这份作品完成后，我的成就感十足！"

回到循环日记来说，当我们开展到两周左右的时候，会发现同一组会趋向选材雷同，而这在别人看来是缺点的内容恰恰是我等待的。我会开玩笑地说："这一组开了水果店，因为大家都在写水果；那一组在建动物园，因为大家都在写宠物。"学生会意识到选材新颖的重要性，避免与他人的选材雷同。这样的集体学习资源，是单一习作指导无法生成的。

我刚刚送走的一届毕业生，他们在六年级这一年中，三十四个同学完成了一本三十万字左右的习作集。人均练笔超过一万字，这还不算很多学生开始写连载小说的字数。正是有了这些实践作为保障，学生才能不惧怕限时作文、考场作文，他既有素材储备，又有技巧练习后的熟能生巧，还在胸中有了评判的标准，习作就从任务变成了一种享受，一种自我激情的释放空间。

这样形成的资源还不算终结，在众多的素材中，我们还选取了适合改为剧本的素材，进行剧本的创造，最终拍摄成了来源于班级真实生活的微电影。这是对习作资源的再一次深挖和升华，为此学生设计电影票，自制硬纸板材质的奥斯卡小金人，自己剪辑花絮预告片，设计电影海报，组织新闻发布会等，综合素养得到大幅提升，班级的凝聚力也不断提升。

（四）打油诗、原创诗、藏名诗

学习，并不仅仅是在两次铃声响起中间发生的。在育人过程中，我抓住机会把学学问与学做人结合起来。

以爱护公物——教室的门为例，随手一甩"砰"的一声关门的现象在各个班级中都不少见，我也为此苦恼过。贴告示牌，开班会，找小负责人，倒是都能起到一时的作用，但持久性不够。后来，我为我带的六7班作了一首数字歌："一扇门，两把手，三片合页，四条边。五金坚固惠六7，八方来客从此入，人人爱护方长久。"学生听了会心笑了，笑声中学生的良好习惯渐渐养成。

依靠这样的形式，我在家校沟通中也常常采用"打油诗"的形式，时至今日几年间为家长发送的"小打油诗"已有几万字。

后来我把这些材料整理分类为"初识篇""督促篇""激励篇""祝福篇"等推广给全校的班主任老师参考使用。原本高年级学生就喜爱用诗表达思想，在这一氛围的激励下，效果更加明显。

这是学生在学习完《墨竹图题诗》，对郑板桥为代表的中国文人推崇的竹文化有了更深的理解后，创作的原创诗。以此为起点，学生的创作欲便一发不可收拾，写的诗有岁寒三友主题的，风霜雨雪主题的，讴歌亲情主题的。

班花赞

魏文翔

面对挫折莫彷徨

心中常忆花坚强

风吹雨打不畏缩

扶地起身亦昂扬

天净沙·午间

阳雨哲

篮球 皮筋 沙包

投掷 跳高 奔跑

操场春风绿苗

师生释恼

欢乐声满学校

雪迎春

张照全

皑皑瑞雪天地白

花木楼宇棉被盖

三月光临梅花隐

迎春携金送暖来

我会逐一指导，解答创作中诸如立意、押韵、平仄等问题，再鼓励学生把诗歌写在竹简上，放在走廊展板展示。在学生即将毕业的时刻，我还利用这种形式把自己对学生未来学习和生活的祝福化为藏有学生名字的藏头诗，作为礼物送给他们。

二、第二板块：班级日常管理中的兴趣的激发 >>>>>>>

（一）手机使用问题

随着智能手机等设备的普及，学生的学与智能设备的用逐渐产生了矛盾。有人把手机、平板等智能设备于学生比作洪水猛兽，无论在家庭还是学校，都对学生采取"一禁了之"的方法。这种"堵"的效果，在短期内确有立竿见影之效：网瘾、游戏等令家长和教师闻之色变的"猛虎"看起来真的被圈起来了。

可放眼我们的时代，人们的工作、学习、支付、娱乐、交往……哪一项又离得开智能设备？再聚焦到学习层面，平板电脑进课堂、慕课学习、各种学习APP的出现，用雨后春笋来形容绝不为过。大势所趋的情况中，如何化"堵"为"疏"引导学生合理使用电子智能设备，应该且已经成为提上日程的研究课题。

我所带的是小学高年段的班级：部分学生放学后独自去课外班上课再自己回家。从安全角度考虑，很多家庭希望给学生配备手机并随身携带，为此也向我提出了相关请求。但这些请求的声音中，也包含着家长的不安：孩子自制力差，在校随意使用怎么办？

大环境、小环境，矛盾的突出性显而易见。作为矛盾焦点中的主体——学生，他们的看法如何？通过访谈所得的学生心声主要有：

（1）希望老师和家长支持自己使用智能设备；

（2）愿意通过提高自律性合理使用智能设备；

（3）希望家长也能合理使用智能设备，不要搞"双重标准"；

（4）希望老师推荐一些好方法，引导大家合理使用智能设备。

针对上述情况，我把该问题的解决与规则意识培养、家校有效沟通等有机结合起来。利用班会和班级群，我将智能设备使用的时代背景、突出矛盾和班级实际情况如实反映给学生和家长，综合考虑多方需求和客观现实，采取如下方法：

首先，我为班级准备了如图1所示的"学号手机袋"，挂在教室后门内侧。

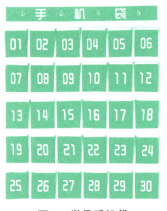

图1　学号手机袋

接着，尽可能考虑到不同家庭的实际情况，制定了下面的"亲子合同"，引导家长与学生民主商讨并最终就携带和使用手机的问题达成一致。

采用签订合同的形式，无形中就把确定规则和严守规则的意识潜移默化地传递给了家长和学生。家校生三方认可的做法，签名即表示认同，就要严格遵守。这份"合同"签订以来，我班没有发生学生违规使用手机的情况，而这件事还似里程碑一样，促成了值日、收发作业、课间操锻炼等多项班级生活的规则化，将"契约"精神渗透到了学生甚至其家庭生活的方方面面。一份亲子合同将"堵"变成了"疏"，且由于人性化的内容广得家长和学生之心，而利于规范化行为的养成。更进一步来说，它促使规则意识在学生心中生根发芽。

六年级（　）班关于学生携带、使用手机情况亲子合同		
	具体内容	选择打钩
方案1	不给学生配备手机	
方案2	给学生配备老式手机或腕带儿童手机	
方案3	给学生配备智能手机，到校按学号放在相应袋内	
其他	（请写明）	

温馨提示：

1. 请家长征求孩子的意见，在家庭民主和谐的氛围中做出决定，让孩子参与讨论，做出决定，全家意见统一，共同遵守。

2. 家长以身作则，不立双重标准。要求孩子不玩游戏，不做"低头族"，自己先做到。

3. 家长要明白"疏"优于"堵"：智能手机是孩子们未来生活的必备工具，使用智能手机是大势所趋，也是社会人的必备技能。一味地屏蔽不是长久之计，教会孩子合理使用手机才是最重要的。

4. 不把手机"妖魔化"：智能手机不仅方便人们沟通联系，还能通天知地，丰富知识，开阔眼界，方便支付，利于出行……工具本身没有对错之分，用好用坏根本在使用的人。

5. 借使用手机的事，渗透诚信教育：说到能做到，说到能坚持。带手机来校，关机后大方交到手机袋里，在校期间不用手机查字典、搜资料、听音乐、拍笔记等。需要使用手机与家长联系时，向老师说明理由。

6. 不与其他家庭、同学攀比，尊重每个家庭的选择。

其他想法（建言献策，提出意见，提出不足等均可）：

_____

全家成员郑重签名

学生：_____　　父亲：_____　　母亲：_____　　其他家长：_____

签署时间：

图2　亲子合同

（二）时间管理问题

我相信，很多班主任都听到过家长这样的抱怨："我让孩子去看书啦，可他看不下去，钻到电子游戏里却不肯出来。"也一定听到过学生这样的抱怨："打游戏打着打着就忘了时间。"由此可见，智能设备的使用，表现出来的是信息设备与人的关系，背后隐藏的还有时间规划和学会取舍的问题。

为此，我向学生推荐了"四象限+番茄钟"的方法，从学生每天使用的记事本打开局面。我引导学生把记事本的每页分成左右两个部分。左边按照类别记录当天要完成的事。右边的部分再划分为上下两个部分，右上部列"四象限"图，按照事情的轻重缓急，把当天需要完成的事项的序号，放入相应的象限中。以某日事项为例，如图3：

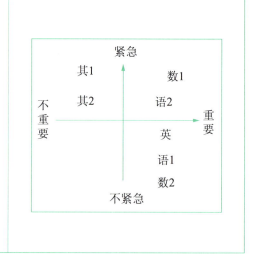

3月30日
数学：
1. 制作立方体：圆柱、圆锥；
2. 准备两周后关于百分数的小演讲。
语文：
1. 读《红岩》五十页至一百页；
2. 预习《白衣天使》。
英语：听读Lesson 6。
其他
1. 告诉妈妈利用学校公众平台交三个月餐费；
2. 带接种疫苗本。

图3 当天任务"四象限"排列图

学生将事项安排好后，在象限图下方，利用番茄钟的形式规划时间。

具体来说，我们把每半小时称为一个"番茄钟"，每个"番茄钟"中前25分钟为集中精力做一件事的时段，后5分钟为身心休息时段。按照"重要紧急——不重要紧急——重要不紧急——不重要不紧急"的顺序，为每项任务预估需要用几个"番茄钟"，最终形成下列处理事务的流程和习惯：

计划 ——→ 选择其中一项 ——→ 若干番茄钟

学生在记事本上实践这样的方式约一周后，我引导学生把使用智能设备的需求也放到事项罗列中去，在规划中协调与其他事项的关系，把学习思考、休闲娱乐较清晰地分出层次来。

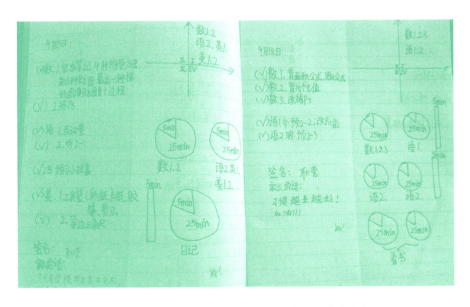

图4　使用了"四象限"和"番茄钟"的学生记事本实物图

（三）书包整理问题

很多家长抱怨孩子的书包太沉，要带的东西太多。在减负的大前提下，我对我班学生的书包观察了一段较长的时间，并发现了其中的一些秘密：

（1）书包自重。有的孩子的书包本身就不轻，在加上拉杆和底托，自重就比很多本书都要重了。

（2）对课程表的利用不充分。

我们经常发现这样一个有趣的现象：书包轻的同学往往不需要家长往学校送东西，而经常丢三落四的同学反而书包更重一些。这就说明，有些孩子是在物品分类整理上出了问题。由此可见，把书包过重都归结为学校教学负担重是片面的。在严格遵守减负相关要求的同时，作为班主任，我用"书包减肥"活动促进学生养成良好习惯。

我在班级门口放一个秤，学生早上到校后把书包先秤一秤，然后自己在黑板上的表格中填写数值。我们看看谁的书包是当天最轻的，如果他能保证一整天没有忘记带学具、水杯、饭盒等物品则数值有效。在书包称重一开始的几天，我会请书包重量轻的学生与大家分享秘诀，还会请总丢三落四的同学在班级微信群里温馨提示大家第二天要带的东西。运转一段时间后，我发现班中使用拉杆书包的同学少了，孩子们的书包更加注重轻便、结实等。大家更加充分地利用课程表整理书包，分类别归整物品，也与记事本的内容结合起来，培养了良好的习惯。

点 评 >>>>>>>

　　好的习惯是成功的开始。习惯的养成不仅是时间的累积，而且需要坚持不懈的努力。尤其对于小学生来说，如何引导他们自主地形成良好的学习和生活习惯是家长和老师比较关心的课题。

　　本案例就学习和生活中重要的七个习惯紧紧抓住"趣"这个中心，像写故事一样娓娓道来。习惯的培养过程尽显老师的智慧和良苦用心，也看到了心理学知识的有效应用，如最近发展区理论、时间管理的方法等。习惯的养成过程赋予了孩子们自主选择权，如手机使用过程中和孩子、家长双方签订合同等。激发了学生的自我管理意识，也为好习惯的养成在时间和学生心理建设上提供了保证。孩子们在一点一滴的累积中收获成功的喜悦，在坚持中体验好习惯带来的益处。

天津市学生心理健康教育发展中心主任　吴捷

自主创建小组，合作竞争共赢

河北省新华小学　尹忠红

童年，我是"打着扑棱"长大的，上房掏鸟蛋，下河捉鱼虾，顺藤摸西瓜，放羊烤野鸭。长大后我当了小学班主任，看着眼前这群放飞自我的孩子，就不自主地想怎样才能约束这些个性张扬的孩子们，让他们既不失童真天性，又能养成规矩，健康快乐地成长？显然，只靠老师一个人的力量是不够的。只有调动起孩子们内心里的自我管理意识，才能激发他们努力向上的长久动力。于是我想到了一个办法——组建合作小组。

一、自主选择座位，组建合作小组 >>>>>>>

小组怎样组建？组内的成员怎样配备和分工？如果只听凭老师的安排，而没有学生的参与和选择，那么小组成员磨合起来困难太大，不利于团结。如果任由学生自由选择，而缺少老师的调控，万一有同学借机"鱼找鱼，虾找虾"，岂不更糟。于是我干脆取个折中的办法，即在老师的调控下，自选座位，自挑小组。具体操作如下：

首先预约好六人小组对应三张课桌的序号，每竖排九张桌子对应三个小组，每三张桌子的六个座位对应本小组一到六号同学。为了方便大家挑选，每组还可以用一个水杯放在1号位置作为标记。

然后老师将学生按照性别、脾气、学习习惯和能力等综合素养从强到弱分成六个批次，即男生ABC组，女生ABC组。每一批次同学人数相等，各方面实力相当。

最后，各批次同学按照身高从矮到高的顺序排队。从第一批次（男生A，综合素养最强）开始，自由挑选每组1号座位。然后标志水杯放到每组2号位子，第二批次（女生B）按顺序挑选每组2号位置。此轮挑选，孩子们除了关注自己的身高和视力因素，也会考虑找个自己喜欢的

组内合作的学习模式

讲 台

1	2		1	2		1	2		1	2
3	4		3	4		3	4		3	4
5	6		5	6		5	6		5	6

1	2		1	2		1	2		1	2
3	4		3	4		3	4		3	4
5	6		5	6		5	6		5	6

1	2		1	2		1	2		1	2
3	4		3	4		3	4		3	4
5	6		5	6		5	6		5	6

图1 小组建立：自由组合，民主公平

同桌。接着标志水杯放到每组3号位子，第三批次（男生B）排队自由挑选每组3号位置。此轮挑选，孩子们除了关注自己的身高和视力因素，也会考虑同组的前两个同学能不能和自己友好相处。依此类推，女生B、男生C、女生A三个批次的队伍依次上台自选小组和各自对应的小组4、5、6号座位。

自此，一个个"荣辱与共"的小组便组建完成。这样自由选择的小组，组内同学脾气相投，便于团结；各种水平同学都有，便于"以优带弱"；小组间实力相当，便于评比竞赛。为了便于管理，规定每组3号为组长，为了锻炼每一个人，随着每周同学们在本组内按统一顺序调换座位，实现组长轮流当。

二、开展多样活动，激发学习热情 >>>>>>>

每天小组内六个人共同努力，互相帮助，互相督促，在纪律、卫生、学习等方面利用加票、减票积累评比。每天得票多的六个小组会得到一次减免一项书面作业的机会，从而增加无压力阅读课外书的时间。在集体荣誉感和奖励机制的激励下，孩子们提高了自律和合作能力，校园生活也变得丰富多彩。

（一）组内异质，合作提高

组内脾气相投、水平各异的六个同学，有了共同的目标，会不由自主地互帮互助，互相提醒：要遵守纪律，别乱扔垃圾，要记得戴红领巾，别忘了写作业。当然，我们还会经常开展一些类似包饺子的小组活动，合理分工合作，增加学生参与的热情。

1. 讨论交流

课上学习可以将需要解决的问题，按照难易程度的不同，分给组内不同的学生负责发表见解，其他同学补充说明。每一个人都有经过自己思考可以完成的任务，这样的小组讨论，人人参与。小组内开展讨论，学生的思维会异常活跃，思维进入了从未驰骋过的天地。同学们叽叽喳喳的讨论，甚至面红耳赤的争论，是在尊重每个学生的基础上，学生思维上的互相碰撞，互相启迪，是有效的合作学习。

2. 互评作文

同组的同学互为忠实的读者，因为有了读者学生写作才更有意义。当学生写作完成、自评自改以后会拿到小组分享。互评互改采用默读的方式，便于思考、评价、修改和添加。在班级小组内互相传看、品评是同学们最感兴趣的。孩子对别人的生活有一种好奇，学生对老师的工作（批改作文的权利）也同样充满了好奇。朋友间对语感的模仿，同伴间对作文的修改和点评批注，都能成为提高学生写作水平的正能量。小组是一个集体，成员间是亲密的合作关系。谁都有可能在最后的环节代表自己的小组与对手竞赛。所以，同学给自己的同组伙伴修改起来更加不遗余力。

3. 共写小说

相信每一个孩子，放手让孩子在团队内合作学习，总能让我们收获惊喜。四年级下学期我在学校图书馆借来沈石溪的十几套动物小说，每套六本。组内同读，每周轮换。两三个月的时间，学生们读了十几本小说

图 2　小组合作模式：交流讨论，互帮互助

后，对描写动物的小说产生了强烈的兴趣，于是小组合作撰写了描写动物的小说。兴趣是最好的老师，四年级的学生，在小组内集体商量，确定选择哪种动物作为小说主人公，查找它的生活习性，推测它的性格特点，并由此集体商讨小说的故事情节。讨论异常激烈，有时他们会争得面红耳赤，有时会因意见达成一致击掌。这种有组织、同参与的形式极大地调动了学生的积极性，远比老师一个人碎碎念的效果要好很多。然后小组成员分章节撰写、集体评改、配插图、定稿录入、排版校正。一个星期时间，十三部中篇小说便先后发表在校刊《星辉》上，与读者见面了。这些小说文笔流畅，情节生动，意蕴深长，引人入胜，小作家的大情怀令我惊喜。

（二）组间同质，竞赛共赢

根据座位的安排，各小组之间同学的综合实力相当，可以互为对抗组。当我们需要小组间的竞赛时，只需五秒，走廊两边的两竖排同学，互换座位。每个同学依次坐到对抗组。小组里的六个人，各自代表自己的组和一个与自己实力相当的同学竞赛，通过努力，都有取胜的希望。这样的竞赛更有可比性。

组间竞争的学习模式

5秒交换

1 2	1 2	1 2	1 2
3 4	3 4	3 4	3 4
5 6	5 6	5 6	5 6

1 2	1 2	1 2	1 2
3 4	3 4	3 4	3 4
5 6	5 6	5 6	5 6

1 2	1 2	1 2	1 2
3 4	3 4	3 4	3 4
5 6	5 6	5 6	5 6

图3 组间竞争模式：棋逢对手，监督较量

不要小瞧这"竞争对手"，他会对学生的学习、生活、锻炼等起到促进作用，当信心不足时，看一眼对手，他会唤起自己无穷的力量；当想放弃时，看一眼对手，他会给你继续坚持的勇气；成功时，看一眼对手，他会帮你确定更高的目标。比得多了，竞争对手便成了自己的榜样。

组间竞争的学习模式

讲 台

1 1	2 2	1 1	2 2
3 3	4 4	3 3	4 4
5 5	6 6	5 5	6 6

1 1	2 2	1 1	2 2
3 3	4 4	3 3	4 4
5 5	6 6	5 5	6 6

1 1	2 2	1 1	2 2
3 3	4 4	3 3	4 4
5 5	6 6	5 5	6 6

图4　组间竞争模式：棋逢对手，监督较量

1. 比背诵

比背诵之前，自己要做好充足的准备。朗读、同桌齐背、大声试背、默背等一系列背诵活动，同学们的大脑细胞仿佛全被激活，一段段文字变成一个个画面印在脑海中。竞赛开始了，老师宣布："首先请各组组长站到下一组，前六名背过的加票，组长们，请为本组荣誉而战！"话音刚落，组长们"唰"地一下站起来，跑到下组同学面前。因为关系到小组的输赢胜败，参赛同学大脑快速搜索储存进的文字信息，流利地背诵着，嘴巴就像机关枪扫射一样，喘口气也怕耽误时间。听背诵的同学端着书，侧着耳朵听着，提醒背诵的错误。背完的同学，长舒了一口气，欣喜地走上讲台为自己组加上一票，看到台下背得慢而不能加票的同学们一副懊恼的表情，个个暗下决心，以后背诵一定要更准确更熟练。

2. 评作文

对手评改作文只是手段，目的是刺激学生修改的热情。一般采用加分制，比如，自评时勾画的精彩语句加上旁边自己批注的精彩理由，每一处加十分。为对手添加的合理的精彩的语句，说明理由后，每一处为自己加十分，哪怕只是改了一个字。因为有加分的刺激，在规定的时间内，分值较高的可以为小组加票。这时候孩子们在欣赏对手文章的同时，会发现很多需要添加和修改的细节，然后帮他修改。这时候他们讨论甚至争论的问题，才是有价值的真问题。

3. 百词赛

"百词赛"，就是学生出题给对手来测试的卷子。统一印好的田字格加拼音格的百词赛试卷，正面是根据拼音写词语，背面是给词语加拼音。出题可是个技术活儿，同学们不断地翻书，寻找着克敌制胜的法宝——难读词、易错词。这些平时自己爱出错的词全部被收入卷中。当然，在出题的同时，还要把正确答案写在答案纸上，而且必须要十分仔细，因为如果答案出现错误，比赛后就会被双倍地算到自己试卷上。给对手出题挖的坑，自己先掉下去怎么行？拿到对手出的试卷，比赛开始！先写完的同学可以减去两处错误，此时全班一片寂静，只听见笔尖沙沙的声音。做完互换试卷后，同学们便开始施展慧眼——寻找着各种错误，恨不得给眼睛装上显微镜。整个过程全班都全神贯注，紧锣密鼓又争分夺秒。

4. 抢题制

其实"百词赛"的比拼远不如"一课一练"全班抢题来得激烈。为了让课堂上学习的效率更高，课下学生们有更多的阅读时间，就得锻炼孩子们的"行动力"。每课的练习册可以采用"抢题制"，每个同学有一次机会，从一题开始最先做完一道题的同学抢到机会，全对则成功。抢题制度要严谨，比如，学生如果抢的是第四题，那么一、二、三、四题中只要有一个错误，就前功尽弃，且学生之后就失去了抢答机会。即使做对加票了，也不能再抢下面的题，要把更多的机会分给全班同学。要想抢到题，得拥有飞快的手速和极高的准确率才能稳操胜券。

中国好老师 · 育人故事

三、完善的评价机制，实现自主管理 >>>>>>>>

合作小组将不同学习能力、学习态度、学习兴趣、性别、个性的学生分配在同一组内，组内每人都有一项职责。在有限的课堂时间里，老师可紧扣教材，选择重点、难点、疑点作为专题，运用研究性的阅读，分工合作，提高学生学习的主动性和研究能力。自主选择小组的组建模式和长期的评价机制，能够很大程度调动学生的内动力。在这样的氛围下，学生一定会更积极、更主动。学生学会的是"团队意识"和"合作精神"。这样的课堂，孩子们的思维活跃，互相启迪，产生灵感；课上学习既有合作，又有竞争，参与课堂学习更积极了。

学生每天通过组内合作、组间竞争的方式，积极求知、快乐学习。每日依票加星，每周依星得集星卡，每学期依集星卡的数量多少来排队挑选礼物。长期而完善的评价机制让学生自主、自律、积极、阳光。

听着诵读时朗朗的读书声，讨论时激烈的争论声；看着课上那一个个高举的小手，一双双灵动的眼神；欣赏着一本本工整的作业，放学整整齐齐的队伍，我觉得无比快乐。当孩子们的自律成为一种常规，优秀成为一种习惯，作为老师，便一切都满意了。

点评 >>>>>>>>>

从客观上看，世界各国的教育都在强调合作，人类今后所面临的问题会越来越复杂，要解决这些问题，光靠个人力量已很难实现。合作学习是学生为了完成共同的任务，有明确责任分工的互助性学习。本案例强调了教师在活动中的主导地位，同时根据学生自身的情况和个人意愿建立合作小组，积极发挥了学生的自主性和积极性。

从活动中我们可以看到合作学习和竞争共赢的形式，鼓励学生为集体的利益和个人的利益而一起工作，在完成共同任务的过程中实现自己的理想。这种合作小组的创设增强了学生之间积极的同伴关系，而这种积极的同伴关系对学生的学习又产生了积极而且意义深远的影响。可以看到，活动有效地改善了课堂内的学习气氛，学生的学业成绩有了明显提高。更重要的是学生的交往能力、创新精神、竞争意识、平等意识等非智力因素得到了发展。

天津市学生心理健康教育发展中心主任　吴捷

促进小学中年段班级自我建设的策略研究

江苏省常州市钟楼实验小学 路璐

班集体对学生全面发展具有重要意义，小学中年段的孩子正处于身心发展的关键阶段。他们表现出来的自我意识、认知能力、情感变化都在左右着整个班集体的建设。本文旨在研究遵循儿童身心发展规律，将学生参与和班主任管理策略进行有效的结合，促进班集体的自我建设与成长。

一、小学中年段儿童的性格特征及问题现状分析 >>>>>>>

（一）个性变强，情绪化明显

小学中年段的孩子刚好迎来自己的十岁成长礼，从儿童心理学的角度来分析，十岁左右正是孩子独立人格的形成期，有许多自己独立的想法。自我意识增强表面看是儿童按照自己的意愿和想法去看人做事，但是从心理活动的动机来看，往往是察言观色或随风而动。就如在课堂上凡是爱经常违反纪律的同学，其同桌或周围的同学极易被影响和带动，这种起哄现象，让个别带头起哄的儿童自我感觉很良好，更为关键的是起哄儿童通过获得心理上的优势，认为他们可以随意破坏规则或违反纪律。

（二）习惯散漫，控制力不够

对于刚踏入三年级的孩子来说，学业压力陡增，光从时间和作业分配来说就加入了英语、综合等科目的学习。原有的科目的学科要求也都有了相应的提升，更锻炼孩子的理解和思维能力。每个孩子成长到来期都不一样，有一部分孩子无法适应三年级相对快节奏的学习生活，渐渐地在学习上会表现出力不从心的状态。如果问题没有得到及时的解决，那孩子平时的行为就会有自由散漫、疲于应付，自控能力不够的现象。

（三）思维开放，认知性浅显

进入四年级后，孩子对事物的认知方面基本上没有问题，这主要得益于已经从课堂上学到了大量的知识，从各种信息渠道也掌握了大量的知识，使十岁儿童在认识世界和认识自我方面有了长足的进步，但是对于一些事物的看法还相对较片面。这主要源于利己行为导致十岁儿童常常围绕自己的兴趣或者心情而看人做事，只要符合自己意愿的人和事，一般会乐于接受，如果不符合则会持不情愿接受的态度。

综上所述，三四年级的孩子已经来到了一个性格强势期，他们在内心中已经开始萌发不服管的情绪，更加强调自我意识，自控和自律很容易出现两极分化的情况。这个时候，如果教师的班级管理没有遵循孩子的心理特征，一味放任只会让问题变得更加尖锐，老师在班级管理中也会出现身心俱疲的情况。因此，本文旨在研究儿童的心理特征之后，针对班级管理现状提出一些策略。

二、促进中年段班级自我建设的策略 ＞＞＞＞＞＞＞

（一）遵循自我意识增强规律，培养自我管理能力

苏联著名教育家马卡连柯说："集体自身就能成为很大的教育力量。"一个良好班集体的形成对学生的全面发展具有重要意义，不仅有利于树立学生自律、自强、自信、合作、荣誉、责任等意识，而且有利于提升学生的交往能力、思维创新能力、团结协作能力，促进学生良好品德、行为习惯的养成，提升学生学习质量与效率。如何引导学生在班级管理中先培养自我管理的能力，可以从以下三个方面进行尝试。

1. 尊重学生独立人格，树立集体管理意识

在学生步入中年段后，孩子的自我意识逐渐增强，他们的胆子变大，渴望在各个方面展现自己。班主任老师要及时了解孩子心理和兴趣的方向，在班级里及时设立一些小岗位，争取让更多的孩子参与到班级管理中来，树立人人是班级小主人的意识。

例如，笔者所带班级，自三年级接手以来就充分尊重孩子的自主性，让他们自由组队，分为七组，每个小组成为班级的一个分支。每个小组里面自行进行岗位的设定，保证每个孩子都成为小组管理的一分子，互相监督，最终形成整个班级"一班七治"的和谐民主状态。

2. 了解学生心理特征，创设科学管理目标

班集体是由班级所有学生以及班主任共同组成的，由于班级学生属于独立的个体，他们来自不同地区，所经历的成长环境、生长经历各不相同，每个人的个性也各有千秋。因此，一个良好班集体的形成是在学生之间、学生与教师之间不断接触、沟通、磨合、内化中得以形成的。在此过程中，班主任作为班级活动的组织者与管理者，应尽快了解并掌握学生的个性特征，发挥自身引导作用促进学生之间的有效融合，提升学生对班集体的认可，使学生真正融入班集体中。

例如，班主任通过实践调查，与学生以前的教师和家长建立良好的关系，在相互沟通中对学生基本情况进行掌握。与此同时，班主任应坚持"以人为本"原则，采用有效的方法与学生进行"对话"，通过彼此之间的有效沟通对学生个性特点，心理期望有全面的了解与准确的掌握。并在此基础上，充分尊重学生，和学生一起讨论，设立一个符合学生预期的班级管理目标，营造良好的班级氛围。

3. 完善班级管理制度，提升学生集体意识

一个班风正、学风佳的班集体的形成，需要具备完善而科学的班级管理制度，进行学生行为的约束、引导与管理。例如，在班级管理制度制定时，班主任应注重"以人为本"，"公正、公平、公开"等原则的有效落实，让学生主动参与到班集体制度制定中，悉心听取学生意见，从而保证班级制度制定的合理性与适用性，使学生对班级各项制度具有认同感，帮助学生树立责任意识。

例如，笔者班级在制定完善班级管理制度时，先由小组商量完成小组的管理制度，再把这些制度进行整合，看看哪些是大家都有诉求，进而修改成为班级的管理制度，提高班级制度的公信力和约束力。

（二）实行团队集体式评价，提高自我约束能力

学生作为班集体的主体成员，应发挥自身主体意识，在"自我管理"理念下，与班主任共同建设和谐、文明、向上、团结的班集体。例如，在构建班干部队伍时，班主任可通过借鉴"企业管理模式"构建班集体学生管理框架，充分调动学生班级管理的积极性参与性，发挥学生主体作用。

在班干部队伍建设时即提出"团队集体评价"概念，一个良好的班干部队伍之间应该互相协作，互相出谋划策，共同管理这个班级。每学期末，由其他学生对其一学期的班干部工作进行测评。

笔者所带班级由小组构成，平时的各项活动大都以小组为单位进行，大大小小的事情以小组评价为主。这样，组员之间也就形成了小组集体式的评价，有谁落后，其他组员为了整组的积分和荣誉，势必会想方设法帮助他，从而让个体学生改掉一些散漫的坏习惯，改善个别孩子自控能力差的问题。

（三）创设多元化展示舞台，寻找自我展示空间

小学中年段的孩子正处于成长关键期，是一个特殊而敏感的阶段，他的身心都在发生微妙的变化，他们渴望得到别人的肯定。同时，他们随着认知能力的增强，急于表现自己，所以我们班主任在班级管理中要善于创设让学生展示的舞台，培养每个孩子的自信心。我们老师在平时的管理与教学中往往会出现"功利性过强"的现象，内心中总是被学生的成绩所引导。我们要善于发现孩子的闪光点。例如，笔者班里有个学生，他的学习成绩相对落后，但是他每天能够爱惜粮食，把饭菜都吃光，争当"光盘小使者"。每周一次的班会表扬榜他总是榜上有名，渐渐地他对学习缺乏的自信又从另一个方面找了回来，人也变得开朗起来，我认为这就是教育的真正价值和意义。

三、结论 >>>>>>>

总而言之，班集体具有强大的教育功能，要想发挥班集体的教育作用，需班级学生参与和班主任管理的共同作用才能完成。对此，班主任在明确认知班集体重要性的基础上，应充分发挥学生主体作用，从学生心理特征出发，采用行之有效的策略进行班集体建设，从而提升班级管理质量，建设班风正、学风佳的班集体。

点评 >>>>>>>

在学校教育中，良好的班集体对学生健康成长是非常重要的。班集体是按集体主义原则组建起来的学生教学群体，班集体的管理是班主任的中心工作。本案例从儿童心理学的角度出发，紧紧抓住小学中年段班级学生自我意识增强、控制力弱和思维能力活跃这一主线进行班级自我建设。

根据"以人为本"的原则，学生主动参与班级制度的制定，发挥了班集体的目标导向功能，为班集体的团结奠定基础。充分运用学生自身的主动性和积极性，通过团队集体式评价、创设多元化展示舞台等形式，使每个成员的学习成绩、能力与人格得到充分发展，发挥了班集体的熔炉功能。使得班集体真正成为在尊重学生独立人格的基础上，以共同学习活动和人际交往为特征的社会心理共同体。

天津市学生心理健康教育发展中心主任　吴捷

实行学生自主管理，落实学校精细管理，办一流名校

湖南省永州市黄冈博才学校　唐文青

一、现状描述 >>>>>>>

　　向日葵学校建立于2013年，实行班主任送餐制、送寝制、全天候陪伴制，每位生活老师悉心照顾十几名学生，学校无周末、无节假日的全方位管理让学生安心、家长放心。办学3年，学校"保姆式"管理给中小学学生贴心的保障服务，在本市极具影响力。

　　2016年9月，向日葵学校第一批初中生毕业升入高中，学生在高中各方面的表现却让人大跌眼镜：学生普遍自主管理能力缺乏，学习主动性不足，难以适应高中的挑战，更不用说迎接将来社会的挑战。升入高中的第一个学期，学生有太多的不适应：教室、寝室怎么没有中央空调？每天换下的衣物无生活老师洗晾？周末、节假日老师布置了作业就不跟踪管理？各个时间点无老师告诉学生该做什么？失去了老师"保姆式"的监管，升入高中的学生一时无所适从，本该紧张的高中生活，他们却常常感到无所事事。还没有适应高中的生活，每一次段考就结束了，从各个高中反馈回的信息上来看，向日葵学校初中阶段优秀的学子到了高中成绩一落千丈，高中的老师甚至一度怀疑向日葵学校学生中考成绩的真实性。这时，学校才意识到"保姆式"贴心服务，教师的全天候管理，虽让孩子们衣食无忧，却让孩子们失去了成长的过程。总结反思后，学校从2017年开始在学校实施学生自主管理实验，通过对班主任、任课教师、学生干部开展一系列培训，2018年上学期开始在全校推广学生自主管理。

（一）学校经过董事会、校委会讨论制定出《学生自主管理工作指导意见》

聚焦"学生自主发展"，使学生从依赖型转变为自主型；教师从包办型转变为主导型，形成以学校、学部、年级、班级、个体为主线，以学管会、团委、少先队为主体的学生自主教育管理体系，践行以"实行自主管理，落实精细考核，创办一流名校"为核心的符合学校特色的"学生自主管理"模式，努力实现学生"自我管理"，让学生在这里真正健康成长，张扬个性，发展潜力，成为全面发展的阳光少年。

为有序推进工作，从而实现三年发展目标，学校制定了学生自主管理工作阶段性目标。

第一阶段：班主任导管阶段——主体性定位（2018年3月—2018年7月）。

第二阶段：师生共管阶段——主体性锻炼（2018年9月—2019年7月）。

第三阶段：学生自管阶段——主体性发挥（2019年9月—2020年7月）。

（二）在董事会、校委会的监管下，在各处室的支持下，落实一系列具体安排

1. 落实机构设置

（1）向日葵学校学生自主管理学校领导小组。

（2）向日葵学校学生自主管理办公室。

（3）向日葵学校学生自治委员会机构（学管会）。

2. 落实职责和权限

（1）协作联络区。

① 分管领导、政教主任、年级、生活部（含宿舍和食堂）；

② 班主任；

③ 辅导教师；

④ 心理辅导员（以政教处安排为主）；

⑤ 学管会指导员；

⑥ 保健员（校医务室人员）。

（2）学生管理区（主席、副主席）。

① 学生自主管理委员会主席职责（全部区域）；

② 学生自主管理委员会副主席职责（全部区域）；

③ 协调部（全部区域）；

④ 监察、体艺部（全部区域）；

⑤ 纪律、安全部（主责非食堂、宿舍区）；

⑥ 学习、宣传部（全部区域）；

⑦ 卫生部（主责非寝室、食堂区）；

⑧ 生活部（主责食堂、宿舍区）。

3. 落实选用和奖惩

（1）辅导教师：由团支部书记、政教处、教务处干事兼任，按学管会各部不同功能进行分组、分工，适当抄发专项辅导和管理补助。

（2）学生干部："学管会"学生干部考核办法见附件。

（三）学生自主管理基础操作——班级管理中的"小组自主管理"

学生自主管理是将管理权真正交给学生，教会学生如何管理，激发学生的管理潜能，培养提高学生的管理能力。在学生自主管理中，让他们成为一个共同体，在这个共同体中通过自主管理活动，培养学生合作意识、参与意识、自主管理意识和良好的自主行为习惯，实现学生、师生共同成长的育人目标。

具体的学生自主管理从班级管理入手，遵循"同组异质，异组同质"的原则，按成绩排名，盘龙式地将不同层次的学生搭配分组，确定组员后按1～6进行编号（见座位编号标准模式）。小组设协调部长、监察部长、学习部长、生活部长、卫生部长、纪律部长。明确各编号人员的职责，每项班级活动都以小组为基本单位进行，每个组员的表现，都与本组的形象和量化得分息息相关，每个组员都捆绑在一起，形成一个小集体，即一个小组是一个"共同体"。各组自己制订组名、组歌、组训、目标及小组公约，在班级内进行个人及团队考核评比。组内实行编号分工管理，各人的管理职责分为：

1号：协调部长，组织本组全盘工作，帮3号带6号，负责督促本组过关，查看本组每天得分情况并在自己组督促通报，并检查本组作业。

2号：监察部长，管理对手组全盘工作，帮4号带5号，负责管理对手组过关，督查并计算对手组每天得分情况。

3号：学习部长，每天给对手组员背书，并登记、计算对手组每天得分情况并通报。

4号：生活部长，负责对本组组员在食堂、寝室的管理；并催促、收集、上交、下发本组所有作业、试卷。

5号：卫生部长，负责本组及对手组的卫生，并督查对手组每天考核分数的核查并登记到小黑板。

6号：纪律部长，负责督促本组及对手组的纪律，并将本组每天的考核得分进行组内通报并整改。

对学生进行编号后，进行全组整体编排标准座位，即6人为一组，本着1号帮3号带6号，2号帮4号带5号的原则，将男女生搭配，并根据各人特点进行适当调整。

		讲　台			

七

3	1	6
4	2	5

四

3	1	6
4	2	5

一

3	1	6
4	2	5

八

3	1	6
4	2	5

五

3	1	6
4	2	5

二

3	1	6
4	2	5

九

3	1	6
4	2	5

六

3	1	6
4	2	5

三

3	1	6
4	2	5

图1　座位编号标准模式

对各小组成员进行编号、编排座位后，即要求各组完成信息卡并制定小组公约附后，然后各组进行平行交叉考核，即第一组考核第四组，第四组考核第七组，第七组考核第一组……考核个人及小组总分每天一公布，一周一总结，每周一根据小组排名选择小组"共同体"座位。各组位置每周根据小组考核结果更换一次。

名称：		组长：		组歌：		
组训：				目标：		
组员						
学习榜样						
帮扶对象						
个性宣言						
挑战宣言						

图2　向日葵学校 1805 班"学生自主网格化管理小组"信息卡

小组公约：

（1）尊重组长、服从组长管理，尊重班干部、服从班干部管理；

（2）团结一心、维护小组荣誉，有集体荣誉感；

（3）发扬民主、少数服从多数，尊重班委会、小组服从班级管理；

（4）尊重老师，团结同学，坚决与不正当的行为做斗争；

（5）按时、认真值日，认真、独立完成作业，诚信考试；

（6）课前做好准备，认真听讲，积极答问，及时做好笔记；

（7）互帮互学、互相提背书、讲题目、查作业，协作学习；

（8）珍惜时间，利用好早、中、晚、周末等一切空余时间；

（9）集体荣誉至上，团队执行力至上，有异议先执行再仲裁；

（10）超越自己，今天比昨天更好，明天比今天更好，越来越好。

"学生自主网格化管理小组"基本完成后，就可以按考核方案评比了。

向日葵学校各班学生自主管理委员会以小组为单位，从出勤、路队、读书、答问、听写、卫生、纪律、作业、就餐、就寝、考试、过关方面进行个人及学习小组考核评比。考核结果每天一公布，一周一小结，一月一总结。组与组之间相互督促，共同进步！

（四）学生自主管理升级操作——学校管理中的"小组自主管理"

学生自主管理模式延伸到课外，从班级到年级再到学校管理，形成无人监考、学生自主检查周末、假期作业，并将最终评价结果作为学生划分星级的依据，并依据星级安排学生的假期个性化作业。

学校全面实行学生自主管理，各年级共六个部长：协调部长、监察部长、学习部长、生活部长、卫生部长、纪律部长，他们负责监督、管理、考核本年级中所有班级的学习、生活、卫生、纪律、就餐、就寝等各个方面。每个年级的部长中再推选最优秀的一员构成学校"学管会"成员，即学校的六个总部长，由六个总部长负责监督、管理、考核全校所有班级各个方面。学生自主管理由"学管会"对全校进行考核打分，各班在教室前的小黑板前进行自主评价，每天在指定时间由"学管会"检查。由班级的个人考核方案上升到学校教务处、政教处、教研室、生活部配合各年级制定的学校学习部考核方案、卫生部考核方案、纪律部考核方案、生活部考核方案、协调部考核方案、监察部考核方案，其中个人考核中的1分在学校各项制度中为0.5分；这样，学生自主管理从一个班到一个年级再到一所学校，实现了全校学生自主管理。

表1 小组评比量化考核登记表（用于班级小组及个人考核评比）

____月____日 ____登记人____审核人____组 总得分____

姓名	出勤	路队	读书	答问	听写	卫生	纪律	作业	就餐	就寝	考试	过关	总分

表2 "学管会"学习部量化考核登记表（用于学校考核评比）

日期及节次：			汇总人：			审核人：			
项目	出勤	回头率	看非允许的课外书	不能自主找学习任务、不能自主高效管理	抄作业及考试作弊	班级小组公示栏及时公示	布置的宣传及学习任务	早读至少20分钟站立式激情朗读	小计及备注
分值	0.1～0.5分	0.1～0.5分	0.1～1分	0.1～1分	0.5～2分	0.5～3分	0.5～3分	0.1～0.5分	
__班									
……									
小结									

说明：全部班级必须按统一的座位落实座位排放，各同学严禁私换座位及乱坐别人的座位（包括周末），否则加倍处罚。凡违纪或有异常的要备注清楚所属小组、个人编号及违纪事件过程。

表3 "学管会"卫生部量化考核登记表（用于学校考核评比）

检查日期：　　　　　　　　　　检查人：

班次	教室			清洁区			总计
	早	中	晚	早	中	晚	
____班							
……							
小结							

表4 "学管会"生活部宿管量化考核登记表（用于学校考核评比）

日期：　　　　　汇总人：　　　　　审核人：

项目	内务整理	卫生	就寝纪律	安全	公物	小计及备注
分值	0.1～0.5分	0.1～1.2分	0.1～4.8分	0.1～1.5分	0.1～10分	
____班						
____室						
……						
小结						

表5 班级情况量化考核登记表（用于学校考核评比）

_____班_____月_____日情况通报

小组	考核总得分	登记人	督查人	课程内容
				早读
1				早1
2				早2
3				早3
4				早4
5				早5
6				早6
7				早7
8				晚读
9				晚1
10				晚2
11				晚3

备注：要求每天上午第二节课前通报前一天的情况，课间操检查。

三、措施效果 >>>>>>>

经过对班主任几轮培训，落实各项考核细则，并由班级管理到全校管理，将各项考核细则编订成册，编入《学校班主任管理工作手册》。全校范围推行学生自主管理，"学管会"正常考核公示，学校各项工作都取得了丰硕的成果：晚自习进行了大改革，各班由学生干部管理，一个老师巡查整层楼，真正实现增效减负；周考时实行交换监考，各班派出四名部长外出监考，实行无老师监考制度；学管会各部长各司其职，对学生在学校各方面的表现进行考核评比，实现学生自主管理；班级内小组评比每周一小组，以小组共同体为单位自愿选择座位，期末根据各方面综合情况确定学生星级，假期各科按星级布置作业。

自尝试执行到现在，学校教学成绩节节上升，学校在社会的知名度及口碑方面都得到了极大的提升，各项愿景正按计划一项项变成现实。

四、案例反思 >>>>>>>

任何大的、好的成果必须在大环境下实现，所以学校管理层作为学校导向的主体，必须要站得高，看得远。在本次自主管理改革中，我们遇到了一些问题。比如，小组考核中的每周按组排名自主选座位时，教师、家长的观念需要慢慢转变，让团队意识、自主管理深入人心；由班级自主管理推广到全校各方面管理时必须各部门无条件积极配合，并进行各项考核，以制度来规范管理，其中对学生干部的各方面培训及要求细化至关重要；全校范围内推行学生自主管理一段时间后有个厌倦期，这时就需要各种不同的形式活动来进行刺激，如举办"个人挑战赛"及"小组挑战赛"，并评出各项"挑战王"，让学生自主管理永葆活力。因此，全校推行一段时间后，我们总结了前期的一些经验和教训，一边推行一边更新，使各项制度日趋完美。

附件：

向日葵学校"学管会"学生干部考核办法

指导思想：实行学生自主管理委员会（简称"学管会"）内部干部考核制度，旨在督促学生干部严于律己。提高学生干部的工作责任心，培养学生干部的各项工作能力，发挥学生干部的管理、教育、服务的作用，规范学生干部管理工作，以配合、促进学校的各项工作的顺利开展。

考核方式：采用积分制，与广大学生民意相结合，由永州市向日葵学校学生自主管理办公室首先对协调部和监察部进行考核，再组织协调部和监察部对其他各部进行考核。

考核标准：实行积分量化，每人每学期的积分为100分，对没有达到要求的按规定扣分，低于60分者，将被辞退出"学管会"。

注：下面所有项目中，凡因班级没有按要求安排优秀学生干部参与协作"学管会"相应所有部门管理，班级评优及各项班级相关考核执行一票否决，成员每被辞退一人次，扣班级考核分5分。

一、减分

（一）考勤方面

1.例会、班会、团会、活动等无故迟到一次或早退一次者，扣1分，无故不到者扣2分。

2.在学校组织的及各部门开展的各项活动中，事假每人次减1分（须出示请假条，否则当无故缺席处理），迟到每人次扣2分，无故缺勤每人次扣5分。

3.学校会议精神未传达或未组织落实者每次扣2分。

4.开会时任意喧哗或做与会议无关的事情，每人次扣3分。

（二）工作方面

1.因个人原因严重影响工作（病、事、公假除外）减5分。

2.不能按进程完成任务及工作，工作中准备不充分或组织涣散，影响工作效果者，每次扣5分。

3.干部工作时应对全体同学负责，不得有包庇行为，若出现此现象，每次扣2分。

（三）行为纪律方面

1.违反校规校纪被处分者每人次扣10分，受学校通报批评，每人次扣5分，受年级分部报批评的每人次扣2分。

2.各部开展各种大型活动或做重要决定时未与主席团人员汇报而造成严重后果的，每次扣5分。

3.开展工作搞自由主义、个人主义或不服从上级工作分配的每人次扣5分。

4.在"学管会"搞小集体主义、拉帮结派的每次扣15～20分，严重者立即撤消其职务，由各对应班级无条件另选送相应优秀学生干部，否则班级评优及各项考核执行一票否决。

5.不以身作则、不能起模范带头作用，影响所在部门的扣5分，严重影响所在部门的扣10分。

6.各项民意测评的反馈信息中，存在问题最多的部门，全体成员每人扣3分，问题突出者扣5分。

（四）学习方面（学习上要求进步、优秀是对学生干部的基本要求）

1.段考及期末成绩在年级退步达50个名次的退出"学管会"，由各对应班级无条件另选送相应优秀学生干部，否则班级评优及各项考核执行一票否决。

2.在学习和纪律榜样上不能起带头作用，甚至有较大负面影响的退出"学管会"，由各对应班级无条件另选送相应优秀学生干部，否则

班级评优及各项考核执行一票否决。

二、加分

（一）工作方面

1.为"学管会"工作献计献策，提出合理建议，主动反映情况，对改进"学管会"工作起到良好的作用者，每人次加5分。

2.成功承办学校活动的主要策划人每人次加5分，协办每人次加3分。（协办者名单可由主策划人提供）

3.所在部门受通报表扬的，每成员加3分，突出贡献者加5分。

4.主动为其他部门查漏补缺、维护"学管会"等名誉者一次性加3分。

5.积极对外宣传报道本学校"学管会"工作和活动者每次加3分。

6.各部门在一学期表现突出，工作卓有成效，则其部门成员每人加10分。

（二）个人表现

1.代表"学管会"协助学校其他部门组织开展活动者加3分。

2.代表学校、学校"学管会"、学校分团委或其他部门在各项比赛中获奖，省级以上加20分，市级加15分，校级加10分，部级加6分，年级加3分。（其他奖项视情况加分）

（三）学习方面

1.被评为校级三好学生加5分。

2.学年取得奖学金者，特等奖加20分，一等加15分，二等加10分，三等加5分。

3.在段考或期末保持进步加10分，段考或期末保持进步并进步幅度在年级达到10个以上名次加20分，在年级达到20个以上名次加25分，依此类推。

三、学期评优及奖励

根据"学管会"学生干部考核办法及考核积分办法，由学生自主管理学校管理办公室根据考核方案落实考核，以学部为单位，仿照学校奖学金制度，与学校学生期末成绩奖学金一并下发，考核积分在第1名的奖现金500元，第2至6名的奖现金200元，第7至"学部班级总数" 名次的奖现金100元，并颁发相应证书（确保平均每个班有一个表彰指标）。

四、该考核最终解释权归向日葵学校学生自主管理学校管理领导小组及学生自主管理学校管理办公室。

点评 >>>>>>>

深刻体验过教训的案例是更成功的案例，因为有对比、有深深的触动和从根本上解决问题的愿望。本案例中从"学校保姆式"的学生管理方式到"学生自主管理"方式的转变就是一个很好的说明。

"学校保姆式"管理方式的出发点是好的，班主任送餐制、送寝制、全天候陪伴制以及学校无周末、无节假日的全方位管理是为了学生能够更加专注地学习，解决学生和家长在生活上的后顾之忧。换来的却是学生升入高中后的不适应，并没有真正发挥学生的主观能动性。痛定思痛后的管理体制改变和措施的实施，让我们看到了学校把学生推到前台的决心和勇气。各级管理制度的量化和考核评比体系的建立让我们感受到了学生自主管理的可能性和可行性。

天津市学生心理健康教育发展中心主任　吴捷

给学生一个多元化的评价舞台

江苏省北京师范大学常州附属学校　骆燕

一、案例背景 >>>>>>>

　　高年级的教室里，说到"岗位工作"，总是有些被轻视的感觉。随着年龄的增长，学生开始对自己承担的"卫生值日岗位"工作感到懈怠，认为这些岗位工作过于简单，甚至有时因为评价的滞后性，学生忽视了此类的岗位工作。班级里的一些班干部也对于学生不服从岗位工作的表现感到苦恼，每天都在同学们身边不停地催促，才能比较好地完成相应的岗位工作。

　　作为班主任，看到班级环境不是很好，也会跟相应的班干部进行沟通了解，而班干部所反映出的问题往往都是"谁谁谁不愿意做""谁谁谁觉得扫地没意思""谁谁谁说时间不够，他要看书"……

　　曾经在低年段那种大家抢着做，争着干的岗位执行态度不见了。当班级的班干部天天追着同学们做事的时候，整个班级的责任意识就降低了，班级管理也会进入一种重复而无意义的管理模式。

二、问题分析 >>>>>>>

　　随着学生年龄的增长，他们的能力不断发展，学生对岗位的需求已经不再是单一的，而是多元的。他们的心理日渐成熟，不再会为完成简单的劳动工作而感到骄傲和自豪，甚至觉得这种工作是不需要付出脑力劳动的"低级工作"，因此，学生们在进行"卫生值日岗位"工作的时候表现出一种消极的态度，甚至不愿意去做。

在现代学生的家庭日常生活中，有了高科技的介入，打扫卫生这件事就更加不需要人力来完成了。父母都觉得，孩子读书学习很辛苦，所以，只要孩子"一心只读圣贤书"，不用参与家庭中的劳作生活，这便是给孩子最好的"爱"。

在班级岗位的评价方面，老师还是在沿用中低年段的奖品鼓励制的评价方式，学生对于从老师那里获得奖品这件事已经开始"免疫"了。随着心智的逐渐成熟，审美能力的不断提高，学生有了自己喜欢的东西，有时并不热衷老师给予的小小奖品。

三、行动方法 ﹥﹥﹥﹥﹥﹥﹥

给学生一个多元化的评价舞台。针对以上的问题以及分析的原因，教师制定了以下方案。

（一）引入多元化评价

每个学生既有日常的服务性岗位，也有知识性岗位，还有阶段性的临时岗位。在我们班，一共有42名学生，根据学生的自我意愿，结合各自能力的互补原则，他们重组成6个小队，并为自己的小队设定了名字和口号。而班级的日常卫生岗位、与学科相关的"学习岗"以及学校组织的各项大型活动，如春游、秋游等，都是依托这6个小队进行活动的。每个学生都有自己的小队作为后盾，在相对固定的小队中，根据小队所承担的工作内容，每个学生也有着多重岗位角色。这样多重岗位的开发使学生在学校生活中的角色变得丰富起来，促进了学生多方面的成长。

进入高年级，学生的自我评价能力有了发展，学生对问题有了自己的认识和判断，在评价的过程中，开始出现自我辩护的现象。作为班主任，我们可以将这种现象逐渐引入评价体系中来，通过多元的对话，充分挖掘学生内在的自我教育的力量，使学生更清晰地进行自我认识，形成运用的能力和自觉性，形成积极的、自主的、主体的评价力量。因此，在我们的岗位建设中，岗位评价是不可或缺的。

（二）多元化评价机制

1. 评价内容多元化

我们班的岗位设置比较丰富，这就决定了岗位评价内容的多元性。我们班有负责日常卫生的"卫士岗"，有与学科相结合的"学习岗"，有进行日常班级管理的"值日班长岗"，有开阔同学视野的"近日评论岗"等。这些岗位从不同的角度和班级生活的不同内容来进行设置，而这些岗位也都有着相对稳定的评价体制。为了能将这些多元化的岗位内容融入学生们的日常生活，我们就给每个小队配了一本台账，来记录每天岗位工作的分配。分配完毕，最重要的还是评价，有了评价体系，学生的自我认识和岗位责任意识才会进一步加强。

2. 评价主体的多元性

班级是学生自己的，把班级还给学生是"新基础教育"学生成长发展中所提倡的。因此，我们对于岗位工作的评价不能仅限于我们教师本身，要把评价的权利还给学生，要相信他们是可以的。我们班的评价主体就是多元化的，也因为如此，对于岗位的评价才会更加客观、全面和公平。

以"学习岗"为例。"学习岗"与各学科相结合，负责日常的背诵、课前准备工作的监督、作业完成情况的登记等。"学习岗"人员的诞生是自我推荐和他人推荐相结合的，推荐的原则是要有责任心、愿意为大家服务，成绩的好坏不纳入推荐的理由。这样一来，就有更多的学生可以承担这一岗位的工作，也让那些成绩可能不那么出色的学生有了展现自我的自信。对于"学习岗"的评价，要综合小队长、队员以及自我的评价意见。"学习岗"有相应的评价表格。这个表格运用打钩评价的方式，小队成员对于承担"学习岗"工作的同学进行评价，有四级评价，分别是"很满意，满意，一般，不满意"，表格下方，还有"学习岗"承担者的自我评价或感受。这样评价的主体，就不单单是小队长自己了，这就避免了评价中的不公平现象。

3. 多元评价需要平台

多元化的岗位评价不光需要多元化的岗位角色和评价主体，还需要一个汇报交流岗位评价的平台，这就是班主任的"班会课"和"夕会课"了。班会课上，我们可以将岗位设置完善，夕会课则是最及时的岗位评价阵地，夕会课的评价展示就属于及时评价。周一到周四的夕会课，我们每天都有着相对固定的内容。周一汇报一周常规表现中受到表扬的同学。周二、周三都是"近日评论"。周四则是"学习岗""小队日常考核"汇报。以"近日评论"为例，这是提升学生表达能力和评价能力的平台。小主持人首先要根据发言同学的发言话题，准备好自己的主持稿，发言的同学则可以根据最近的热点新闻、热点事件或者读书感悟等进行3分钟以内的演讲。演讲完毕，班里的其他同学则先要根据演讲者的表达及内容做出及时评价，并给予演讲者一个表现分，接着全班同学还要对于演讲者阐述的话题发表自己的看法或者观点。最后，主持人根据同学给出的评价与分数，给演讲者一个综合评价和分数。这样的活动相较于小队考核来说，是更加及时的评价，这样的评价不光是评价了演讲岗位上同学的表现，也是演讲者自我提升，与其他学生交互学习的契机。

四、成果与反思 ﹥﹥﹥﹥﹥﹥﹥

因为多元化评价，他们越来越棒了！

一个小故事：小沁是"炫律小队"的一名成员，平时她总是默默的，笑起来也是那么腼腆，在学科成绩上，她也不是那么出类拔萃，可是，她的恬静却让人觉得舒心，所以在"炫律小队"推荐"学习岗"负责人的时候，好几个成员都推荐了她。对于这样的推荐，我也没有异议，毕竟是学生自己推荐的，何不试试看呢。每周四，我们都会对于各岗位工作的评价进行汇报，并推荐轮岗人选。在评价汇报时，"炫律小队"的每个成员都给小沁非常高的评价，并把她在岗位工作中的认真、细致、耐心一一细数，站在一旁的我，不禁感叹道："原来她是这样的孩子。"就因为她的认真、细致和耐心，成员们一致要求她再连任一周。而她是唯一一个被要求连任的"学习岗"负责人。"原来，她是那么优秀的孩子，是我没有发现"，我庆幸自己为孩子们创设了"学习岗"。也因为小沁的连任，其他"学习岗"的负责人都很想向小沁获取经验，为自己的岗位工作加把劲。小沁一下子成了班级里的"小红人"。小台账上就记录了她对自己的岗位工作评价以及感受。看着她大方中带点羞涩的样子，我知道，她成长了。

这些评价的经历，使得学生的评价能力得到了提升，班级岗位的评价活动因为他们变得精彩，班级成了他们评价的舞台。如"评价你我他"班会活动，出台了各部门的成员考核制度和内部轮岗制。这些内容都是学生们自己制定的，而作为班主任的我只是在他们制定的基础上，给予了他们几点建议。

说到班会活动，学生有了评价的能力，他们看待事物的能力也更加细致，更加全面了，因此，我们班的班会活动，班主任就成了一个彻彻底底的顾问。学生会根据班级情况、时事新闻或者是班级、学校近期发生的事件，策划出切合时间或者是社会、学校大环境的主题活动，并根据主题活动，策划相关的节目形式和内容。忽然之间，我发现学生长大了，可以撑起一片天了。

岗位的建设丰富了学生的角色体验，丰富了师生、生生之间的生活，也给每一个学生提供了参与班级管理的时空，我们的班级需要依靠岗位来维持和发展，而岗位的发展又给我们教师更多的思考和探索空间。

点 评 >>>>>>>>

学生自主意识的增强使得班级管理陷入困境。班主任的一句"他们都长大了"，一语道破了管理中的现状和原因，也引出了多元化评价机制实施的重要性。

学生能力发展有差异，遵从他们的自我意愿，结合各自能力取长补短就成为可能。学生高兴了，也看到了自己的成长和老师对于他们成长的肯定。如果只按能力完成任务而没有最后的量化，学生的自我认识和岗位责任意识因为得不到评价而流于形式。用"台账"和"量表"的形式记录整个过程，在班会课上进行展示，既符合这个年龄阶段孩子需要表现的需要，同时也使整个班级管理过程真正活了起来。"他们越来越棒了"让我们看到了孩子们的进步和新的班级管理模式带来的变化，也将有助于学生全方位的发展，真正成为班级和自己的主人。

天津市学生心理健康教育发展中心主任　吴捷

"小猴子当家"——一日班主任制度

北京市昌平区回龙观第二小学　姚旭

一、案例描述 >>>>>>>

　　四年级的学生一方面正处于他律道德阶段到自律道德阶段的过渡，他们可以根据老师提出的要求认真履行；另一方面他们也希望班级的规则制度由自己协商而制定，并且可以按照少数服从多数的意愿进行修改，同时他们希望个体之间互相认同、平等。

　　步入四年级后，学生的自我管理情况退步明显，尤其是班主任外出学习的时候，总会有学生不遵守、故意破坏班级原本的制度。

　　现象一：班级早晨随到随读的时间，学生不能静下心来读书，原本制定的由第一个到班级的学生进行领读的规则，常常因为第一个学生没有读书，其他同学也不跟读，或者学生间会因为读哪一篇课文而发生争执，导致班级量化评比扣分。

　　现象二：班级的卫生总是不达标，原本计划的课间小组值日总是因为个别人的偷懒而实施不了，中午的值日生也总是因为班主任不在，没有人监督，而出现值日不认真的情况。

　　现象三：纪律散漫，因为学生知道班主任不在，所以像课间准备好下一节课的用书、上课不扰乱课堂纪律、排队打饭不说话等制度也就形同虚设。尽管班级的小干部在管理，但此阶段的学生对班干部的管理会不理会，一来二去班干部和同学的关系又僵化起来。

一时间，班级的班风乱、学风差，令我和任课教师措手不及。看到原本班风正、学风优的班级变成了如此模样，作为班主任的我必须研究、采用一些科学的办法，对"小猴子们"重新进行自我管理的教育。

二、实施过程 >>>>>>>>

由于小学阶段的教育对学生的长远发展有着重要的影响，此阶段学生的认知结构、道德发展都处于变化阶段，所以根据学生道德认知发展的过程，结合本班学生的实际情况，我改变了以往教师为主的班级管理方式，开始尝试"一日班主任制度"，让学生开始参与到班级的管理和建设中来。当然，由于小学生有极强的向师性，他们对"班主任"和"班长"这两个词语的重视程度是不一样的，所以我们决定用"班主任"这个更具有权威性的词语。

（一）班干部参与制定

当我有"一日班主任制度"的初步设想之后，我先将设想讲解给班干部。因为班干部也是班级管理者之一，他们最能体会学生管理学生时遇到的困难和不解。其实"一日班主任制度"很简单，就是实行值日班长制度，按照班级内的学号，每人轮流做一天班主任，主要任务是负责管理班级的一日常规工作，看似简单，实则不易。他需要像一位班主任一样，早早地来到班级负责随到随读；当天班级的卫生、纪律都要他来管理；学校临时性的通知也需要他来负责，如领取流动红旗、发放杂志等；班级其他班干部辅助他的工作。

（二）发挥榜样作用

试行"一日班主任制度"时，我决定先从班干部开始，因为他们曾经或多或少有过班级管理经验，通过他们的管理，给其他同学起到榜样性的作用。第一天的"班主任"是班长张同学。那天，她早早地来到班级，将多媒体电脑打开，播放古诗，带领大家有秩序地进行晨读。课间时，她也能及时提醒个别同学准备好下节课的物品，并能叮嘱课代表提前联络老师，是否需要去专业教室上课等。中午打扫教室时，她抓紧时间吃饭，然后以最快的速度打扫好自己的卫生，就到讲台前拿着当天的值日表督促值日生做值日，当天教室打扫得干干净净。

（三）制作"一日班主任"档案

为了能将学生实施"一日班主任"的情况更好地记录下来，我让班级的文艺委员给大家制作了"一日班主任"的模板，里面包括"一日班主任"执行人名字、时间、当天的班级情况、同学的表扬提醒、同学评语、自我反思等内容。当天的"一日班主任"要将内容填写完整，自己进行简单的页面装饰后，将档案发到班级群中和家长进行分享。作为当天的"一日班主任"，他需要在档案中填写上具体的表扬和提醒的同学姓名，并且要在中午总结时进行相关说明。结合班级的积分奖励制度，获得点名表扬的同学可以获得由"一日班主任"发放的积分。当然，被提醒的同学有权利和"一日班主任"进行解释说明情况，以撤销当天的提醒。

三、问题凸显 >>>>>>>

"一日班主任制度"初见成效，学生参与的积极性很高，每个人都迫不及待地想要试试管理班级的滋味。可是，制度中的问题也日益凸显。

问题一：有些学生虽然当"一日班主任"兴致高昂，但是在管理班级的过程中，由于自我松懈，很多应该管理的环节忽略了，不是忘记检查眼保健操，就是忘记检查值日，导致同学对他颇有微词。

问题二：不少学生对管理班级没有经验，面对班级中发生的问题，尤其是个别同学纪律有问题时，他不知道该用怎样的言语去制止，只能在中午点评时对犯错误的同学提出批评，长期被批评的同学心里难免会不服气，这种情况又该如何改善呢？

问题三：个别学生本身自我约束性较差，所以出现自己当"一日班主任"时不仅忘记管理班级，而且自己影响班级纪律的情况，这些学生在当"一日班主任"时又该由谁来监督呢？

（一）班主任及时指导

虽然让学生来当"一日班主任"，可毕竟学生的年龄、经验有限，有些学生会出现忘记自己的职责；有些"一日班主任"遇到其他同学对他的决定有异议时，他不知道该如何解决；有些学生不知道该如何解决同学间的矛盾……出现这些情况时，就需要班主任及时出面进行有针对性的指导，第一轮的"一日班主任"活动时，我对每一个学生都进行了或多或少的指导。

（二）制定班级流程

为了让每一位学生都能清晰地了解班主任应该管理哪些内容、在什么时间进行管理，我将班级的一日流程制成表格打印出来，每一位学生在履行班主任职责时可以清楚地知道——我要在什么时间，管理哪些班级事务，并且完成一项就在流程后打钩。

（三）制定其他辅助制度

为了能使当天的"班主任"认真地履行职责，我采取"值日班干部制度"与"一日班主任制度"并行，也就是说每天会有一名班干部主要配合"一日班主任"的工作，并且负责监督和提醒。这样既解决了"一日班主任"无人监督的情况，又分担了"一日班主任"的工作量。

五、取得成效 >>>>>>>>

"一日班主任制度"的实施让全班学生都投入班级管理当中，对学生来说是一种平等的激励，它让学生能够充分地发挥个人的作用以及价值，促进班级的管理。每一位学生在参与班级管理的过程之中，不仅个人的责任感得到培养，而且学会了换位思考，懂得老师管理班级的不易，也懂得到"管理者"和

"被管理者"两种不同身份下应该如何在班级中与同学沟通交流。一时间，班级内洋溢着一股自信、自立、自强之风。

通过实施"一日班主任制度"，我对学生有了新的认识，发现学生更多的闪光点。通过查看"一日班主任"填写的档案，我可以了解到有些学生在其他学科或某个课间的表现，这样就减少了教师管理班级的局限性。

同时，将"一日班主任"档案发到班级群中，又增加了家长对学生学校生活的了解，我们也积极争取获得家长的评价。学期末，家长会利用QQ内的照片点赞功能，对这一学期学生当"一日班主任"的表现进行点赞，获赞数量最多的就是家长评选出的"最佳'一日班主任'"，班级会有相应的奖励。

六、反思体会 >>>>>>>>

在班级管理和评价中，我们常常采用象征表扬的"小红花、大拇指、小星星"等贴画作为学生的奖励，这些在孩子低年级时激励效果十分显著。但随着学生年龄的增长、知识的拓宽、心理的发育等不断变化，教师必须意识到要根据学生不同年龄段采取不同的评价方法。一个良好的评价机制不仅能够激发学生参与班级管理的积极性，而且能够培养学生沟通交流、人际交往、语言表达等多方面能力，真正做到综合素质评价，才能保证此阶段学生全面健康的自主发展。

点评 >>>>>>>>

有效调动学生行为管理的积极性是所有班主任面临的重要基本问题。一般而言，小学低年级的学生可以采用小红花、小贴画等实物进行奖励，但是随着年龄的增长，主要采用实物形式的奖励制度会越来越失去其效用，应该转而挖掘契合学生成长需求的精神奖励等形式。对处于小学四年级的学生而言，他们已经具备了一定的自主能力，能对班规和班级管理进行一定的思考和认识，但是由于对班规缺乏深刻认同且在行为上仍缺乏一定自控能力，因此需要创新管理形式，让所有学生都积极参与到班级管理中，从而更好地规范自己的行为。

本文老师利用学生对老师权威地位的向往心理，创新发明了"一日班主任制度"，让每个学生在体验"手握大权"的同时还能体会班级管理工作的琐碎和辛苦，从而提高自己的参与感和责任心，更好地进行自我管理。当然，老师要保证"每日班主任"能规范工作也是不容易的，需要制定清晰的班级流程、配备班干部小助手以及进行及时指导进行保障，需要很多的教学智慧。

北京师范大学教育学部讲师　李蓓蕾

七色花开 助力成长——低年级班级岗位建设的实践与探索

上海市虹口区第四中心小学 杜怡雯

在我所带的"七色花"班里有37个可爱的孩子,其中男生21个,女生16个。这些孩子出生在2008年或2009年,他们的家长大多是出生在1980年左右的独生子女。作为第二代独生子女的这群孩子们动手能力弱,缺乏独立意识和责任心。他们需要从思想上、行为上认识并感受到从幼儿园到小学的转变,需要适应新环境,养成良好的学习习惯和生活习惯。

小学阶段是孩子人生的起步阶段,要让他们得到综合发展,就要通过岗位给学生提供丰富的实践机会。班级岗位建设是学生班级日常生活的基本保证。岗位维护着班级日常生活的各类具体事务,班级里,每个学生都是岗位承担者。通过岗位建设,不仅能培养他们的动手能力、与人交往的能力,而且可以增强他们的主人翁意识,对学校、班级产生归属感。学生的岗位体验是锻炼能力、培养责任心等综合素质的重要平台。班级岗位建设中,班主任要带领学生进行设岗、竞岗、任岗、轮换与评价工作。而了解学生是岗位建设的前提和基础,不同的学生有不同的家庭环境、兴趣爱好、意志品格、性格特点等,只有做好深入细致的了解,才能扬其所长、补其所短,找到适合每个学生个体成长的舞台。以下是我从事班主任工作以来,在班级岗位建设中的一些做法。

（一）因需设岗

在一年级的岗位建设初步尝试中，我就实行了"一人一岗制"。由于一年级的孩子年龄小，能力不足，因此我先设立了一些基础性的岗位，其中大部分的岗位是固定的，如班级劳动岗位，要求人人参与，轮流做值日生；管理岗位，设图书管理员和护眼小天使等。还有一些岗位是根据班级情况临时设立的，如运动会时，设立啦啦队队长、为运动员服务的工作人员；低年级学生容易丢三落四，可以设立领巾提醒员，课前准备提醒员等。固定岗位与临时岗位相结合，在保证班级常规的正常运行的同时，又为班集体建设注入了新鲜血液。

表 1　岗位设定表

岗位职责	岗位负责人				
	周一	周二	周三	周四	周五
劳动小能手 每天第三节课下课，把班级的消毒桶拎回教室。 午间，帮助分饭的老师把箱子摆放整齐。					
课桌清洁员 午饭之前为组员把桌子擦干净。					
卫生监督员 每天检查组员的卫生打扫情况。					
图书管理员 每天放学前把教室书架上的书籍摆放整齐。 阅读课时，协助老师整理阅览室的书籍。					
簿本收发员 帮助学科老师收发同学们的作业。					

续表

岗位职责	岗位负责人				
	周一	周二	周三	周四	周五
护眼小天使 眼保健操时，协助老师督促同学认真做操，并及时纠正同学错误的姿势。					
黑板清洁员 每节课下课，帮助老师把黑板上的粉笔字擦干净。					
课前检查员 每节课下课，负责提醒组员准备好下节课的用品再离开座位。					

（二）因材选岗

但在学生自主选岗和之后的实施过程中，却发生了许多我意想不到的问题。比如，在学生选岗时，我发现图书管理员、电源管理员是热门岗位，大多数的孩子都想选择这一类的管理岗位，而劳动小能手、黑板清洁员这类劳动岗位则缺人问津。有的孩子还因没有选上自己喜欢的岗位或者适合的岗位，导致在之后的实施过程中，只是挂个小岗位员的虚名，却没把职责落到实处。

发现这些问题后，我重新召开了一次岗位招聘会，先公布这次招聘会有哪些岗位，每个岗位的职责是什么，招聘的人数是多少，学生如果要应聘这个岗位，要说出自己的优势在哪里，如何履行这个岗位的职责。招聘会上，孩子们的参与热情极高，竞争相当激烈。比如，有孩子在应聘图书管理员时说："我喜欢读书，我每读完一本书就会把它放回原处，而且我很爱护书，从来不损坏书。如果我成为了图书管理员，我会让教室里的图书角干干净净、整整齐齐，给大家提供一个良好的读书环境。"还有的孩子应聘电源管理员的理由是在家里经常替爸爸妈妈关灯；个子高的孩子以自己的身高为优势应聘黑板清洁员的岗位……每个孩子都能根据自己的优点和特长选择自己想应聘的岗位。这种扬长避短的应聘方式，使学生能更好地胜任岗位，培养自信心和责任心，激发工作的积极性。第一轮招聘会结束后，一些热门岗位都招到了合适的负责人，可是还有一些相对冷门的岗位没人选择，剩下的学生也没有应聘其他岗位的意愿。于是，我给了学生一周的时间。这一周里，由于一些岗位悬空，无人负责，导致种种不便。比如，吃午饭时，有些小组的课桌没人擦，导致该组的学生比其他组的孩子晚就餐。一周后，我又举行了第二轮招聘会。学生通过亲身经验感受到了班里每个岗位都十分重要，剩下的岗位也纷纷招聘到了合适的人选。

（三）因势换岗

到了一年级下学期，学生已在上一学期的岗位实施过程中培养了动手能力、交往能力等，也具有了一定的自信心和责任心，初步有了作为班级小主人的意识。但随着能力的提高，有些小岗位已不再需要。比如，一年级上学期时，考虑到刚从幼儿园踏入小学的孩子还未养成良好的学习习惯，所以我设立了"课前检查员"这一小岗位，请比较自觉的孩子提醒其他孩子在课前准备好书本、文具等学习用品。到了一年级下学期，大多数学生已经养成了良好的学习习惯，能在课前自觉地做好各项准备，这个小岗位看来就没有必要了。此外，随着学生越来越适应小学生活，彼此之间越来越熟悉，班级也渐渐暴露出一些问题。比如，由于班上调皮的男生也很多，在课间活动中存在追逐打闹的问题，既不利于课间安全，也影响班级风貌。因此，我又设立了"安全小卫士"的岗位，由班中比较好动的男生每天轮流担任，课间提醒同学不奔跑打闹，注意安全。这些调皮的孩子们在参与管理的过程中还约束了自己的行为，变他律为自律。

根据班级情况的变化，我通过增岗和减岗，对班级岗位重新进行了调整，并且结合班级特色，把这些岗位进行了归类。比如，"簿本收发员"和"课前领读员"这些跟学习有关的岗位可以归为"学习部"；"午饭管理员"和"课桌清洁员"可以归为"用餐部"。班级岗位一共分为七个部门，每个部门用一种颜色作为代表色，组成一朵美丽的七色花。每个部门还有一个部长，每天我只要听七个部门的部长汇报工作，就能了解班级情况，这样给班级管理带来了极大的方便。

表2 各部门职责

部门	岗位职责	岗位负责人
卫生部	**卫生检查员** 检查同学的指甲、桌肚、地面等个人卫生情况。 检查每天值日生打扫班级卫生的情况。 **护眼小天使** 眼保健操时，协助老师督促同学认真做操，并及时纠正同学错误的姿势，督促学生用眼卫生。	
用餐部	**劳动小能手** 每天上午第三节课下课，把班级的消毒桶拎回教室。 午间，帮助分饭的老师把箱子摆放整齐。 **课桌清洁员** 午饭之前为组员把桌子擦干净。 **午饭管理员** 午饭时，督促全班学生安静用餐。 用餐完毕后，督促全班学生整齐摆放餐盘、餐具。	
学习部	**簿本收发员** 帮助学科老师收发同学们的作业。 **课前领读员** 两分钟预备铃时，到黑板前领读。	
管理部	**电源管理员** 教室里没有人时，提醒老师关灯、风扇、空调，放学时提醒老师关闭电脑和总电源。 **图书管理员** 每天放学前把教室书架上的书籍摆放整齐。 阅读课时，协助老师整理阅览室的书籍。	
礼仪部	**礼仪检查员** 检查每周一的穿校服情况，以及每天佩戴领巾的情况。 **文明提醒员** 发现同学有不文明的行为时，主动提醒其改正。	
安全部	**安全小卫士** 课间在走廊上提醒同伴不奔跑打闹，注意安全。 发现同学意外受伤时，及时告知班主任，并护送受伤的同学去卫生室。	
宣传部	**信息发布员** 每天早上在黑板上写好当天的课程表和值日生表。 **板报宣传员** 每月协助老师出好黑板报。	

这学期，我们进行了班干部的选举。学生在担任小岗位的过程中，经历了好奇、尝试、适应、胜任的过程，那标志上鲜艳的几条杠对学生来说充满了吸引力，班里有三分之二的学生参加了竞选。

（一）岗位评价提高责任心

要成功实施"一人一岗"，还需要良好的评价机制，所以我会定期对学生进行岗位评价。由于我们班的岗位分为"卫生部""用餐部""学习部""安全部""礼仪部""宣传部"和"管理部"七个部门，所以我将评价内容分为"个人评价"和"部门评价"两部分，并采取了"自评"和"他评"结合的形式。"自评"由岗位负责人作出小结，说明自己完成了哪些任务，还有哪些做得不够的地方。"他评"由其他同学对其作出是否满意的评价和理由说明。"部门评价"首先由部长对该部门的工作进行总结，然后由全体师生根据该部门的工作开展情况进行综合评价。最后，通过评价结果，评选出班级里的"岗位之星"和"优秀部门"。获奖的学生们虽然不同于"三好学生"，但同样应该被大家认同、称赞。

（二）岗位轮换保持新鲜度

管理类岗位的学生做得兴致勃勃的同时，服务类岗位的学生却因为失去了新鲜感，对待岗位工作虎头蛇尾、应付了事。为了让学生有担任不同类别岗位的体验，我设置了一系列奖品卡，其中包括"领队卡""领读卡""领饭卡"等。学生通过良好的表现，获得的积分达到一定分数时，就可以选择兑换自己想要的岗位卡。让学生在不同类别的岗位上轮换，可以让每个学生都有当管理者和被管理者的体验，有服务他人和被服务的体验。通过不同类别的岗位轮换，学生在角色转换的过程中能体会到被服务者的幸福感和作为服务者的自豪感。岗位轮换制既满足了学生乐于尝试的欲望，有利于学生多方面能力的培养和潜能的发挥，也更容易保持学生对岗位的新鲜感。

三、岗位建设的效果 >>>>>>>>

经过不断摸索和改进，班级岗位建设呈现出一派令人欣喜的景象：早上，信息发布员会自觉在黑板上写上当天的课程表和值日生表，提醒全班同学按课程表上课，提醒值日生打扫班级卫生；课间，安全小卫士会提醒个别调皮好动的同学不在走廊上奔跑打闹，注意安全；发现有同学在体育课上不小心受伤时，安全小卫士会送受伤的同学去卫生室……班级人人有事做，班级事事有人做，七色花班的学生们在各自的岗位上尽心尽责、团结互助，班级在井然有序中流露出和谐与融洽。

不仅如此，学生个体的发展也是惊喜连连。就拿我们班的林林来说，由于这个孩子平时个性腼腆，说话声音轻。为了培养他的自信，我鼓励他担任课前领读员的岗位。刚开始，胆小的他面对台下的同学，声音轻得同学们都听不见。台下的同学也因听不清他的声音，开始骚动，这让他更加窘迫了。我私下告诉他要对自己有自信，每次领读前想好要读的内容。林林也很努力，听他的爸爸妈妈说，他回家经常对着镜子练习大声地说话。随着林林领读的次数越来越多，他的自信心也越来越足，渐渐地，他的声音变大了，胆量也变大了，而且能正视全班同学不再感到害怕了。

在岗位评价和轮换中，不同的学生在多个岗位上得到了多元化的发展。阳阳是我们班出了名的皮大王，可他平时很爱表现，而且有一副热心肠。一次，他用积分向我换了一张"助手卡"。在我外出学习时，这个"小助手"可不得了。第二天，我回到学校时，收到了不少同学对他的投诉。原来，因为阳阳平时调皮捣蛋，所以其他孩子都不听他的。他为了杀鸡儆猴，就点了泽泽的名，还让他罚站。这下可好，泽泽哭起来一发不可收拾，不明真相的其他孩子们都觉得阳阳欺负人，纷纷谴责他。有了这一次换岗的体验后，阳阳告诉我，当小助手真是太累了，也明白了以后自己要遵守纪律，这样才能"以德服人"。

四、岗位建设的展望 >>>>>>>>

随着学生年龄的增长，岗位建设还会遇到种种问题。由于学生之间存在个体性差异，每个学生的需求也大相径庭。到了高年级段，大多数的学生能力变强，能够主动并创造性地工作，甚至将自己部门或其他部门的学生的工作"代劳"，班级岗位已经满足不了他们的成长需求。而对于能力相对较弱的学生来说，他们常常因为同学的热心"代劳"，而处于"待岗"状态，能力无法得到提升。我们要培养的是能适应社会发展的学生，他们不仅要具备责任心、良好的综合能力，而且需要一个广阔的成长舞台。因此在后期，老师可以针对学生的个体差异给岗位升级，让有能力的学生参与到校级管理，甚至是校外实践中去。

班级属于学生，班级生活是学生走向社会，成为合格公民的准备。要让学生健康成长，就要了解学生，给他们提供成长的平台。"岗位建设"是一项非常重要的工作，但这对于班主任来说也是一个新的挑战。如何带领孩子去优化、完善班级的"岗位"，是一门高深的学问，它仍需要所有班主任去不断实践、思考和创新。

点 评 >>>>>>>>

班干部是班级管理的重要组成部分，是协助班主任开展班级工作的得力助手，在学生中起到带头模范和管理的作用。从有小小职权的"班干部"到人人都有事做的"岗位员"，是班主任对低年级学生开展班级管理工作模式的创新。所谓"千军易得，一将难求"，让人人都成为老师的左膀右臂，用心协助班主任组织开展各项活动是难点。但也真正体现了教育的公平性和学生能力的差异性。

"在实践中锻炼本领，在活动中增长才干"是本案例的又一特色。孩子们在做中更加了解自己，增强了信心，也增进了同学间的交流。学着从自身做起，从一点一滴、一言一行做起，做好表率，充当模范，树立榜样。学生个个都是一面镜子，时时照见同学、纠正同学，也时时照见自己、纠正自己。

天津市学生心理健康教育发展中心主任　吴捷

创建自主管理平台，提高学生自主管理能力

广东省云浮市第六小学　钟亚银

现代教育强调要培养具有主动发展精神的人，强调学生要有自我管理的能力。现在孩子因受各种环境的影响，自我调控能力较差，在日常的学习生活中表现出很多不良习惯。在这种情况下，加强学生自主管理能力的培养，使他们学会学习，学会生活，学会做人。

本文尝试从以下角度向大家谈谈学校怎样创建学生自主管理平台：我们是怎么做的，我们做了什么，我们的收获。

一、我们是怎么做的 >>>>>>>

首先来说我们是怎么做这件事的。

学生自主管理平台是在阿福童课程延伸出来的。"我选择、我负责""让每一个儿童成为自主管理共同生活的经济公民"，这与我们学校倡导的生活教育理念——"给孩子一个快乐的童年"的办学理念高度契合，所以阿福童课程一下就吸引了我们。

到底怎样在课程体系中办出自己的特色，让学生自主管理真正落到实处呢？中国有句老话——"凡事预则立，不预则废"。在课程正式实施前，我们首先进行了周密的课程实施规划，学校行政与骨干教师多次深入研究和积极筹备，决定借鉴阿福童课程中的货币概念和银行管理方式，将之引入学校德育、教学实践，形成一套让学生学会自主管理的平台——"欢乐银行"，并下设

"欢乐超市""欢乐集市"等活动平台。

由于第一次接触这些，没有太多的经验可以借鉴，同时也考虑到师资的问题，学校最终确定先在小范围内开展。学校先在四年级开设阿福童财商课程，让学生接触自主管理模式。在试行过程中，发现这个项目大受学生欢迎，课堂的合作、小组的共同进退的学习方式对学生的影响很大。为了稳步推进此项工作，学校多次在晨会上召开了欢乐银行推介会，宣布银行的启动、工作人员的聘任，以及一些活动的兑换等。同时还成立了自主管理项目组，由学校的校长任组长，总体统筹策划；分管教学的副校长任副组长，主持日常工作，同时教导处、德育处负责人也一起加入，共同把控平台的方向，一同出谋划策。越来越多的老师与学生认识到自主管理平台的重要性与影响力，全校设置自主管理平台就水到渠成。

二、我们做了什么 >>>>>>>

为了让学生有自主管理的实践机会，学校成立了一个平台——欢乐银行。欢乐银行的成立是为了使儿童养成良好行为习惯、提升自身文化修养、自主参与集体管理、积极实现自我价值。通过自身努力获取的欢乐币在校园中获得学习理财、自主创业等机会，这使学生在多元评价及激励机制中收获自主成长的动力。

（一）提供自主管理实践的岗位与机会

1. 提供校级自主管理实践的岗位与机会

学校是一个微型社会，设置了社会上的一些组织机构，让学生参与管理，如银行、超市、电视台、电影院等。校级银行发行存折（欢乐存折）、虚拟币（欢乐币），并全面管理校内的其他体验室。

在确定人选方面，每个人都通过招聘、面试、培训等，才能正式成为员工。每次招聘会，同学们都踊跃报名，面试环节他们的表现也是惊喜多多，同学们精心准备面试，都能流畅地说出自己参与岗位竞选的原因。在银行，有负责总事务的银行行长，有安排银行日常工作的副行长，也有接待前来存款或登记的柜员。欢乐超市有店长，每个货架前有导购员、收银员、维持秩序的安保员。大家分工明确、各司其职。同时，进行超市货品倡议筹集工作。超市货品一部分是学校准备的商品，绝大多数是寄售的学生自己制作的手工艺品或捐赠的用品。我们倡议同学们将自己的手工制作品、自己的盆栽、绘画等放到超市寄卖。在超市开业首期促销活动寄售的货品不收取摊位费和服务费，对卖出的商品将会收取寄卖小主人欢乐币的费用。超市物品的征集、整理、上架、标价，宣传海报的制作都是由超市学生工作人员和老师们共同完成的。这不仅增加了孩子们的自主管理能力，而且增加了孩子们的服务意识。

为更好地让学生反思工作的得失，可以定期召开工作人员会议，让他们回顾自己在工作中的得失与遇到的困难，大家一起商讨解决的方法。

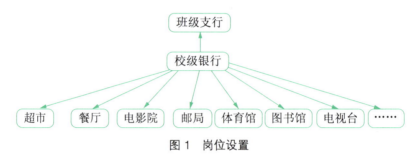

图1　岗位设置

2. 提供班级的自主管理实践的岗位与机会

（1）设置班级管理岗位，实现班级自主管理。

班级自主管理，即学生自己管理自己，要求学生转变观念，提高认识，学会自我约束，真正成为班集体的主人。教师要想从烦琐的班级管理工作中解脱出来，重要的就是能培养学生自主管理能力，教育和指导学生学会自主管理，使每个孩子做到既是管理的对象，又是管理的主体，让学生成为班级管理的主人，培养他们自我教育、自主管理的能力。班级作为大社会中的一部分，也根据各自的需求设置不同的岗位。如支行长、储蓄所所长、管理员等，把班级作为每个学生自主管理的平台。在班级管理岗位设置上，没有统一的规定，各班根据自己班级的情况和需求确定。如某班自觉早读、午读的情况比较差，那就可以设置早读、午读管理员；某班在打扫包干区时比较拖拉，课室卫生比较差，就可以设置卫生监督管理员。在设定岗位职责时，不能过多，但要细、具体，不然学生很难完成。

为了激发学生对工作的积极性并保证这份积极性，岗位负责人每个月可以发"工资"或加积分，通过评估工作的质量，还可以适时发"奖金"。这就需要学校的虚拟币（欢乐币）发挥作用了。

表1　自主管理岗位职责表

云浮市第六小学（　　）年（　　）班自主管理岗位职责表				
部门名称	岗位名称	任职人	岗位职责	岗位工资（周）
欢乐银行支行	支行长		1.负责收集财务部经理、卫生部部长、学习部部长、体育部部长、宣传部部长、总务维修部部长的岗位记录表，并对以上六部长进行岗位评比考核，优秀和合格的发放相应的岗位工资。 2.在老师与班级之间及时做好上传下达工作，处理班级突发事情。 3.每周一的中午从财务部领取相应的欢乐币，所有奖励在班会课上发放给职员。	5元
财务部	经理		1.负责统计班级每周各部门发放欢乐币的情况。 2.每周向行长递交一次财务报告。 3.每周一的中午从财务部领取相应的欢乐币，所有奖励在班会课上发放给职员。	4元
	副经理		负责班级银行的储蓄、出纳业务。	4元
	职员		1.负责小组成员的良好行为习惯储蓄，并做好记录，发放相应的欢乐币，同时接受组员监督。 2.每周一的中午从财务部领取相应的欢乐币，所有奖励在班会课上发放给职员。	3元
卫生部	部长		1.负责一早到校安排每天的值日组长及值日生，督促组员打扫好课室与包干区的卫生，整理摆放好物品。 2.每天记录小组值日生的表现，对值日组员进行评价。 3.每周一的中午从财务部领取相应的欢乐币，所有奖励在班会课上发放给职员。	4元
	职员		1.卫生保洁员：负责督促值日生把地面打扫干净、保持地面无任何垃圾。 2.护花使者：负责课室内外的绿化，负责课室前的花带浇水、除草。 3.个人卫生检查员：负责检查本班同学的手、指甲的卫生。 4.课桌卫生检查员：负责本班同学桌面、抽屉的卫生检查工作，及时提醒、督促。	3元

云浮市第六小学（　　）年（　　）班自主管理岗位职责表				
部门名称	岗位名称	任职人	岗位职责	岗位工资（周）
学习部	部长		1.负责班级的学习情况登记。 2.每天记录小组职员的学习表现，并对职员进行评价。 3.每周一的中午从财务部领取相应的欢乐币，所有奖励在班会课上发放给职员。	4元
	职员		1.班级文化管理员：负责本班班级文化板块的张贴与维护。 2.领读员：早上与中午回校后，督促学生随到随读，并进行领读。 3.语、数、英学习课代表：每天收齐班级作业，及时交给任课老师；统计缺交作业学生名单；每周五下午统计班级学生本周作业优秀情况，在记录本上记录，并汇报给学习部部长。 4.语、数、英作业收发员：早餐后负责组织队员快速、有序、安静地交作业，收齐后及时交给课代表；每天如实记录小组组员的作业交纳情况，将一周的统计情况在周五下午课前汇报给课代表。	3元
体育部	部长		1.负责每次整好路队并带队出发。 2.提醒同学路队纪律，发现违规学生如实记录。 3.向广播操检查员、眼操检查员询问班级每天广播操和眼操的情况，如实记录。 4.组织各种体育比赛，统计学生获奖情况。 5.每周一的中午从财务部领取相应的欢乐币，所有奖励在班会课上发放给职员。	4元
	职员		1.广播操检查员：每天检查班级学生的早操、课间操及队列情况；规范班级同学的早操、课间操动作；记录早操、课间操过程中严重违规的学生，将时间、情节如实记录。 2.护眼小天使：每天检查班级学生的眼保健操；规范班级同学的眼保健操姿势；记录眼保健操过程中严重违规的学生，将时间、情节如实记录。	3元

			云浮市第六小学（ ）年（ ）班自主管理岗位职责表	
部门名称	岗位名称	任职人	岗位职责	岗位工资（周）
宣传部	部长		1.负责班级的文明礼仪，宣传教育工作。 2.每周一的中午从财务部领取相应的欢乐币，所有奖励在班会课上发放给职员。	4元
	职员		1.文明礼仪监督员：每天检查学生戴红领巾与校服情况，做好登记，并汇报给礼仪部部长。每天留意学生的文明用语，对粗言秽语的学生进行登记，并汇报给部长。 2.文艺组织委员：组织参加文艺比赛；组织节日庆祝活动。	3元
总务维修部	部长		1.及时登记报修班级损坏物品。 2.在升旗仪式、早操、体育课、放学等离开教室前，要督促学生把自己的桌面清理干净，椅子摆放整齐。 3.每天如实记录总务维修部职员的工作情况，进行考核。 4.每周一的中午从财务部领取相应的欢乐币，所有奖励在班会课上发放给职员。	4元
	职员		1.图书管理员：负责班级图书角的借阅登记，在每天放学前督促学生及时将书放回原位，并做好书籍的整理工作；每周检查学生的阅读记录本，并做好登记。 2.节电小能手：在升旗仪式、早操、体育课、放学等教室无人的情况下关上所有的电灯、电扇和多媒体设备。	3元

（2）设置班级学习小组职位，做到人人都是管理者。

每班设置学习小组，并赋予每位成员一定的职务。如召集人、汇报员、记录员、观察员、评价员等。这种职务不是一成不变的，而是轮流承担。每个成员都是这个小组的担当者。作为教师，追交作业、转化学困生是一件艰巨的工作，无论老师说多少遍，他们就好像没一点反应。如果把学困生交给他们的同伴，通过同伴的感染与指导，那老师就省事得多了。所以，学习小组就产生了。课堂上，以平常的座位编成探究合作小组（每4～6人一个小组），每个小组按能力确定出①②③……每个成员完成预习、探究、作业等，均以小组为单位奖励。如①代表回答，小组成员每人奖励1个积分，③代表回答，小组成员每人奖励3个积分，依此类推；任一人未完成预习、作业等，全组人均不得分。把个人的行为与小组的荣誉结合起来，在认识和探索自我过程中，养成了学生的良好行为习惯。

表 2　学习习惯储蓄账单

（　）小组学习习惯储蓄账单 周次：第（　）周						
小组成员 分工职责	项目 时间	课前准备 10分	课堂纪律 10分	交作业 10分	参与讨论 10分	回答问题 10分	备注
	星期一						1.每个小组按能力确定出①②③……每个成员完成预习、探究、作业等，均以小组为单位奖励。如①代表回答，小组成员每人奖励1个积分，③代表回答，小组成员每人奖励3个积分，以此类推；任一人未完成预习、作业等，全组人均不得分。 2.个人获奖或有突出表现的可以奖励个人积分。
	星期二						
	星期三						
	星期四						
	星期五						
	星期一						
	星期二						
	星期三						
	星期四						
	星期五						
	星期一						
	星期二						
	星期三						
	星期四						
	星期五						
	星期一						
	星期二						
	星期三						
	星期四						
	星期五						
	小计						
合计：　　　　　　审核人：							

（二）开展集市活动

很多学校为了鼓励学生好好学习，绞尽脑汁想各种办法，然而我们学校想出了一个两全齐美的方法，开办了欢乐银行，这个银行可以让学生用自己的好习惯、好行为攒积分，用积分换取我们学校的"钱"——欢乐币。学生可以用不同数量的欢乐币兑换不同的精神奖励或物品。在开设欢乐银行的同时我们学校还开设了欢乐超市、欢乐邮局、欢乐嘉年华、欢乐集市等项目，这些活动完全由学生主持开展，让学生从小就能知道如何创业，让学生从小就懂得理财，懂得储存（不单单是储存金钱，还有储存好的行为习惯、储存时间等）。学校积极引导学生的需求，实现自己的愿望或帮助他人。如邀请好朋友在"欢乐影院"看电影，在"欢乐餐厅"包饺子，和校长吃早餐。不管是"挣钱"，还是"消费"，目的都是为了通过参与公益服务、角色体验来培养学生的规则意识、团体意识、责任意识、担当意识。而我们的摆摊项目需要班里同学共同合作构思，明白我们设点摆摊能干什么，能卖什么，怎样做销售计划以及布置摊位。这一系列的活动中，不仅能调动学生的积极性，而且能磨炼团队合作意识。创业过程能让每个孩子都活跃起来，还能让他们发现自己、改变自己。孩子们学会赚钱储蓄，也有一个合理消费平台。此时，欢乐集市就是给孩子一个消费的平台，让孩子明白欢乐币是要靠自己的努力而获取的。欢乐嘉年华能给孩子一个快乐的童年，在消费期间，他们也懂得了理财的意义，学会了自律、自控，养成了良好的生活习惯和活动习惯。

为了让同学们的自主管理能力不断提高，定期组织了专题班会，让学生更好地回顾、反思、总结、展望得币活动，孩子们分享了获得欢乐币的心路历程、得到欢乐币的喜悦与激动。在此过程中，发现有的孩子是"守财奴"，舍不得用钱；而有些孩子可能是"月光族"，没有储蓄的概念。就在这样的过程中，学校给予孩子更多的正面的指引，让孩子慢慢成长。

三、我们的收获 >>>>>>>>

（一）学校影响力方面

随着时间的推移，我们搭建的自主管理平台，日益在提高学生的自主管理能力中发挥着重要的作用，并受到外界的大力赞赏，多次在全国进行展示。这一项目在2016年、2017年连续两届受到"全国教育创新公益成果展"的邀请参展，向全国推荐，并被选为第三届全国教育区域联盟创新年会（2017年）会场展示。

（二）学生方面

学校为孩子搭建更多展示自我的平台，孩子们有机会可以接触到很多体验的岗位，在体验中进行自我管理，在体验中提高自我管理的能力。学校围绕"衣、食、住、行、财"，深入开展各种综合实践活动，创造机会让孩子在亲身体验中获得生活技能，获得成长的感悟。如"超市购物"活动，让他们实践了财商课程，学会了我选择我负责的人生态度。"欢乐集市"活动，他们通过选址、讲价、薄利多销、搭配销售等，学会了合作，体验了创业的成功与失败，体验了生活，学会了自我解决问题。

（三）教师成长方面

学校搭建的自主管理平台，对学生有影响，对教师的成长也非常有帮助。随着"欢乐银行"的开展，老师们逐渐发现这一项目确实有助于学生形成良好的学习习惯和行为习惯，每周一开班会之前，老师都会积极参与班级的事务讨论，提出近期所发现班中存在的问题，商讨怎样引导学生互相监管。一个学期下来，各班老师基本都形成了自己的一套管理办法。同时，把这一管理模式，应用到课堂上，小组分工合作，积分奖励等。老师不再为管理课堂纪律而头疼，不再为追交作业而烦恼，班主任不再为班级管理而烦躁……这一系列的变化让教师们有更多时间应用在个人的成长上。各种赛课、晒课的奖项不断更新，省市级课题数量大大增加，研究不断深入。

创建自主管理平台，提高自主管理能力。这作为学校发展的一个项目一直坚持着，也不断处于创新中。这一项目的发展，让每一个学生与老师都知道自己的责任所在，要为自己的选择负责，增强自我认知能力、社会交往能力、团队协作能力、领导力等。

点 评 >>>>>>>>

　　当学校里有了自己的银行、超市和货币，学生升级为银行行长，有自己的"欢乐存折"和"欢乐币"，在学校的集市活动可以摆摊、卖东西，这是怎样快乐的体验？本案例就是学生理财教育的成功模式，是进行知识传递和技能培养的典型，也很好地实践了教育家陶行知先生倡导的"生活教育"。

　　"给孩子一个快乐的童年"是学校教育应该实现的目标之一，能够让学生做到"我选择、我负责"则给目标的实现提出了深层次的要求。在上述办学理念的基础上提高儿童的金融意识和理财技能是教育的创新。也是让孩子们通过游戏活动培养团队合作、创造财富和有效合理分配使用财富的意识，懂得个人财务规划以及未来家庭、教育、投资等规划，让他们拥有更多生存的技能的有效手段。

天津市学生心理健康教育发展中心主任　吴捷

在小组合作学习中实现学生自主管理

海南省海口市英才小学　邝华珍

随着素质教育的不断推进和基础教育新课程改革的施行，人们越来越关注学生综合素质的全面发展。然而，却忽视了自主管理是促进学生综合素质提高、全面发展的关键。目前，我国大多数家庭都是独生子女，在家长的过分关怀下，小学生自主管理的现状并不乐观。提高自主管理能力不仅对小学生综合素质的发展有重要意义，而且对小学生今后世界观、人生观、价值观的形成有重要的影响。

一、案例介绍 >>>>>>>

小亮（化名），男，8岁，三年级，性格非常外向，高大强壮，调皮捣蛋，做事习惯磨蹭，容易动怒并动手打人。不喜欢学习，上课坐不稳，注意力不集中，学习英语一直都比较困难，属于英语上的"学困生"。他上课要么不举手，要么老师的问题还没问完他就直接抢答，而且答非所问。读书也是要么不读，要么就喊书，先是重复地喊几句，然后停一小会儿又接着喊几句，声音很是不和谐，严重地影响了班集体的学习，同学们对他非常有意见。

二、案例分析 >>>>>>>

现在的家庭多数是独生子女家庭，而且条件优越，孩子们缺乏努力学习的劲头。家长对孩子很多时候都十分溺爱，老师对学生是想管不好管的尴尬现状。孩子之间不懂得互相谦让，以自我我中心，不容易接受别人的建议特别是批评。

（一）个人因素

通过课堂课下小亮的表现，我发现他好表现、喜欢被表扬，不接受批评，更不允许同学批评他，也不接受同学的帮助。

（二）家庭因素

通过观察以及与家长的沟通，还有跟各科任老师的了解，我发现小亮是独生子女，在家被爸爸妈妈和爷爷奶奶当成了"掌中宝"，不舍得打骂，还经常跟老师要求要对他进行赏识教育，一旦老师哪一节课批评了他，家长知道后经常要跟老师"理论一番"，让各科任老师说也不行，骂也不行，很是无奈。长此以往，他就养成了以自我为中心，不懂如何与同学相处的个性。

（三）教师因素

在学校里，如果教师对学生的了解不够，特别是对小亮这样的学生关注不够，就容易造成小亮离班集体越来越远，良好的班风也会受到很大的影响，也会助长学生不遵守纪律、不团结友爱的歪风。

三、教育策略 >>>>>>>

（一）激励教育，点燃自信

古人云"亲其师、信其道"，"感人心者，莫先乎情"。教育要求教师对学生要晓之以理、动之以情，使学生从内心感受到温暖和爱，进而奋发向上。

　　我先正式严肃地约谈他，跟他表态老师喜欢他，喜欢那个表现棒棒的他，但还希望他能做得更好，改掉一些不良的习惯，并私下跟他约定了属于我俩秘密的奖励机制——在纪律、学习、作业等方面的表现积星，达到要求我便奖励他一套他最喜欢的杨红樱漫画书。

　　课堂上，我会关注他的举手情况和学习状态，找合适的机会给他发言，找恰当的时候对他进行表扬，当然，当他不能坚持或者又表现不好的时候，我会走到他身边悄悄地摸摸他的头提醒他，或者我会在班上说"这节课小亮知道自己可能会分神，他让我提醒他，相信他下次能做得更好"。严重的时候，我会让他下课后到我办公室，让他反思自己的表现，再说说应该如何改正。通过不断地提醒、鼓励、肯定与谈话，让小亮觉得老师很关注他、很喜欢他，并对他给予了厚望，不断地改变自己和努力学习。

（二）委以任命，激起动力

　　为了让小亮能管好自己，慢慢地融入班集体中，并在班集体中树立一个新的形象，我在跟他谈话沟通达成共识后让他担任了他们APPLE GROUP的课堂学习组长，在每节课开始的喊口号环节带领组员喊学习口号。这个环节的设置是为了增强小组的团队意识，激发学生的学习积极性，激起学生"我为小组争荣誉"的欲望。所以，当了组长的小亮就十分认真，而且还响亮、清楚、流利地喊口号，给组员树立榜样，争取得这个环节的最高分（三颗星）。

　　同时，我还让他担当他们APPLE GROUP的作业组长，负责收作业，前提是自己必须能认真完成并按时上交作业。因为收作业的时候，作业组长必须一一翻开每个组员的作业，检查是否完成以及作业是否合格才能收，否则一律退回去补写或重写，再重新检查重新收。每个月，作业组长还会在作业反馈课上进行汇报。刚开始，小亮的作业也是完成得不认真，有同学也表示不服气，所以我又找小亮谈话，也在班上反馈他的点滴进步，让同学们看到他的进步。慢慢地，他的作业就有了一定的进步，虽然算不上很棒，但是能比较认真地完成，并能按时上交。

（三）合作学习，增强意识

小学英语课堂中，小组合作学习往往是英语老师最常用的课堂教学环节。从一定意义上来说，开展"小组合作学习"的教学，有利于发展学生的综合语言能力、有利于培养学生合作精神和创新思维能力、有利于学生自主学习能力的培养，能进一步激发学生的学习动机。

根据小亮的情况，我特意安排他和他欣赏的学习成绩很棒并非常开朗活跃的小宁同学同一个学习小组，同时也将他俩组成师徒小组，要求他们课堂学习上互相帮助，如果这一节课表现好，那师徒都可以各奖励一颗星。包括读背、课堂练习等，他俩都是一荣俱荣，一损俱损。每个学期的期中、期末各评选"最佳合作小组""优秀师徒"等奖项，通过多种评价方式给予他们及各个合作小组和师徒对子鼓励和奖励，大大增强了学生的团队意识和学习积极性。

课堂上我们的合作学习，经常要小组讨论，然后上台展示，要求组长负责、人人参与。所以小组中的每个成员都必须承担相应的责任，小组的成功取决于所有成员个人的学习与大家的配合。所以在布置组员活动中，我都会明确要求、示范清楚、严格指导，使学生们清楚组内成员的明确分工，每人都有相对侧重的一项责任和角色。如在课文的表演中，角色的扮演、背景的辅助都有分工；在学习活动单的完成中，不同板块的思考与对话，还有执笔和校对的人员也有分工。不同的课型、不同的小组合作学习任务都不一样，角色也在不断地变换，一段时间后，每个成员都能从不同的小组岗位上得到体验、锻炼和提高。小亮在小组合作学习中，最开始时组长优先照顾他，让他先选自己想选的角色或分工，让他积极参与到小组合作学习中。一段时间后，组长和组员鼓励他挑战自我，挑选有一定难度的角色或任务。现在，他已经不需要挑选，小组内大家根据组员个人的优缺点进行分工。可以说，小组合作学习改变了他，让他懂得跟同学相处，让他懂得发言的礼仪礼貌，让他能大胆自信地展示自我。

（四）家校携手，齐抓共管

苏霍姆林斯基说："儿童只有在这样的条件下才能实现和谐的全面发展，

就是两个'教育者'——学校和家庭，不仅要一致行动，要向儿童提出同样的要求，而且要志同道合，抱着一致的信念，始终从同样的原则出发，无论在教育的目的上，过程还是手段上，都不要发生分歧。"可见，家校携手、齐抓共管才是促使学生全面发展的根本途径。所以我通过家访，真诚地跟小亮的家长进行沟通，并表示我与他们的目标是一致的，都是希望小亮能获得进步和得到发展，希望他们能配合我，一起努力、齐抓共管、帮助小亮。我还经常根据小亮的课堂学习、组长表现、作业情况、纪律情况以及与同学们之间的相处等情况向他们进行反馈，给予鼓励和肯定，并提出建议。有时候还约小亮的家长到学校进行面谈，让小亮和他们都看到小亮的进步和不足，知道以后努力的方向。现在小亮的家长已经逐渐认可了学校老师的教育方式，也不再和以前一样一味地要求老师要怎样做，并开始配合老师的工作，还会在班级微信群里对老师进行肯定。我想，这就是以真心换真心吧。

（五）教育效果

我们通过对小亮的耐心鼓励与帮助，并委以一定的任务，通过自主管理、合作学习，还有与各科任老师的不断沟通，以及争得小亮家长的认可和支持，小亮现在有了很大的变化。他懂得了遵守学校纪律，懂得了如何与同学相处，他懂得了发言的礼仪礼貌，能够大胆自信地展示自我，学习习惯逐渐改变，学习成绩也不断进步，在家还会指出家长在某些教育理念上的不对，自己能做的事情也开始自己做。

四、结论 >>>>>>>

教育就是"激励、点燃和唤醒"。学习是学生自己的事，成长是学生自己的事，老师要给学生充分的自由和尊重，让学生在集体中自主管理、合作学习、感知体验、合作探究，学生就会化蛹为蝶，得到蜕变。

点 评 >>>>>>>

　　在班级管理中会涌现出形形色色的案例。这些个案是一个实际情境的描述，包括一个学生管理故事的产生、发展的历程，是对学生心理和行为的动态性的把握，描述的是"意料之外、情理之中的事"。对典型案例进行麻雀式的解剖分析，既锻炼了教师的分析能力和判断能力，也有利于解决问题能力的提高。因为在个案分析和撰写的过程中需要教师对事件有敏锐的观察力和概括力。

　　本案例就是一个典型的个案研究，包含班级管理中的问题和疑难情境在内，在分析的过程中也逐渐地明晰解决问题的方法。小亮的个案是独生子女问题的真实写照，这样的孩子既需要老师的关注，同时还需要给予其责任，培养他们的团队意识和善于与他人合作的能力。也正因为这一点，该案例才成为班级管理中独特的研究成果，值得推广。

天津市学生心理健康教育发展中心主任　吴捷

从"快乐日记"出发，做班级小当家
——关于初试值日班长管理新模式的案例

浙江省温州市广场路小学　金蔷

一、案例背景 >>>>>>>

我是一年级某班的班主任，在实行值日班长管理模式的过程中，我班原本采用的是无记录的纯口头管理，即当天值日班长对行为不规范的同学加以提醒，提醒多次仍不改正的再扣除积分卡。

故事一：

学生小A担任值日班长当天，下课和同学们玩得很开心，大课间频频发生学生不文明玩耍的现象，有几位同学直接来向我汇报，却没有通过小A去管理。事后经过询问，才知小A全然忘了自己值日班长的角色，同学也因无人管理而不知谁是今天的值日班长。

故事二：

某日是学生小B担任值日班长，课间我多次经过，都看见他在走廊上监督同学们的文明游戏情况，然而还是不断有"飞驰的身影"从我身边跑过，时不时地还传来大声喊叫的声音。这是怎么回事？小B轻声告诉我："我提醒他们了，他们都不听我的。我不知道怎么管理他们。"

故事三：

"老师，某某一直在奔跑，提醒了5次还不听，我扣了他的积分卡。""老师，某某在玩不安全的游戏。"……今天是小C担任值日班长，中午大课间的40分钟时间里，他到办公室里向我汇报了不下8次情况，我对学生的个别辅导也一次又一次被打断。"小C，你很认真负责，是个优秀的值日班长。如果是你已经处理好的事件，可以合起来一起汇报给我的。"我对小C说。小C的回答出乎我的意料："如果不马上来汇报，我就记不清谁表现得好，谁表现得不好了。"

实践证明这种管理模式暴露出了许多问题，对班级日常秩序所起的积极作用可谓微乎其微。

二、形成原因 >>>>>>>>

（一）学生年龄特点

一年级学生管理能力尚弱，学生对于自己"管理什么""怎么管理""管理目的是什么"等职责的理解比较模糊，执行责任感不强。由于学生的心理低龄化，是非判断标准尚不明确，事事需要求助老师，学生"当家"也就越发难以实现。

（二）管理形式不符合学生特点

现行的值日班长管理制度已经沦为以教师为主的形式化的学生管理，因此改变这种学生自主管理的形式，势在必行。

三、相应策略 >>>>>>>>

（一）学生访谈

为了解学生对值日班长岗位的喜爱程度与对该项工作难度的评价，我对本班43位学生进行了访谈，并归纳出学生在管理过程中遇到的典型问题（表1）。最终，我认为制定一种"贴近童心、吻合个性"，并具有及时记录、评价、反映班级动态，职务责任明确度高的值日班长管理制度十分必要。

表 1　学生对值日班长工作的喜爱度与困难评价的调查

是否喜欢担任值日班长	百分比（％）	认为自己未能很好完成值日班长任务的原因
喜欢	81.4	（1）自控力差。因为娱乐忘了自己的职责。 （2）管理能力弱。因胆怯不敢管理，遇到同学不服从管理感到无奈。
无所谓	11.6	（3）自主能力弱。不知道要管理哪些事。 （4）表达与概括能力有限。不能准确向老师反映班级情况。
不喜欢	7	（5）缺乏记录，向老师汇报情况时容易遗漏。

（二）参考其他班级的做法

在我校低年级中，一年级A班、B班和二年级各班的学生管理能力较强，班级秩序较稳定。于是我了解并观察了这几个班的学生管理模式，有四个班采取名单加项目的记录形式，直接在学生名字后对应的项目上进行加减分；有一个班有班务日记；有一个班用文字将不遵守纪律的行为记录在一个专用笔记本上。由于一年级学生识字量有限，表达能力不强，本班还有学生计算能力尚弱，为了让每位学生有机会体验管理，我决定设计一种特殊形式的班级日记。

（三）设计有趣的记录形式："表情"班级日记

1. 版面说明

（1）日记内容以时间为顺序，分为晨读、上午眼保健操、中午大课间三个模块。

（2）为实现评价的相对客观性，降低学生表达的难度，在每个模块的评价栏中，提供三种表情代表三种不同等级。

（3）根据早期观察与实践，可知本班学生在大课间最喜爱的活动是快速奔跑，因此大课间相比其他两个模块管理难度更大。为提倡跳绳、阅读等有益的活动，减少危险性高的奔跑游戏，大课间模块设计了五幅插图，分别表示跑步、跳绳、阅读、绘画、其他安全文明的游戏，用于记录每个大课间班级学生总体娱乐情况，引导课间活动逐渐向后四项发展。

2. 使用说明

（1）　　　三个表情代表的班级整体表现依次为"令人满

意""有喜有忧""令人失望",值日班长酌情在相应表情上打"√"。

（2）"哭脸"后的空表格用于记录表现不佳的同学姓名（可用拼音或一个字代替）。对于表现不佳的同学，值日班长应先采取口头提醒，若提醒三次仍没有改正，则记录名字；若及时改正，则不记录。

（3）当天大课间有同学进行哪项活动，值日班长就在对应插图上打"√"。

（4）"特殊事件"一栏用于记录需引起全班同学重视的事件，如打架、破坏公物等。

（四）实施有效的约束力与监督力：反向评价机制

班级日记最后一栏即评价栏。每天需记录两位值日班长是否按规定时间到校，还需由老师、同学和值日搭档三方，根据工作态度、管理合理性、管理及时性等方面，对两位值日班长当天的工作进行评价，由老师在最终确定的表情上打"√"。

对于多次获得差评且无改进的值日班长，考虑减少其轮值机会；反之，将机会赠予表现优异的值日班长，以示鼓励。学期末，将评价结果进行汇总，评选出"优秀值日班长"。

（五）采用最及时的汇报：午间十分钟

"午间十分钟"班级情况汇报环节于每天午休开始前举行，老师和全体学生共同参与。汇报过程需由两位值日班长，根据当天的日记，对班级各时间段的表现进行点评，阐述特殊事件过程。汇报内容如图1。

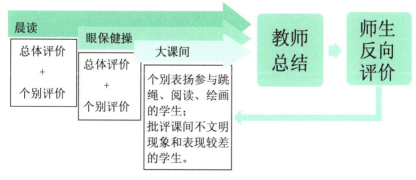

图1　午间十分钟汇报

（一）存在的不足

"表情"班级日记使用4周后，我对学生的记录情况进行了整理，对已达成目标和尚有欠缺的方面进行了总结。

（1）以图片为主的设计基本实现了降低记录难度的目的，20天中的40位值日班长都十分认真并顺利完成了记录，记录内容翔实，有信息量，对班级情况的评价具有统计意义。

（2）缺少正面表扬。从"哭脸行"中可以清楚获知当天有哪些学生在哪方面表现不好，但遵守纪律的学生却无从体现。

（3）对大课间文明活动的关注度不足。

图2 学生添加的额外记录样例

如图，除打"√"外，三位值日班长还添加了额外记录。前两张图记录了阅读者和跳绳者的姓名，第三张图则用数量体现5项活动的参与比例。这些看似微不足道的数据，可以更直观地体现当天课间的游戏文明程度，还能提供具体到个人的信息，用于表扬参与健康活动的小部分学生，从而凸显对后4项活动的提倡。

（二）修改版本

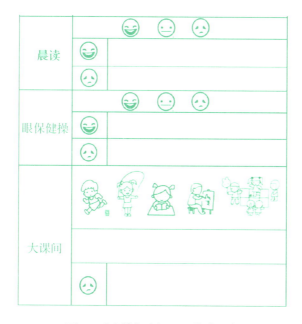

图3 "表情"班级日记修改版本

总的来说，"表情"班级日记已初步解决了本班学生在管理过程中遇到的记录难题，实现了及时记录的目的，也体现了一定的趣味性，但细节方面的设计还有待继续改进与试用。

（三）家长与学生的反馈

4周后，我对学生进行了第二次访谈，发现喜欢当值日班长的学生人数有所增加，且值日班长的各项工作内容都受到学生喜爱，其中"午间十分钟"汇报呼声最高。在这4周中，我还陆续收到家长的反馈，内容包括孩子在担任值日班长当天的心情、行为变化以及家长对此变化的感受等，从正面和侧面反映出学生对值日班长工作的期待。

"班里自从设立了'值日班长'的职务，我家孩子就心向往之。当他得知他轮值做值日班长的时间后，提前一个星期就开始叮嘱我当天要早点叫他起床。值日的前一天，他兴奋得睡不着觉。第二天一大早就起床了，各种动作（穿衣、洗漱）都加快了，竟然不用我们反复催促了……"

"这样的效果很好，我儿子当值日班长的那一天很早就醒了，平时都是我叫他起床，那天竟然是他叫我起床的。希望老师以后多组织一些这样的活动让孩子参与……"

（四）班级变化

以班级日记为载体的值日班长管理模式，将管理班级的权力很大程度地移交给了学生，让每个学生都能够体验到管理班级、服务他人的优越感和使命感，班级呈现出"人人都管理，人人都被管理"的新面貌，大大增强了学生的主人翁责任感，充分提高了学生的参与意识和组织管理能力。每一次"管理者"与"被管理者"之间的角色互换，都教会学生换位思考，激发了学生蓬勃向上的决心，班级秩序也因此得到改善。

点 评 ▶▶▶▶▶▶▶▶

日记可以记录学习和生活的轨迹，也可以作为班级管理量化的一种方式。对于一年级的小学生，当值日班长的班级日记变成了表情包的累加，我为这位班主任老师的创意画一个叹号。不仅感叹其记录方式的创新，更赞叹其一切从学生自身情况出发的以人为本思想。

值日班长在行使职权的过程中，提高了自身的参与意识，增强了自信心。同时也满足了学生的成就感，加强了师生之间、学生之间的沟通。此外，学生的态度、情绪、心境与值日班长的评价也有着密切的联系。获得成功的体验和肯定带来的是极大的满足，这对于增强班级的凝聚力起到了推动作用。班主任以新颖的方式吸引每个学生都参与到班级管理中，也就从根本上改变了"少数人当官，多数人被管"的局面。每个人都有机会参与班级管理，展示自己的才能，每一位学生都是小小主人翁。

天津市学生心理健康教育发展中心主任　吴捷

我的课间我做主

四川省攀枝花市仁和区东风小学　肖云月

　　班集体是孩子们生活和学习的大家庭，班级常规管理工作也是班主任工作中的一大难题。特别是孩子们的"课间文明休息题"，总是让人头痛。如今的应试教育，无形中给学生们带来了更多的学习压力，多多少少"剥夺"了孩子们自由发展，快乐成长的权利。更多的时候，他们不得不端坐在教室里读书、写作业，听不同的老师用不同的方式让他们接受越来越多的知识。于是，课间十分钟成了他们学校生活中最为开心的小小时间段。这短短的十分钟也成了他们减压，甚至用来发泄的十分钟，他们总是抓紧一切时间尽情地玩耍。

　　一下课，多数的孩子们更愿意走出教室"活动活动筋骨"：嬉戏追打，玩一些危险的游戏。筋骨是活动开了，却也多了不少的安全隐患：撞伤了头的，扭到了脚的，碰到了鼻子的……偶尔也会因为这些游戏和活动，同学间产生矛盾。

一、案例

　　本学期伊始，我们班从一楼平台前的教室搬到了四楼。对于孩子们来说，不仅是教室楼层变高了，更令他们不高兴的是另一个问题：偌大宽敞的游戏玩耍"场所"——教学楼平台，一下子变成了短小狭窄的走廊。作为班主任，我以为他们会因为失去玩耍的场地而乖乖地待在教室里，还没等到松一口气，麻烦来了：开学第一周，有同学因在走廊里追打，撞到了眼角；第二周，孩子们在楼上玩起了纸飞机，弄脏了一楼平台事小，他们趴在栏杆上的样子着实吓坏了人；开学第三周，他们在走道上玩起了跳绳，弄得楼下怨声载道……针对这一系列的课间休息不文明情况，我只得天天日日地抽时间对他们进行思想教育，作各种要求、各种规定，制定各种奖惩措施，不允许这样，不允许那样。没想到这些辛苦付出毫无作用：我在时，他们规矩乖巧；我一走，他们又"大闹天宫"。弄得我一天到晚和他们"玩"起猫捉老鼠的游戏，面对这样的一幕幕，我自己也累得苦不堪言。

终于有一天，孩子们面对我的管理，也表现出了极大的不满："这也不能做，那也不可以，我们下课的时间一点都不自由，这和上课有什么分别？"面对这样的场景，我突然沉默了。是啊，孩子们也渴望在课余时间放松心情，做自己喜欢的事，如果他们的一切学习和生活都按我布置好的轨迹去走，那他们还有什么自由可言？有什么乐趣可言？

二、对策 >>>>>>>

有人曾说过：真正的快乐并非来自财富或荣誉，而是来自做了一些值得做的事情。什么事是孩子们觉得既是快乐又是值得做的事？我想，站在我自己的角度上，可能永远不能得到最接近他们自己内心的完美答案，那我为什么总是站在自己的角度上去思考，去要求呢？与其靠我自己去不停地约束他们的行为，不断地揣摩他们的心思，还不如让孩子自己来作主：在文明休息的前提下，我的课间十分钟应该怎么玩才能既有意义又让自己快乐？

于是，我决定把权利交给孩子们，从他们的角度出发，对如何文明地进行课间休息有一个良好的计划和安排。

（一）让孩子们"发声"

一个周五的下午，我利用辅导课的时间组织了一堂主题为"我喜欢的课间十分钟"的小小研讨会。针对同学们的课间休息情况，让学生自己来说说好与坏，并对自己近期的课间休息进行一次评价，或是打一打分，满分十分，自己的课间休息可以得几分？得到的分是哪些方面的因素，被扣掉的分又是为什么。目的就是让孩子们自己体会和感受我们的课间十分钟的休息方式，是文明的、正确的还是不文明的、存在危险的？

孩子们自己以小组讨论的方式进行了交流和评价，多数孩子从自己的课间休息中，找到一些好与不好的答案。交流最多的几方面有：这样的休息可以放松心情，缓解压力；可是玩的方式不正确，选择的场地有问题，在玩的过程中没有注意安全等。以此为契机，针对"我喜欢的"几个字，我请学生们自己来说说，如何做到既能喜欢，又能安全文明地进行课间休息。大家一下打开了话匣子，七嘴八舌地说起自己的办法来。我仍让他们以小组讨论的方式进行交流，并书面总结出自己认为既喜欢又安全的课间休息方法来。讨论过程，孩子们认真而严肃地提出自己的意见或是建议，就连平常班内几个调皮的小家伙也时时地针对别人提出的看法说出了自己的意见或是想法。

讨论结束后，我们进行了小组讨论结果的汇报。在小组汇报中，我也惊喜地发现，孩子们并没有提出像以前一样的在课间玩耍的一系列动作较大的活动或是游戏，大部分的学生都提到了以下两个方面：（1）增加图书角的书籍。特别是一些同学还提出了哪些类型的书籍更能引起大家阅读的兴趣。（2）能否带一些大家喜欢的棋类玩具，比如，象棋、国际象棋、五子棋、飞行棋等，这样既能打发课间休息时间，也可以让自己思维能力得到进一步的锻炼。

（二）请家长们配合

根据孩子们自己的要求，我又进一步地认真思考：（1）书籍已有，只是种类还不够多，除了学校图书馆借来的，还有孩子们之前按自己的意愿交到班级图书角的书，是再次让孩子们杂乱无章地"作贡献"，还是寻找其他方法？（2）孩子们喜欢下棋，如果不作要求，让每个孩子都自由带棋到校，会不会不利于管理？针对这些情况，如果能取得家长们的支持和配合，那能否由家委会统一购买孩子们喜欢爱的图书和棋，以此来解决问题？我抱着试一试的态度，给家委会的妈妈们打了电话，并请她们向家长说明情况，并向大家询问和了解这一方法是否可行。令人欣慰的是，家委会很快有了答复——爸爸妈妈们都同意用这样的方法来让孩子们度过愉快有意义的课间十分钟。

（三）和孩子们"打"成一片

小小研讨会过后，家委会的爸爸妈妈们很快地将孩子们需要的书籍和棋送到了班上。我安排了生活委员和部分同学对这些图书和棋进行了分配和统一管理，并提出了一些管理和玩耍时的要求及注意事项。此后的时间里，我惊喜地发现，课间十分钟时，孩子们不再像以前一样，在走廊和梯道里追逐打跳，而是三五成群地坐在教室里，饶有兴趣地下棋或是看着别人下棋。也有部分孩子安静地坐在桌前，阅读自己喜欢的书籍或是交流自己的阅读心得。相对于以前的课间十分钟，他们为自己找到了更为理想的休息方式。

可是一些孩子玩得比较单一，他们要么只玩五子棋，要么只玩象棋，久而久之，一旦玩腻了或是久赢久输便会失去兴趣；也有些孩子在玩的过程中因为输赢的关系，和其他人产生矛盾或是闹得不愉快。于是，我便主动"投身"于他们的"战斗"之中，与他们拼五子棋，告诉他们"胜不骄，败不馁"；和他们一起玩多人弹子跳棋，让他们学会"心平气和，不急不躁"；向他们请教我不会的国际象棋，让他们明白"三人行，必有我师焉"；"无意间"地透露美术老师是象棋高手，让他们试着去挑战，更进一步地认识到"人外有人，山外有山"……

功夫不负有心人，孩子们的课间十分钟终于有了改变。昔日课间吵吵嚷嚷的走廊上，很少再看到孩子们追来打去的场面。一走进教室，安静看书的同学和有说有笑下棋的孩子们都是一幅动人的画，看了不禁让人喜上心来。

三、评析 >>>>>>>

曾有教育学家说过，德育工作是具体的，不是抽象的；也不仅仅是精神的，也是物质的。学生不是不喜欢德育工作，而是不喜欢空头说教。德育工作的开展，不仅仅是班主任的工作，也是孩子们自己的事情。利用"平等式""开放式"的管理策略，让孩子们自觉关心班集体，自主参与到班集体的管理工作中来，同时再利用多种多样的方式开展班级常规工作，这样才能做到事半功倍！

　　安全工作是学校工作的重中之重，孩子们"各显神通"的课间活动时间是学校安全工作的重点环节。由于现在的教学楼一般是高层建筑，学生下课后只能在狭窄的楼道里放松和活动，由此也带来了不少安全隐患。为了避免这些安全问题，有的学校采取"一刀切"制度，所有学生在课间都只能安静坐在自己座位上不许出去，导致"课间十分钟"名存实亡，学生大脑缺乏休息和放松的时间，也会降低学习效率。

　　本文老师深刻地认识到了课间休息的作用，同时对安全工作有高度警惕，巧妙地把课间休息和安全问题的矛盾抛回给活动主体——学生，让他们积极想办法、提对策，并在多角度思考和征求家长意见的基础上，制定出了有效的课间活动规则。学生经过对这些问题的思考，深刻地理解和内化了相关安全规定，也提出了自己可以接受的活动方法，因此执行效果也是皆大欢喜。当然，本文中所提的课间活动措施主要还是限制在教室内、比较安静的一些方式，在有条件的情况下仍然倡导学生可以进行一些室外的自由活动。

北京师范大学教育学部讲师　李蓓蕾

建设自主管理班级　促进学生自主发展

江苏省江苏科技大学附属中学　许芳

一、案例呈现 >>>>>>>

　　目前初中班级管理方式中，有些班主任起早贪黑，采用"保姆式"管理，但学生有时并不领情；有些班主任采用"镇压式"管理，他们更多地强调统一和服从，短时看似有效；有些班主任注重培养学生的自主管理能力，促进了班集体的自主发展，班主任班级管理很轻松。前两种管理方式使得大多数学生处于被管理的位置，精神长期处于被动状态，消磨了大多数学生的主动性和积极性，后一种管理方式适应学生自我发展的需要，促进了班集体的自主发展。

二、原因分析 >>>>>>>

　　苏霍姆林斯基说过："没有自我教育就没有真正的教育。"如今的大部分学生都是独生子女，他们虽然自我中心意识强，但十分依赖他人；学习上缺乏自主性，缺乏学习动力；情感上以自我为中心，很少顾及他人的感受；自我控制力差，很少反省自己；几乎没有自我保护意识。进入初中的孩子，他们的独立意识开始苏醒，对事情有自己独立的看法和见解，有着展示自己才华和向往独立完成工作的心理渴求。因此初中班集体管理必须顺应学生的身心发展规律，解放学生的个性。

三、解决策略 >>>>>>>

（一）策略一：培养学生的自主管理能力

1. 学生参与制定班集体的目标，明确自主管理的意义

引导学生共同制定让全体达成共识的班集体奋斗目标，并以书面的形式，挂在教室里门口显眼的位置，让班级学生每天一进班就能看到奋斗目标，无形中使学生得到一种向上的动力，从而树立他们自主管理的信心。在班名、班级目标和班徽确定了以后，班主任再引导同学们进行三年规划，确立每一学年目标，七年级目标是建设书香班级，八年级目标是建立恒爱班级，九年级目标是建设自治班级，最终在"脚踏实地，仰望星空"的班级精神指引下，实现班集体的自主发展。

2. 师生共同参与班规的制定，促进学生自主管理

学生进入初中后，身心发展进入了青春期，这时的逆反心理强，对那些约束自己言行的制度尤为敏感。针对这一现状，班主任只有让学生平等地参与班规的制定，才能使班规深入学生的心灵。民主确立的班规，对于学生而言，可操作性才会大大增强，并且更有人情味。在这样的班规的治理下，班级的学习氛围会更和谐，学生的自主能动性会得到更好的发挥，班级在自主发展的道路上实现良性循环。

3. 帮助学生正确认识自我，建立完善的评价机制

班主任要阶段性地给学生以全面、客观、公正的评价，帮助学生改进不足，并激励学生不断进取。同时，还要重视引导学生进行多种评价，建立完善的评价体制，让学生学会正确地认识自身的特点，肯定优点和长处，正视自己的缺点和不足，找出改进的方法，确定今后努力的方向。这样既增强了学生的自我评价和反思的能力，又有助于培养学生自主管理能力，实现自我的发展。

（二）策略二：培养学生的自主学习能力

1. 建设丰富多彩的部门文化

班主任作为班级管理的引导者，把班级管理的主动权还给学生，和学生一起建设班级文化。生活部的"乐活洋气吧"，纪检部的"韩言厉法"，宣传部的"WIN"文化等。每个部门都有自己设计的工作手册，都可组织活动，每个月对各部门进行考核。丰富多彩、富有个性的部门文化是班级生命体自主管理和学习能力的生动演绎。

2. 建立小组互助的学习方式

纪检部和卫生部负责记载十一个学习小组的周期表现表，分课堂表现、卫生礼仪等六个板块。每周公布十一个小组星星数，扣星最多的小组准备好礼物送给得星最多的小组。通过这样一种绿色竞争的方式增强学习小组和班级的凝聚力，在互助中品味成长，在成长中努力互助。

（三）策略三：培养学生的自主反思能力

1. 班级日志：集体反思

恒爱班题为《足迹般爱的成长》的班级日志是家校共同参与开发交流的绿色空间：一起叙写班集体的成长，书写身边的感动和美丽，描写挫折和成功，抒写悲伤和欢笑。一路的奋斗，一路的拼搏，一路的喜怒哀乐化成成长的脚印，最终让爱的心语传递到每个家庭成员的心间，融化成共同的心声。

2. 心语新愿：个人反思

学校通过家校联系本加强家校合育，培养学生自主反思的习惯。每天早晨一进入校园就会看到电子屏提示"今天我到学校干什么"，班主任每天早晨引导学生思考和反思，帮助学生确立每天的奋斗目标。放学前值日班委会对一天的情况进行小结，表扬鼓励表现好的地方，提出存在的一些问题。同时通过离开校园时电子屏显示的"今天我进步了吗"，帮助学生养成每天小结反思的习惯。

3. 每周班会：教师引导、小组、集体和个人反思相结合

每周五的自主班会是学生的舞台，成长的摇篮。在这个平台上学生自主反思和管理班级的才能得到了充分的发挥。

（四）策略四：实行分层管理体系，逐步推进

"为了每一个学生的发展"意味着班级管理必须走出目标单，实行分层管理体系，逐步推进。

班长	制定目标→行为示范→自习管理→矫正评价→深化目标
职能小组	制定工作手册→整体规划→协助管理→多元评价→自主能动
学生	目标内化→质疑内省→模仿习得→自主评价→目标延伸

四、效果和反思 ▷▷▷▷▷▷▷

　　班级形成一整套较为合理的班集体自主发展的管理策略和机制，学生的个性和才能得到了充分的发展和发挥。如何提高班级管理的可操作性，三年的分层管理如何形成一个有机的整体，这些都是我们需要进一步解决和思考的问题。

点 评 ▷▷▷▷▷▷▷

　　班级管理中如何提高学生的自主发展意识是一个长期讨论和实践的课题。从传统的"权威式管理"到"保姆式管理"，再到现在的自主管理，既体现了学生自主意识的不断增强，也表明在新形势下班主任管理工作重心的转移和方法的改变。针对独生子女缺乏自主性、以个人为中心和自控力缺乏等特点，本案例在班级自主管理的方式方法上提出了解决途径。将三年初中学习和生活的目标规划切切实实落在实处。在明确目标的基础上，提高学生自主反思的能力是该案例的一个亮点。通过学校、学生和家长三方面的相互配合，帮助学生养成"三省吾身"的良好习惯。"为了每一个学生的发展"是班级自主管理的目标，而做到自我教育才真正体现了教育的真谛。

天津市学生心理健康教育发展中心主任　吴捷

小小红领巾拉开学生自我管理的序幕

山西省后小河小学　郝晓怡

一、引言 >>>>>>>

　　少先队是无数孩子成长的摇篮。在这个摇篮里，他们经历挫折和艰难，分享成功与喜悦，然后一点儿一点儿长成羽翼丰满、展翅翱翔的雄鹰。现在，我依然能记得班上的孩子们在一年级加入中国少年先锋队时的情景，伴随着优美动听的《中国少年先锋队队歌》，孩子们如愿戴上了鲜艳的红领巾，那激动和兴奋之情溢于言表，家长们纷纷用手中的相机记录下那值得每个学生记忆的一天。

二、问题描述 >>>>>>>

　　然而，随着时间的推移，当年的新队员变成了如今的老队员，当年对红领巾的新鲜感早已消退，胸前的红领巾也已风采不在。于是，你经常会见到这样的情景：红领巾成了学生进入校园的通行证，有人攥在手中，有人绑在书包上，有人干脆系在小黄帽上，就是不愿把它敞敞亮亮地佩戴在胸前。课间，红领巾的遭遇就更惨了，有学生竟把它绑在胳膊上、腿上做起了游戏；回到家中，红领巾常常被抛到一个不起眼的角落，至于它的清洗工作更是无人问津；一些调皮的学生甚至把它撕成一条一条的，真有些"惨不忍睹"。我曾问过我的学生，是否愿意在双休日或节假日佩戴红领巾，得到的答案是否定的。我不禁愕然。红领巾曾一度是少先队员的代名词，每个小学生都能以成为少年队员为荣。那条鲜艳的红领巾激励着一代又一代少先队员茁壮成长。时代飞速发展的今天，学生的"红领巾意识"却正在逐渐消退。如何让红领巾重放光彩，让它成为转变我们班班级风貌的一条纽带，成为摆在我面前的一个棘手的问题。

三、背景分析 >>>>>>>

（一）学校原因

作为学校，教育孩子们热爱红领巾，是对少先队员进行理想信念教育的重要途径。要求少先队员每天佩戴红领巾，增强组织感、归属感、荣誉感，从各方面约束好自己的同时起好带头作用本无可厚非，但学校没有把"红领巾教育"作为学校德育教育的一条主线，往往佩戴的形式大于内容，对学生的积极影响也就渐渐削弱。

（二）教师原因

监督孩子们佩戴红领巾被列入班主任职责之一，每天还要进行检查。于是班主任就只能给孩子加压，每天敦促孩子佩戴红领巾。如果哪天哪个孩子忘记了佩戴红领巾被学校查到了，少不了要挨顿批评甚至被扣操行分什么的，更严重的会影响到学校对自己的年终考核。于是，好好佩戴小小一条红领巾成了班主任老师每天挂在嘴边强调的内容，各种惩罚措施用尽，常常是收效甚微。

（三）学生原因

对于许多高年级的小学生来说，佩戴红领巾仅仅是学校行为规范的一项内容，而学校行为规范中的许多内容是学校强加的，并不是小学生自己认为该自觉遵守的，所以学生执行起来多少有些"心不甘，情不愿"。学生认为：我佩戴它，只是不想给班级扣分而已；我不戴，或许是没有养成良好的生活习惯而忘带了，或许是因为天气太热了，一条小小的红领巾会让我汗流浃背。课间，我拿它做游戏，是因为没有找到更好的替代品。出校门，我不愿佩戴，是因为觉得它不能让我显得很有个性。

四、教育策略 >>>>>>>

近一年，我阅读了美国作家简·尼尔森有关正面管教的一些书籍，被书中先进的教育理念，具体的教育策略深深吸引着。我想尝试换一种教育方式，以佩戴红领巾为契机，运用《正面管教》一书中提出的召开班会的方法，将解决红领巾的佩戴问题作为转变班级风貌、增强班级凝聚力的突破点。

新学期开始了，我在班上举行了一次不同以往的班会。班会上，学生被分为六个大组，在小组成员进行完相互致谢环节后，我请学生们总结出我们班的班级优势，紧接着，我又提出：想要让我们的班级朝着更好的方向发展，我们就得解决存在的棘手问题，让我们一起来制定新学期的班级公约。学生们或许是被这种新鲜的班会形式所吸引，或许是这样的班会让学生有了被尊重的感觉，总之，他们参与的积极性非常高，发言也很踊跃。通过小组讨论、筛选，找出了几个急需解决的问题，其中包括：自习课写作业，做值日，佩戴红领巾等。我原以为学生也不会想出什么解决这些问题的好方法，而事实上，我发现自己错了，不是孩子们不行，是我们没有给孩子们提供解决问题的机会。下面，请看学生们自己制定的红领巾佩戴的规则。

工具1：清晰的规则

规则	行为描述	可观察	可操作	正向描述
坚持佩戴	每人每天带两条红领巾到学校，一条戴在自己的脖子上，另一条放在自己的书包里，以防同桌忘带。	√	√	√
互相提醒	到学校后及在校期间，同桌、同行的人互相提醒佩戴好红领巾。	√	√	√

你看孩子制定的"每人每天带两条红领巾到学校，以防同桌忘带""同桌每天提醒佩戴"的规则多好呀，既对自己提出了要求，还想出了很好的解决的方法。让人惊叹的是，他们并没有运用惩罚的方法，这保护了每个孩子的自尊

心。班级公约制定好后，我们把它张贴在了教室后面的黑板上。你别说，效果还真不错。我惊叹：正面管教真是太神奇了！可好景不长，有些学生不佩戴红领巾的现象又多了起来，我没有去质疑正面管教，我想：改掉一个习惯远比形成一个习惯要难。我开始让学生积极寻找解决的策略，我把红领巾佩戴的问题再次提到了班会上，学生们经过一番讨论后，又加了一条规则。

工具1：清晰的规则

规则	行为描述	可观察	可操作	正向描述
坚持佩戴	每人每天带两条红领巾到学校，一条戴在自己的脖子上，另一条放在自己的书包里，以防同桌忘带。	√	√	√
互相提醒	到学校后及在校期间，同桌、同行的人互相提醒佩戴好红领巾。	√	√	√
专人检查	每天早读时间由专人检查红领巾的佩戴情况，并坚持记录，及时提醒，每周一反馈佩戴情况。	√	√	√

工具2：学生参与规则制定

年级	班会、签署协议	绘画、作文	游戏、角色扮演	手抄报
高年级	√			

工具3：学生参与规则制定

年级	语言提示	文字张贴	照片视频	直接示范
高年级	√	√		

现如今，佩戴红领巾也日渐成为班上学生的一种习惯，每当全年级的学生站在操场上做操或集会之时，我们班学生胸前的红领巾就显得格外鲜艳。最重要的是，小小红领巾开启了我们班学生自我管理的序幕，这着实算是一个意外收获吧。

　　一个多月下来，我发现学生佩戴红领巾的情况明显好转，也带给我很多收获和反思。

　　过去，我们总认为"眼勤、嘴勤、腿勤"方能做好班主任，事实上，这种方法在今天已然有些落后。过去，我们提倡的管理其核心是"他律"。学校和教师是制定规则的人，这本身就没有考虑学生的需求和执行意愿。在制定班级公约之时，问题从学生中来，办法从学生中来，为学生学习自我管理指明了方向。

　　过去，我们指定的规则中，否定性的词汇太多，如不能、不要、不许……这样的词汇只会强化学生的错误行为。而正面管教的教育理念则要求我们制定的规则要正向描述且具有可操作性，这样，学生从情感上更乐于接受，可操作性更强，容易将规则化为具体的行动。

　　学生佩戴红领巾的问题可能还会有反复。我们要考虑如何帮助学生强化好的行为，如鼓励学生利用头脑风暴，制定强化的方法，制定适合学生的奖励方法。

　　正面管教是一种积极的教育方式，它把重点放在创建一个相互尊重和支持的班集体，激发学生的内在动力去追求成功，使教室成为一个培育人、愉悦和快乐的学习和成长的场所。我要积极尝试正面管教的工具，分阶段解决班级管理中存在的问题，再次感谢小小的红领巾拉开了我们班学生自我管理的序幕。希望这种教育方式能对学生产生深远的影响。

点 评 >>>>>>>>

　　中国少年先锋队是中国少年儿童的群众组织，是团结教育少年儿童做共产主义事业接班人的组织。红领巾是少先队员的标志，每一个少先队员都应该佩戴、爱护它！但是老师发现，学生在最初入队的欣喜、兴奋过后，对少先队员这一身份并未高度重视，表现在对待红领巾的态度和行为上，出现"红领巾意识"的消退现象。郝老师从学校管理、教师监督、学生理解三个方面分析了现象产生的原因，依据"正面管教"的理念，以积极的心态看待学生的成长问题，寻找到恰当的教育策略：以班会形式利用班集体智慧，发动学生集体讨论，充分调动学生内在的积极力量，自主制定了正向行为描述、可观察、可操作的红领巾佩戴规则；在规则执行过程中出现问题时又以积极接纳的方式引导学生补充规则。态度积极，方法科学，策略合理，成功实现了学生的自主行为管理，取得了良好的效果，促进了学生的健康成长。

北京教育学院副教授　伍芳辉

我的班级我做主！——学生自主管理案例

山东省济宁高新区第二小学 樊璐

一、普遍问题 >>>>>>>

　　小时候，每当有人问我，你的理想是什么，我都会毫不犹豫地回答，我的理想是做一名人民教师。时光流逝，岁月如梭，从小到大，我心中的理想从未改变。2014年，我终于如愿以偿步入自己心中神圣的殿堂，成为了一名光荣的人民教师。

　　转眼间，时光飞逝，五年过去了，我也即将送走自己带的第一届毕业班。虽然距离毕业还有一段时间，但我已然开始对孩子们充满留恋与不舍……我心中原想着要好好留下与孩子们之间的美好回忆，好好地与孩子们度过最后几个月的美好时光……但现实却似当头一棒重重打在了我的心头。毕业班的孩子，较之其他年级，更加浮躁，他们自认为自己是学校最大的孩子，部分学生开始不服从老师的管理，让老师大为头痛。

　　普遍问题在于：

　　（1）学生学习上表现浮躁，上课时不能专心致志地听讲；

　　（2）出现不完成家庭作业，或者敷衍家庭作业的情况；

　　（3）教室、卫生区内卫生不能保持良好，经常出现果皮纸屑等垃圾；

　　（4）个别学生开始出现不服从老师管理，甚至顶撞老师的情况。

二、问题个案 >>>>>>>

案例一：

上学期，我们高新区筹备举行第一届艺体大赛，我们班有幸通过学校的评选，参加高新区艺体大赛。艺体大赛比赛项目有音乐、体育、美术、书法四大项，每一项都需要学生积极配合老师，勤加练习。虽然学校每一比赛项目都配备了专业老师指导，但担任班主任的我，每天跟孩子接触的时间最长、机会最多，为了取得好成绩，我也每天忙着跟班督促孩子们准备大赛。而我也不是全能，不能保证样样精通，在跟班过程中，我发现有些专业问题无法对学生进行有针对性的指导。而我也无暇顾及班级日程管理，孩子更加浮躁，那段时间的班级纪律较差。

案例二：

准备大赛最繁忙期间，学校准备进行班级文化评选活动，包括室外、室内文化墙和教师黑板报。一方面是区艺体大赛，另一方面是学校班级文化评比，身为班主任的我感到身心俱疲，力不从心，工作毫无头绪、开展缓慢。

三、问题分析 >>>>>>>

我知道，出现问题，一味退缩只能让问题越积越多，问题越来越大，因此，我静下心来思考工作问题出现的原因。经过反思，我认为出现以上问题的原因主要在于以下几个方面。

（一）学生心理特点

小学毕业班的孩子是一个具有一定特殊性的群体，他们处于十二三岁的年纪，即将告别熟悉的小学生活，迈向他们感到陌生的中学校园，正一步一步从童年时期向青年时期过渡。这一阶段，他们的心理发生了显著的变化。

毕业班的孩子独立自主的愿望越来越强，"成人感"逐步得到发展，有了对别人、对自己、对事物的评价标准，甚至把自己看作评价事物的标准和尺度。他们渴望得到更多的尊重和理解，不希望大人对自己过多干涉，因此自我约束力也开始下降。而同时，随着独立自主愿望的出现，他们也能独立地处理日常问题，并希望自己的做法得到长辈的认可，希望他们的看法得到长辈的赞赏。正因如此，如果老师强加干预孩子，孩子们就会出现不服从老师管理，甚至违反纪律的情况。

（二）家庭学校背景

面对毕业班的孩子，家长会产生升学焦虑，大部分家长开始对孩子的未来进行规划和考虑，更加担心孩子的学习成绩会落后，因此会较之从前，更加重视孩子的学习。重压之下，孩子难免会出现抵触情绪甚至逆反心理。

同理，学校的老师面对升学压力，开始更加严格地管理学生，在学习、卫生、纪律方面要求较多。而结合我班实际，面对艺体大赛和班级文化评选两项重要任务，老师更是想"两手都要抓，两手都要硬"，但事实却是事与愿违。过分的"重压"，只会让师生关系更加恶化，更加不利于班级管理。

四、解决策略 >>>>>>>>

陶行知先生说过："最好的教育，是教育学生自己做好自己的先生。"也就是说，要让学生进行自我教育，自我管理，并持之以恒地坚持下去。从某种程度来讲，这甚至比老师的教育更加重要，因为学生以后毕竟要离开校园，走向社会，养成良好的自我教育和管理的习惯会让学生终生受益，这才是教育最理想的层面。因此，班主任要从"管"做到"引"，培养学生良好的自我管理能力，为学生的自我发展创造条件。只有学生真正成为了自己的主人，成为了班级管理的主人，他们才能树立信心，也会营造一个快乐、和谐、集体荣誉感强大的班集体。基于此，我具体实施了以下改进措施。

（一）设置多样化小组，充分发挥特长

小组是班级集体组织中最基本、最活跃的组织形式，我们班原来已组建学

习小组，四人为一小组，任命一人为组长，主要协助老师进行学习管理，检查作业完成情况，互帮互助。

但学习小组主要任务在学习，学习成绩好的同学在其他方面不一定表现突出。鉴于我班举行艺体大赛和设计班级文化的实际，我在班级分别挑选出体育、绘画、乐器、书法较优秀的学生，成立若干墙报编辑小队、体育督查小队、绘画小分队、书法兴趣小分队、乐器小分队，按照人数尽量平均的原则把全班学生分到各个小队中，各小队任命1～2名小队长，根据自己的特长对学生进行分门别类的指导。这样一来，一方面减轻了老师的工作量，老师不必对每一个学生都进行督促指导；另一方面有特长的小队长可以对学生进行专业指导，学生的乐器演奏、书法、绘画、体育能力都有了一定程度的提高。

拿书法兴趣小分队来说，我挑选了班级8位有书法练习经验的同学作为书法小分队队长，这几位小队长非常认真负责。每次书法练习课时，他们都会为小队成员进行一对一专业辅导，从选笔标准、墨汁选择，到握笔姿势、起笔收笔，再到宣纸选择、作品布局，事无巨细，每一项都给小队成员们提供宝贵的经验。更让我感动的是，几位小队长甚至在周末，牺牲自己的休息时间，让需要练习的队员到家里进行练习。是多么大的集体荣誉感，才让小队长们牺牲自己的玩耍和休息时间，无偿地去帮助其他同学！有这样能力超群、集体荣誉强的学生，老师感到很欣慰！

最终，在小队长的付出、全班同学的努力和各科老师的共同配合下，我们班在区艺体大赛中取得了一等奖的可喜成绩。而且，我们班的文化墙设计及任务分工完全交给墙报编辑小组成员，通过老师稍加引导和辅导，孩子们完全能胜任这项工作，最终呈现出来的效果也是令人满意的。这也是成立多样化小组的结果。

（二）定期变换管理角色，班级管理，一个都不能少

每一个学生都是班级管理的主人，每一个学生都想参与到班级管理中来。为了给每一个学生平等的学习锻炼机会，我改变了原来的班干部责任制。班干部成员不再只是固定不变的，采用全员性的班干部轮换制。这样，每个学生都成了班集体建设的主人。给学生提供尝试当班干部的机会，不但让学生锻炼了能力，使他们具有了班级荣誉感、责任感，还让他们获得了成就感，提升了自

信心，自我管理和自我约束的能力也大大提高。

事实证明，班干部轮换机制有助于提高集体主义意识，产生群策群力，有利于增强班级凝聚力，为顺利开展班级工作奠定了基础。

五、反思总结 >>>>>>>

苏霍姆林斯基曾说过："真正的教育是自主教育，是实现自主管理的前提和基础。"经过以上案例的实践证明，孩子们完全有能力做好老师交给他们的各项任务，而且在这样的实践中，他们锻炼了自己自我管理和自我约束的能力，提高了自我认知，增强了班级荣誉感和自豪感以及集体主义的意识。这样的能力和意识一旦形成，对学生来讲，就会终生受益。而要让学生形成自我管理、自我教育的能力，老师需要做的就是从"台前"走到"幕后"，适当"隐退"，让孩子充分凸显出来。班级管理也不应该是老师事无巨细地约束、限制，而是应该让学生学会自我约束、自我改进、自我管理，从而达到自我教育和自我成长的目的。

积极推行班级自主管理，我的班级我做主！

点 评 >>>>>>>

作为班主任，带领班级参加学校、区里的各种检查和评比是常规管理之外的重要任务，也是具有一定挑战性的任务。樊璐老师选择了一个具有特定性、综合性、复杂度高的区级艺体比赛活动过程案例分析，展示了教师从台前到幕后的"隐退"，让学生成为班级的真正主人，师生共成长的历程。

班主任带领整班参加具有艺术、体育等多个特定学科的比赛，过程中的组织协调与相关指导任务非常重，樊老师在经历了无力感和紧张、焦虑甚至挫败后，选择冷静面对问题。陶行知先生"最好的教育，是教育学生自己做好自己的先生"启发了她：引导学生自我管理是正确之路！变学习小组为特长小组，学生按照兴趣分成多个小组，组长带领并指导，大家一起练习共同提高，在过程中增强了集体荣誉感，并最终取得佳绩！

更可贵的是作者将这种理念和方式引入常规班级管理中，建立班干部轮换制，给每个同学提供锻炼机会，提高能力，增强责任心、使命感和成就感！

北京教育学院副教授　伍芳辉

学生的"自治"——将班级管理的权力交给学生

中国人民大学附属中学　张晓玲

叶圣陶老先生曾经说过："扶孩子走路，虽小心扶持，而时时不忘放手也。"作为一名班主任老师，我深以为然。事无巨细、事必躬亲的"老妈子"式管理纵然也能保证班级的有序进行，却始终不是最优选择；长时间处于这种管理之中，学生们会变成与班集体毫不相干的局外人，没有热情，不主动，每天做的事情是麻木的执行和淡漠的旁观。那么最优选择是什么？对，是不大包大揽，是班主任"放权"，将班级管理的权力交给学生。

把管理班级的权力交给学生，可以帮学生创造施展才能的机会，满足其自身需要，实现其自我价值；能够培养学生的主人翁意识，增强班级认同感，培养集体荣誉感；有效引导下的学生自主管理的班集体，必定是生机勃勃、健康向上的班集体。

将班级管理的权力交给学生大致可体现为以下几个方面，在老师的有效引导下让学生自主管理班级常规，让学生自主组织主持班级活动，让学生自主开展班级评价。

一、有序引导下的学生自主管理班级常规 >>>>>>>

（一）班级常规自主管理的方式——"民主决策"与"民主监督"

（1）班规不是由班主任"独裁"制定，而是全班同学商量的结果。以这种方式制定的班规，学生是认同的，是不愿意去打破的；

（2）监督班规的执行，也不应该全是班主任的职责，班主任紧迫盯人的方式只会引起学生抵触，进而可能将自己推到全体学生的对立面，实在不可取；最好的方式是学生的相互监督，相互提醒，而班主任的任务是，提醒学生"相互提醒，相互监督"。

（二）班级常规的管理的主体——"干部"与"群众"

（1）认真对待班干部的选拔和任用；本着三观端正、品学兼优、责任心强、乐于奉献的用人原则，以自荐和互荐的方式确定班干部人选，发挥班干部的带头作用；

（2）注重班干部培养，通过明确职责、细化分工、有引导、有反思总结的方式帮助班干部扫除障碍，树立权威，其中，反思总结时尤其要注意给予正面积极的反馈，增强学生的信心和工作热情；

（3）普通学生是班级发展的基础，要让每个学生都具有主人翁意识，都参与到班级管理中去，例如，设立一日班长制，让被管理者成为管理者，让一日班长记录当天班级日志，从管理者的角度对当天班级活动进行总结评价，对班级发展给出建议，这种方式可以有效提高学生对班级的归属感。

二、有序引导下的学生自主主持班级活动 >>>>>>>>

（一）学生自主组织主持班级活动："导演"与"演员"

学校每学期都会组织各种各样丰富多彩的活动，小到班会，大到年级、校级的各种比赛，把组织这些活动的工作交给学生，让学生从以往的演员角色中走出来，变成演而优则导的全方位人才，班主任要做的是在适当的时候给予及时的指导和帮助，以及全身心地相信并支持他们。他们有无尽的活力和新奇的想法，正如毛主席曾经说过的那样，世界归根结底是他们的，他们青年人朝气蓬勃，好像早晨八九点钟的太阳，希望也应寄托在他们身上。

（二）学生自主组织主持班级活动：总结与反思

树苗要不断被修剪才能成长为参天大树，学生在自主组织活动时能力之所以能得到提高，一方面是过程中不断学习，另一方面是活动举行完毕后老师给予及时的反馈，引导学生进行反思与总结，优点及时表扬、不足及时指出并给出中肯的建议。学生因此能在一次次的总结中改正不足，积累经验，逐渐成长为能独当一面的人才。

三、学生自主开展班级评价 >>>>>>>

以活动后点评为例：在学校丰富多彩的各种活动举行后，班主任常常需要集合全班，在全体学生面前进行总结点评，这时容易出现的情况是，可能学生也是在"正襟危坐，目视前方"，貌似认真地聆听老师的教诲，实际上却魂游天外，思想早就不跟老师同一频道了，这种情况下的总结点评效果会大打折扣。但是，将总结点评的权力转移给学生后，下面聆听的学生的反应则是另一番风景，因为讲话的学生是他们当中的一员，他们的注意力会更容易被吸引，情感上更容易产生共鸣。此外，当学生预先得知活动后自己有可能会要进行点评后，在活动开展过程中他会下意识地关注整个班级的状态，同时还会不断进行自身行为的自我修正，这能从总体上保证班级秩序。

班级常规量化评比的总结点评亦是如此：年级中每每都会进行各班之间各方面的评比，各方面都很好的班级不扣分甚至会加分；表现欠佳的班级可能会扣分。如何才能让学生重视这个扣分情况，并努力做到爱惜自己班级的"羽毛"呢？以扣分的情况为例，班级被扣了分，如果班主任在前面说班级的扣分情况，并提醒学生应注意改进某些方面，效果也是有的，但也不排除会被心思敏感的学生当成老师在开展批评，进而产生抵触情绪；而如果老师先适当说一些，剩下的由学生点评，情况可能会有些许改善，原理同上。

当然，在开展学生自治的同时，有几条基本原则需要牢牢谨记。

（一）要有底线，有尺度

首先班主任不能完全或近乎完全地撒手不管，学生毕竟还是学生，他们的世界观、人生观、价值观、是非观还未完全成型，需要老师的正确引导；他们有无限的潜力，但是可能不知以何种方式发挥，需要老师帮忙梳理。另外，自治不是可以为所欲为，学生的自主管理，大方向是要对的，基本的规则制度是要遵守的，正可谓"无以规矩，不成方圆"。

（二）言语的力量不容轻视

牢记前辈传授的经验，多表扬，多肯定，多给正面的反馈，建立适当的奖励机制；把"你"变成"我"，"你们"变成"我们"，让学生感觉老师是同一战壕的战友。

（三）同辈压力不容忽视

无论是国外研究还是前辈同事的经验都证明了一个道理，中学时期的学生最在乎的不是父母老师的看法，而是同学们的看法，当与学生谈话时，把"你让老师怎么看你？"变成"你让同学们怎么看你？"

（四）生活需要仪式感

把每一件希望学生重视的事情自己先重视起来，把事情仪式化，流程化，活动化，营造郑重其事的气氛，这种不知不觉中的潜移默化，比起声嘶力竭地再三强调"这件事情很重要"有效得多。

学生自主管理开展得如火如荼，班主任老师露出慈祥的微笑，心中漾起"吾家有女初长成"的成就感，希望班级的小火车一路向前，班里学生茁壮成长！

　　教师的"无为而治"是班级管理的最高境界。但是如何达到这种境界？本文老师从班级学生自主常规的建立和运行、班级学生自主活动的组织和实施、自主评价等几个角度介绍了自己的方法，建议比较全面，方法具有可操作性。当然，小学生毕竟不是成年人，其认知能力和行为自控能力都比较有限，本文老师还提出了在开展学生自治过程中的若干条原则，体现了老师在放手的同时又必须密切关注，运用一些小技巧更好地促进学生的自治。

　　需要说明的是，罗马不是一日建成的。本文老师所提到的一些自主管理方法比较适用于小学中高年级的学生，而对于低年级小学生而言，尤其是刚入学的一年级学生，班主任可能还是需要进行较为细致和卷入式的管理，在帮他们建立好行为规范及对学校生活进一步熟悉的基础上，再逐渐地让学生更多参与管理过程，直至实现"学生自治"。

北京师范大学教育学部讲师　李蓓蕾

"阳光教育"培养每位学生自我管理意识

青海省行知小学　霍秋芳

一、案例描述 >>>>>>>

　　2018年9月我从西宁市的一所小学到X中心学校进行一年支教工作。X中心学校是一所乡村的寄宿兼走读的学校，有的学生因父母外出打工不得不寄宿在学校，大部分家长在务农或者外出打工。我所担任的是五年级的班主任及语文教学工作。

　　通过一周课上及课下的观察，我发现，这个班级学生的自我管理能力方面存在着一定的问题。该班共有39名学生，无论是卫生打扫方面，还是学生自我的学习管理、时间的统筹安排等方面，学生都缺乏一定的条理性，班级的大大小小事务均需要老师亲力亲为，或者是在老师在场的情况下才可以完成。比如说早晨打扫班级教室卫生、校园卫生区域等；学习方面学生总是很快地完成抄抄写写之类的作业，但是在面对课堂中一些需要发表独自看法的问题时，学生往往默不作声，课堂中甚是安静；下课时，操场上基本上空无一人，几番观察之后，发现他们全是在埋头写作业，写的是家庭作业，一些不紧急的事情占据了学生的课余时间。

　　我经过思考之后，发现想要改变这个班级状况，归根结底还是在于班主任的管理上面，如何营造一个积极、有目标和向心力的班集体是我首先要考虑的问题。班主任是一个班级的灵魂，经过一个学期之后，在不断地思索、与其他教师交流之后，我发现对于乡村的孩子，更应该进行"阳光教育"，那么什么是阳光教育？"阳光教育"即成为学生心头的一抹阳光，给他们温暖，给他们希望和力量，更重要的是提升学生内心深处对爱的感知能力，唤醒学生对于自我成长的渴望与向往。

接下来我从四个方面入手，力争让每个学生都成为自我积极管理者，每个人都为班级做出自己的贡献。

二、阳光教育 做个有魅力的班主任 >>>>>>>

想要一个什么样的班集体，班主任就得先成为一个什么样的人。经常听到老师们说，某个班的学生跟班主任很像，一方面是班主任对学生潜移默化地影响，另一方面处于6～12岁的学生的模仿能力较强，他们总是渴望从身边寻找一个榜样，然后去模仿其一举一动，这是这个阶段的学生的特点所决定的。

1. 阳光教育就是给学生带来希望，让学生看得到的精彩

这所乡村学校的学生们基本上都很少离开这个村庄，所见所闻局限于生活的那片小村庄。因此课余时间，我喜欢给学生讲讲我所生活的地方、我眼中的生活，于我而言这些虽然司空见惯，但是对于这些学生却有着很大的启发意义。2019年，我将自己生活的地方做成了PPT，利用班会时间给学生展示，激发他们走出山村的热情，提高了他们学习的内驱力。

2. 阳光教育，班主任要成为一个不断进取的教师

俗话说"亲其师，信其道"，想要让学生心悦诚服地信任班主任，还需要教师不断地提升自我素养，上课时的妙语连珠、引经据典、信手拈来等，无不吸引着学生，引导着学生；课上的严格要求与课下轻松愉快的相处都可以使学生从内心深处钦佩班主任，为开展班主任工作打下了良好的基础。这就需要班主任不断自我充电，主动学习有关管理方面的知识、专业知识等，成为学生模仿的榜样。

三、Smart 原则促进"阳光班级"管理 >>>>>>

Smart原则即目标管理原则，一般用于企业管理来调动员工积极性以提高企业竞争能力，目标管理的具体形式各种各样，但其基本内容是一样的。所谓目标管理是一种程序或过程，它使组织中的上级和下级一起协商，根据组织的使命确定一定时期内组织的总目标，由此决定上、下级的责任和分目标，并把这些目标作为组织经营、评估和奖励每个单位和个人贡献的标准。但是我将其用于班级管理，效果也是显而易见的。其核心是明确性、相关性、精细化。

1. 运用Smart原则，要明确目标

在班主任工作中，我们花了两节课共同研究学生的自我成长目标，即我长大后想成为什么样的人，为了实现这样的目标，我目前所能做的有什么呢？同学们希望在什么样的班集体中学习、成长。然后思考，我是这个班级的一员，我在这个班级中又能做些什么呢？我要怎么做，才会让班集体更进一步呢？通过这样的思考活动，让学生明确自己想要完成的目标。

2. 运用Smart原则，要做到分工明确

面对一个缺乏自我管理的班集体，必须要做到班风的转变，由一个由班主任包办代替的"巨婴"集体转变成为一个健康独立的"社会人"集体。因此我从班干部入手，让学生选举自己心目中合格称职的班长、副班长、学习委员、小组长、课代表、劳动委员、体育委员等，基本上这次选举维持了原状。选举之后，为了让学生充分意识到班干部角色的重要性，我举行了一个聘任仪式，充分树立了班干部的权威，让全体学生明白，当选班干部是一件神圣而光荣的事情。

抓好班干部建设并非一劳永逸，接下来就需要这几名同学来带动班级内的大部分同学了。就拿卫生管理来说，这就需要劳动委员进行指导，如何安排每天的值日、教室内几位同学负责，校园内几位学生负责，什么时间打扫，作为劳动委员需要检查什么……真可以说是事无巨细。当然，仅仅到这里还是不行的，最初的一段时间，班主任还是要发挥勤跑腿、勤动嘴、勤检查的"三勤"精神，这样才能巩固效果。

四、阳光教育 班主任学会"示弱" >>>>>>>

1. 培养学生的自我管理能力，最重要的是教师要学会放手，给学生充分的自由去锻炼

这时候班主任就要适当地学会"偷懒"，一些事情完全可以放手交给学生去管理，如午间阅读，班主任提前给学生推荐好书目，确定了本月的阅读主题，中午由班干部进行组织即可。最初，黑板上还能看到五六位不守纪律的同学的大名，后来越来越少。午间阅读成为习惯后，基本上不需要班干部再进行单独的管理。对于班级内的一些合唱比赛、朗诵比赛，基本上有学生进行策划，排练，教师再进行适当的增减，或是出一些别出心裁的小点子等。

2. 学会温柔地"示弱"，也是一个不错的方法

我们班的学生普遍有些胆怯、内向，无论是在课下的师生沟通交往中，还是在课堂中。所以班主任这个时候就要学会"示弱"，一方面可以提高学生的自信心，另一方面可以将班级打造成展示学生的阵地，创造机会让学生得到展示，发挥各自的特长。

《自卑与超越》这本书中提到"引起教育最大困难的不是孩子天生具有的限制，而是他们认为自己有各种限制。教育就应该努力增强儿童的信心与勇气，帮助他们突破由于他自己对生活的解释而为自己制定的限制"。

班主任需要通过学校生活让学生树立自信，使他们明白"我可以""我能够"。当然，在这个过程中，班主任不是完全放任不管，而是有目的、有计划地进行指导。

五、阳光教育 成就教师的阳光心态 >>>>>>>

除了以上几点，在提升班级自我管理方面，班主任的心态格外重要。

1. 班主任要有静待花开的耐心与信心

在学生的自我管理能力提升的过程中，班主任经常会犯一个错误："我都已经说过了，怎么还是这样？"春种秋收，这中间有个生长的过程，我们只管播种，收获那是秋天要做的事情；我只管去做，然后静静等待。这种想法源于

这个班级的几个学生的转变，最初阶段不写作业的学生大概有十几个，到后来慢慢地减少到了三四个，我相信这些孩子在努力地学习，这点从他们高举的小手中，可以看得出来。后来我跟班里的一些孩子聊天的时候，问到了班级里的情况，得到的结果与猜想的一致，或许，我作为一名老师应该做的是静静等待与不时提醒。

2. 作为班主任还要具有一颗敬畏之心

陶行知先生说过："在教师的手里操着幼年人的命运，便操着整个民族的命运。"这话想来令人感慨颇深，每个学生的宝贵的童年将在我们的指导之下度过，这不应该令我们心存敬畏吗？一个儿童未来为人处世，甚至于性格养成，很多时候会受到他所接受的教育的影响，这不值得我们心存敬畏吗？

古语有云：教学相长。不正是让我们从学生身上学习吗？对待儿童心存敬畏便能发现儿童更多的闪光点，儿童亦可为人师。

3. 班主任要做到"言必信，行必果"

提升班级学生自我管理能力最重要的就是培养学生的自律意识和规则意识。

这里值得一提的是培养学生的时间管理意识，为此，我专门进行了一次"我的时间我做主"时间管理主题班会，从学生一起在学校的生活谈起，一起探讨了下课的十分钟时间是否应该在教室内完成本应该在家里完成的家庭作业，是否应该利用眼保健操的时间来玩耍呢？是否上课铃响起了才急急忙忙地准备这节课所需要的资料？如果不是，学生讨论最正确的做法是什么呢？最后告诉学生，有的同学不能按时完成老师的要求，是因为不会管理自己的时间，能够管理自己一天生活的同学才能够管理自己的生活。

在培养自律意识和规则意识的过程中要使用到奖励与惩罚，当然，这也是在之前经过集体协商形成的"集体公约"。此时班主任就要按照之前的约定进行及时的奖励和处罚，让学生明白我们的"集体公约"是有效的，奖励时最好是在大庭广众之下，使学生获得成就感。

在培养过程中有的学生也会因各种各样的原因无法遵守"集体公约"，所以还是要进行必要的惩罚。这里我有一个班级管理的原则就是抓大放小，抓住班级的大部分学生，这大部分学生决定了这个班级的班风班貌，同时这大部分学生也可以影响其他的个别少数学生。对于极个别的同学，就需要和他们多谈话，用多了解、多鞭策的方法促使他们改变。

"阳光教育"只是我目前对于班级管理、学生教育的一点点浅薄的看法，还有待进一步完善和进一步考究。

经过一个多学期的训练，现在的班级管理从早自习到课间操、午间阅读、卫生清理，学生基本上都可以进行良好的自我管理。出于对学生的爱，出于对于一个个可爱的孩子的爱，都在促进着班主任在自己的工作中不断地探索。

除了以上几点，班主任要利用召开家长会的契机，结合班级中学生的实际情况对家长进行培训，目前进行过的家长会主题分别是"无论如何请爱你的孩子""培养孩子健全的人格""让我们成为孩子生命中的一道光"，这三次家长会分别从当孩子犯了错我该怎么做、平时如何教育孩子、生活中成为孩子的榜样这三个方面进行了培训，也取得了一定的效果。

点 评 >>>>>>>

霍老师是一个支教教师，虽然仅担任一年的班主任，本着对学生高度负责的态度，在接班伊始，首先对学生进行了认真的观察，发现这个班存在不少问题。霍老师既未急于发布管理宣言改变种种不良问题，也未按照原有的方式保证班级不出乱子，她选择了自己的班级管理的目标，用阳光教育提升学生内心深处对爱的感知能力，唤醒学生对于自我成长的渴望与向往。其次从建立良好师生关系着手，用多重方式把自己的生活经历与学生分享，让学生拓宽视野、热爱世界、热爱生活！针对班级存在的问题采用"Smart"方法科学管理提升学生目标意识和自我管理能力，不以教导和引领，而是以"偷懒""示弱"方式激发学生各种潜能。教师用自己的耐心、信心、包容和守信赢得了学生的爱戴，换来了班级精神面貌的变化，而拓展到家长会的指导更为班级的可持续发展和学生未来健康成长奠定了基石！

北京教育学院副教授　伍芳辉

利用"代币管制法"提高低年级班级管理水平

广东省桂花岗小学　袁舒琳

随着时代的发展，我们对学生的教育已经不能局限于口头批评和表扬，既要给予他们精神上的奖励，也应当给予适当的物质奖励。通过代币奖励，能激发他们的上进心，促使其择其善者而从之，其不善者而改之。

一、代币的获得 >>>>>>>

代币管制法是运用本来不具有价值的物体为表征与具有价值的其他刺激物相联结，进而消除学生不良行为、强化良好行为的一种方法。马斯洛的需要层次理论就明确指出，个体有一种缘于天生的愿望，那就是得到赏识并给予强化。我们生活中的大多数人其实都希望得到别人的肯定，渴望被别人认可。赏识强化就成为个体良好行为养成的有效助推力。使用代币管制法管理班级首先是设立恰当的行为目标，将学生需要达成的目标行为作为获得代币的条件一一罗列。其次是建立目标行为与代币的兑换体系，完成一项就给予相应的代币。最后就是建立后援强化物与代币的兑换体系，学生用一定数量的代币就可以兑换后援强化物。通过这样让学生的良好行为不断强化，进而形成自身自觉的行为习惯。表1展示了我们班使用代币制的操作方式。

表 1　代币制的操作

	行为表现	获得代币	行为表现	扣除代币	备注
课堂习惯	做好课前准备	◎◎	课前或课堂吵闹	◎◎	◎代表的是代币种类，可自行选择
	坐姿端正	◎◎	坐姿欠佳	◎◎	
	积极发言	◎◎	没能认真听课	◎◎	
	认真听讲	◎◎	……		
	读书认真	◎◎			
	保持安静	◎◎◎			
	……				
行为品质	诚实守信	◎◎	撒谎失信	◎◎◎	
	文明有礼	◎◎	打架	◎◎◎	
	乐于助人	◎◎	骂人	◎◎◎	
	谦虚礼让	◎◎	……		
	热爱班级	◎◎◎			
	……				
生活习惯	座位整洁	◎◎	桌面凌乱	◎◎	
	着装整洁大方	◎◎	衣冠不整	◎◎	
	行动迅速不拖拉	◎◎◎	行为拖拉	◎◎	
	自理能力强	◎◎◎	……		
	……				

　　在实施此表时需要注意，应当多表扬少批评。而且批评和表扬都应该因人而异，不能一概严厉批评。比如，假如犯错者性格较为开朗，可以采取严厉批评。然而当犯错者比较内敛，而错误又是第一次犯，可以采取温和的批评方式，如"平时你的表现都不错，唯独这次没有做好，但老师和同学们希望你能尽快改正错误，做到更好"。这样委婉的批评对于此类学生来说相对温和，也更容易让他们接受，不会产生极端情绪。

　　通过如此操作，我希望本班同学能够在课堂习惯、行为品质和生活习惯上强化正向的行为，只要他们的行为有值得表扬的地方，就及时给予代币（贴纸）奖励，使之不断进步。

二、代币兑换规则 >>>>>>>

著名心理学家班杜拉提出了行为矫正的"自我强化"和"替代强化"理论，其中就指出，强化物可以是物质的也可以是精神的，但相对于儿童，物质是最直接的也是最能满足需要的。代币是一种具有象征价值的物质，对儿童具有吸引力。而代币所对应的奖励也必须是他们所期待和渴望得到的。表2是我们班的代币兑换规则及说明。

表 2　代币兑换规则

贴纸数量名次	获得荣誉	备注	贴纸数量	兑换礼物	备注
班级前十名	获得周文明之星称号 获得文明之星合照	每周贴纸样式不同	10～20	2～5个小橡皮	可根据本班情况更改礼物类型
			30～80	尺子，小本子，削笔刀，铅笔等文具	
			100	心愿	

说明：每周贴纸样式不同，方便统计也以防作弊。每周文明之星会合影留念，除获得一张合照留念外，合照还会被贴在荣誉墙上，期末评选获得最多次数的文明之星的人会收获一份惊喜。每月利用课间或班会课进行兑换礼物，孩子根据自身情况兑换相应礼物。兑换中的心愿可包括调换座位，做小老师改本子，做一天班长等合理的要求。

此外，数贴纸采用学生小助手数数，打钩后到老师处领礼物的方式进一步提高学生自主管理的能力，增强学生小助手的主人翁意识和责任心。使用贴纸作为代币给学生直观直接的表扬，能够让学生在听到老师表扬别的同学时有更强烈的心里愿望，更激发他们去学习模仿这些同学，进而改善自己的行为习惯。

三、代币管制法的实施效果 >>>>>>>

在实施过程中，学生的行为习惯有了明显的改善。

一是有利于学生自觉性的养成。学生从一开始的自由、懒散，慢慢地变为自觉自律，因为贴纸作为代币对于低年级的学生来说，不但有外观上的吸引力，而且其内在的含义——荣誉的象征也深深地吸引着他们。因此，使用代币管制法一个学期后，学生明显更加自律、自觉，因为已经经过长时间的强化记忆，他们十分清楚该做什么不该做什么。整个班的同学为了代币背后的荣誉以及物质奖励而努力，积极向上，团结一致。

二是有利于形成积极向上、有荣誉感的班风。我一直倡导学生热爱班集体，做个有责任心的人。班上同学一开始各自为营，从不理会班级的事务，但是渐渐地，在我表扬和奖励一部分同学的热爱班集体行为等之后，其他人也开始纷纷效仿。每周一升旗时他们都特别关心我们班级的分数是否能够拿到流动红旗，从开学到现在，班里从来没有因为没有倒垃圾而扣分。整个班为了本班荣誉拧成一股绳，积极向上，形成了良好的班风。

三是提高学生管理班级的自主性和能力。为了锻炼班干部的管理能力，我让他们管纪律时派发奖励性代币，作为代币的贴纸有着方便携带、随时派发的优点，将权力下移，不仅能够减轻教师的负担，而且还能锻炼班干部自主管理班级的能力。此外，在兑换礼物时，我会让一部分学生充当小助手，帮忙兑换礼物。代币制能够增强他们的主人翁意识，大大提高他们的自主管理能力。

四、结语 >>>>>>>

小学低年级是小学整个阶段的奠基期，打好低年级行为习惯的基础，整座小学大厦才能建得稳，建得牢固。用代币管制法来管理低年级的学生既能改正其行为习惯的不足，强化现有的优秀行为，使之养成良好的行为习惯，又能激发学生向正向行为看齐。代币制是行为学习的一种方法，它也属于行为控制的方法，行为控制与行为建立是不同的。行为建立是希望学生经过学习阶段，在没有增强物的影响下，期望的行为仍然会出现。因此，在行为学习与控制过程中，教师应极力促成学生的行为建立。代币制只是众多教育手段和措施中的一种，只要家长、教师等教育者运用得当，相信对于儿童养成良好的行为习惯是有裨益的。

点 评 >>>>>>>

　　袁老师的文章介绍了运用行为改变技术中的代币制方法对小学低年级学生进行行为习惯培养，提高班级管理水平的策略。首先，描述了代币获得的方法、把学生行为具体细化，将行为表现结果与代币的得失结合，特别强调了在使用过程中将表扬与批评相结合，多表扬少批评，合理使用正强化方式；其次，明确了代币规则，有效运用不同强化方式，将物质奖励与精神激励相结合；最后，呈现了代币制实施带来的学生良好行为习惯养成、班级优良班风形成的良好效果。

　　代币制确实是低年级班级管理的有效方法，符合低龄学生心理发展特点，通过强化物的合理设置，强化方式恰当运用，将学校管理的要求具体化、明确化，对学生行为进行持续不断的激励，有利于学生形成良好行为习惯，并对学生从他律到自律的自主行为管理带来积极影响。

北京教育学院副教授　伍芳辉

用尊重赢得爱戴　让管理彰显人性

——关于班级管理的点滴思考

陕西省旬阳县城关小学　黄桂丽

教育的秘诀是尊重学生。

——爱默生

一、情景再现 >>>>>>>

最近，有一种玩具征服了我们班的所有的男生——陀螺。一到课间他们便兴高采烈地玩起自己的玩具，玩得那么高兴，那么起劲！最初我觉得也没什么不妥之处，就没有太在意。

但不久前，任课老师向我反映，每次上课铃响后，我们班的学生课堂上也对陀螺念念不忘，严重影响课堂秩序；更有甚者，部分玩陀螺的学生作业质量下降，还出现了拖欠作业的现象。直到学生们玩得嬉闹不止，导致课间十分喧闹，学校点名批评了我们班，我才发现事态的严重。

于是，当周一早上走进教室看见一位学生桌上的陀螺时，我二话没说便没收，这个学生不服气了："我们班的某某同学都玩了，班长也玩了……怎么只收我的？"

面对这样的反驳我一时语塞，可我仍竭力维护着自己的尊严：

"全部没收，有陀螺的全部交出来！"这下，教室里像炸了锅一样："我只玩了一小会儿……"

"老师，我只在放学后玩，今天我还没拿出来呢？"

"我在课后玩的，又没在课堂上玩，"有个男生说道，"难道下课了，也不能玩玩具？"

孩子们的话语中有据理力争，也有委屈求情的成分。此时，我用眼睛狠狠地瞪了这些尽力狡辩的学生一眼，那些男生在我严厉的目光下，极不情愿地把玩具交了上来。至此，陀螺风波暂告一段落。

二、引发的思考 >>>>>>>

课间休息偶尔经过教室门口时，我看到两个男生在操场追逐打闹，我随口说了句："能玩点别的什么吗？""玩具都收了，没有什么玩的了，还能玩啥呢？"脱口而出的"顶撞"中全是委屈与不解，满脸流露出的尽是不满和失落。这样的情绪化"顶撞"刹那间惊醒了还执迷不悟的我，回顾"陀螺事件"的来龙去脉我不由得陷入思考：

（1）这种"武力镇压"式的管理合适吗呢？这样的"一刀切"教育，对于学生来说有效吗？

（2）孩子们真的错了吗？课间玩玩具一定要严厉制止吗？

（3）课间休息时间孩子们究竟该做些什么？怎样合理安排短暂的十分钟呢？

洛克说："如果谁希望自己的孩子尊重他和他的命令，他自己便应十分尊重他的孩子。"教育我们的孩子，不也正需要真正的尊重与宽容吗？可我何曾做到呢？

三、案例分析 >>>>>>>

面对犯错的孩子，进行惩罚与教育，"你的举止应温和，即使惩罚他们，态度还是要镇定，要使他们觉得你的作为是合理的，对于他们是有益的，而且是必要的"。反思自己的教育行为后，我深感愧疚。

（1）处理"陀螺事件"时由于个人情绪的影响导致处事显得过于急躁，欠冷静的思考与及时的教育引导，导致孩子们对老师的行为产生抵触，淡化了教育效果。

（2）未能及时发现班级中隐性的不良导向，导致不良习气"泛滥成灾"。班上的哪些人是因为玩玩具而没做作业的，哪些人是被"冤枉"的，我并没有调查，我也不清楚，只是依靠老师的权威处理，做事方法不科学，不能以理服人。

（3）孩子们用自己的方式安排自己的课间十分钟并没有错，反而是我对于孩子们的课余生活从未进行过正确的引导和干预，确实失职。

四、补救措施 ▷▷▷▷▷▷▷

当意识到自己的急躁与鲁莽造成了教育的失误，造成了班主任工作的失职之后，我及时进行了补救。

在事发后第三天的晨会上，我诚恳解释了自己对于整件事情的考虑：最初出于尊重他们的权利，我并未限制孩子们玩陀螺，可没想到会因此影响到班风班纪和他们的学习状态；而后我又以最近一段时间学生上课迟到、作业拖拉等事实说明了没收玩具的原因，提出过度玩耍对学习的不良影响，让学生能设身处地考虑作为班主任的我自身的"苦衷"与"苦心"；最后我语重心长地给学生讲述了同年级一位同学因为玩这种比较危险的玩具而导致小拇指被割破的事实，提醒他们游戏时注意安全与自我保护。

于本周五召开以"我爱玩，我错了吗？"为主题的班会，请同学们积极准备发言材料，在班会上大胆、真诚地阐述自己的观点。这次班会旨在让学生通过"说一说""辩一辩"认识到事情的两面性，清楚今后该如何处理好课间休息和有效学习的关系，从而引发对于今后又该怎样来约束自己的行为，真正充实这课间十分钟的思考。让学生形成一定的自制力，有自我约束能力。

经过我耐心的解释，学生明白了我的良苦用心，经过班会的集体讨论很多学生明白了玩与学的关系，并向全班同学提出了适度地玩，合理安排玩与学的时间等好的建议，还在我们的班级网络中留下了自己的观点。

五、今后工作改进方向 >>>>>>>

苏联教育学家苏霍姆林斯基曾奉劝年轻的教师：不要急于处罚学生，要好好想一想，是什么促使他犯错的。要是设身处地为孩子们想一想，就可相信他们会通过自身的努力来改正错误。体罚是权威制度的残余，在时代的意义上说它已成为死去的东西；它非但不能使儿童改善行为，相反地，它会将儿童推下黑暗的深渊。这不断地督促我改进今后的工作方式，改变自己的教育现状。

（1）对待孩子的每一种行为我们都不能简单地阻止或打击，我们要从孩子的行为中看到孩子们深藏的心理需求，只有我们走进孩子的心里，从孩子的角度出发，替孩子们多考虑，我们在对待犯错误的孩子时才会有更多的宽容与忍耐；在处理班级事务时切记要以理服人，在处理矛盾纠纷时多一丝平静与淡定。

试着从乐观的一面去看待孩子的表现：走进教室，我先发现学生良好的行为并对其进行表扬；在看到孩子在课堂上说话的时候，先不急着发脾气，用微笑的表情看他们一会，并试着听听他们在说什么，用另一种方式了解他们，改变一种提醒、批评的方式；课间，经常走到学生当中，看看他们在玩些什么、做些什么，遇到特别喜欢追逐、打闹的调皮男生，我轻轻把他们拉过来，指着台阶说"危险，别碰着自己"，指着院子里的花草说"我们要爱护它们，它们让我们的校园更美丽"；有时我会顺手捡起一个纸片，说"把你们的精力用来帮助老师，美化校园吧"……一句句真心的关爱的话语，一句句轻声的建议，让学生感到亲切，让他们的行为在潜移默化中改变……只有这样我们与孩子的距离才会更近，我们与孩子的关系才会更融洽。

（2）学校固然是学习的场所，但学生丰富多彩的课余生活仍是学校生活的重要组成部分，虽然只是短短的十分钟，但只要合理地充分利用，它仍会对孩子们的学习成长起到至关重要的作用。

因此，我充分利用图书角，给学生提供精彩的书籍，用知识充实他们的生活；班上为孩子们准备皮筋、跳绳、沙包等趣味性比较强的玩具，供他们课间玩耍；准备一些益智类、科技类的小玩具在专门的时间里供他们玩耍，增长见识，开发智力。让孩子们玩得健康，玩得快乐，玩得有意义，玩得有收获。不要让沉重的学习任务，模式化的规范与制度扼杀孩子们的童真，剥夺孩子们争取快乐的权利。

教育者必须深刻了解正在成长的人的心灵，更严格地说我们"只有变成小孩子，才配做小孩子的先生"（陶行知）。孩子的宝贵的童年应该是快乐的，这是他们生命成长的重要经历，教师不可以简单粗暴地抹杀孩子追求快乐的愿望，我们的教育更不能将孩子最具创造力的童年时期禁锢在简单的规范里。孩子需要被尊重，也需要有效的教育引导；孩子的行为需要规范，但也需要自由发展的空间，让他们有机会"独树一帜""与众不同"，我们需要引导孩子们学会理性思考，准确把握行为品行的"度"即可。正如R.皮特斯所言："如果你想要儿童变成顺从而守教条的人，你就会用压服的教育方法；而如果你想让他们能够独立地、批判地思考并且有想象力，你就应当采取能够加强这些智慧品质的方法。"

教育，首先是关心备至地、深思熟虑地、小心翼翼地去触及年轻的心灵。"教育者还必须具备一种对美的精细的感觉。你必须热爱美、创造美和维护美（包括自然界的美和你的学生的内心美）。"（苏霍姆林斯基）这也正是我们每位教育工作者追求的理想境界。

记得我在规范学生课间做安全游戏的教育中经历了这样的过程：那次班上两位同学因为下课玩游戏时无意间碰撞，导致其中一位学生头部磕伤。在处理完这件事情之后，我紧接着召开班会，以采访的形式让两位同学谈感受谈体会，由此引发了学生关于"如何开展课间游戏"的讨论。学生在回想自己的行为，借鉴别人的教训的过程中达成共识：课间应该活动，但要做安全有意义的活动。并在讨论中制定了管理办法：安全班长总负责，男、女生各由一人管理、制止课间不安全游戏。屡教不改者由教师与家长共同联手教育。逐渐形成以点带面，全班总动员的良好局面。

用事实说话，利用学生的自省约束他们自己的行为是规范其行为的一种行之有效的方法。在教育学生的过程中不要让学生有被约束、被管制的感觉，那么学生更容易接受建议。

如我们班有一位同学，我最初发现他学习很积极。可自从父母外出打工之后，个人卫生习惯差了，学习劲头也减弱了，甚至听课、作业等方面都受到了严重的影响。当他的表现不能达到我对同学们的统一要求时，我对他持斥责与冷淡的态度，之后他的成绩更是一落千丈。后来无意间听数学老师讲他很聪明，难题一讲就明白，只要督促就能学好。这时我在反思自己的行为中才意识到：我并没有真正了解生活在特殊环境中孩子的感受，我不是在教育学生成长、进步，而是用对待所有学生的标准去衡量这样的学生，这是非常不公平的。

点 评 >>>>>>>

　　游戏是儿童的天性，游戏可以给孩子带来乐趣，增进伙伴间的友谊，提高某些能力。当学生沉醉于游戏玩具，课间一起玩，甚至上课也难以控制地玩的时候，就给班级管理带来挑战了。黄老师在学生因为玩陀螺出现了一些负面问题，受到了学校批评的情况下，出现了情绪急躁状况，没收了全班同学的陀螺，以严厉的管理方式控制了玩陀螺的情况。但始料不及的是，学生课间不再陶醉于陀螺，而是出现了追跑打闹现象，学生的"玩儿的都收了，没有可玩儿的"情绪化顶撞，引起了黄老师的思考。反思自己的管理方式与儿童发展需要之间的关系，这种反思具有重要价值，用简单方式奖惩学生的行为，而不顾及学生内在的发展需求，是无法真正解决学生的行为问题的。可喜的是黄老师在意识到自己的管理问题后，诚恳地向学生道歉，通过班会辩论的方式引导学生澄清课间游戏与上课学习之间的关系，达到学生合理适度游戏的目的。

北京教育学院副教授　伍芳辉

炼"四字诀"，寻管理之路
——以班级文化建设，促学生自主管理

浙江省宁波市北仑区淮河小学　黄清清

自我管理能力是指受教育者能够依靠主观能动性，按照社会目标，有目的地对自己的行为、思想进行控制的能力。小学阶段的少年儿童在性格、思想、行为等方面，具有较强的可塑性和不稳定性，而班级文化是其受教育最直接、最重要的影响源之一。

一、因事引思 >>>>>>>

小胖同学刚转进我们班级时，白白胖胖的他让人印象深刻。接下来发生的事情也让我格外关注这个孩子。他不完成作业，各种捣蛋。批评他的时候，他也总是一副无所谓的样子。面对这样的孩子，我是软硬兼施，但还是收效甚微。

第二学期，我发现小胖有了些许改变，学习上变得主动了，我是又惊又喜。语文第一单元考试，我偷偷地把他拉到了60分，还记得他知道自己及格时的兴奋的模样，那一周周记，他写道：原本总是责骂他的妈妈，第一次夸奖了他。

但是坚持了一个月后，原先的老毛病又陆续在小胖身上出现……

二、细察明缘 >>>>>>>

这些缺乏自主管理的学生并不是天生的，而是被所处的大环境影响，面对这类学生，必须找到他们产生这类问题的根由所在，才能对症下药。在日常的相处中，我仔细观察、记录，发现这类学生身上其实有很多共性。

（一）家庭因素

这类学生的出现，很多时候是家庭教育出现了问题。他们中的部分家庭成员不完整，父母离异，或长时间由家里的老人抚养。当他们出现一些不健康的心理状态时，无法得到很好的解决。另一部分孩子的家庭中，父母对孩子或过于溺爱，或拳脚相加，一些不正确的价值观念在他们心中根深蒂固。

（二）社会因素

在信息传递高速发展的当今社会，一些不好的价值观念也会根植在学生的脑海中，体现在行为里：对校规、班规的无视，对班级、学校奖励的无视等。

（三）自身因素

1. 自我目标的缺失

这类学生责任意识缺失，没有明确的目标，体现在对自身的不负责，对集体的不负责，没有自觉承担责任、任务和使命的意识。

2. 思辨能力的缺失

孩子是以家长对某事的态度、情绪，来作为自己判断的依据，衡量自己的行为是否合适。在从小生活的环境中，形成了一套不健全的价值体系，从而影响其对自身行为的是非判断。

3. 自我信心的缺失

心理学显示，自信心对孩子的成长是至关重要的。这类学生往往因为学习成绩不好或行为习惯差，经常体验失败的痛苦，在不同程度上缺乏自我信心和自我认可。在行为上，会表现为通过捣蛋、惹事，引起同学和老师的关注。

这类学生的产生和家庭教育和社会环境是密切相关的，他们很大程度上需要外力的帮助，潜在的意识加上外界的督促和监控，才能形成良好的行为习惯。只有了解缘由，有目标，有根据地采取一定的措施，才能从根本上实现他们的转变。

三、以"诀"促变 >>>>>>>

班级文化建设充分结合学校以及学生的实际情况，从"扶""换""竞""创"这四个方面进行，以促进学生的自主管理。

（一）扶，班委管理炼能力

结合班级的具体情况，通过师生交流、讨论，制定了卫生执勤、班干部轮岗、奖惩等多方面的班级制度。在开学初通过学生齐读、抢答竞赛等多种形式，使学生将班级制度牢记于心，并坚持实行"扶"的模式，让更多的孩子参与到班级的管理中，培养他们的主人翁意识，锻炼他们的能力。

每天都由四名同学从纪律、卫生、学习这三方面共同参与班级管理，并且在放学前对当天班级的情况进行总结，告知每个班级成员加扣分情况，让全班明确今天做得好与不好的地方。班级内还设立班级日志，进行周、月的统计。此外，班级中还设置了图书管理员、植物管理员、午餐小组长等岗位，让更多的学生参与到班级的建设中。

（二）换，积分银行引兴趣

结合这个阶段孩子的特点，也为了让学生与现实社会接轨，结合班级名称，我仿造了现实生活的银行，创建一个属于孩子们的积分银行——萤火虫银行。每个班级成员手上都有一本小存折。他们可以把自己获得的积分存进去，如果犯了错误要从存折中支出相应的积分。这些积分在学期末的时候可以换取相应的小礼物。萤火虫银行存积分，换礼物，改变了以前简单加扣分的模式，让孩子的表现更具有直观性，与现实生活有更加紧密的联系。

（三）竞，小组竞争塑一心

为了增强学生们的自律意识，班级还根据学生们的座位特别设立了四个小组。每个小组都有自己专属的星星。在每周的时候，通过统计队伍日志中每个小组的加扣分情况，评选出一个表现好的小组和一个表现不好的小组。表现好的小组可以把自己的星星正着贴在黑板上，表现不好的小组倒着贴在黑板上，一周评选一次。

每个小组成员为了共同的小组目标而努力，每个班级成员为了共同的班级目标而奋斗。表面上小组之间相互竞争，但是最终的目标都是指向建设健康积极向上的班级，在竞争中改变行为，在竞争中塑造一心。

（四）创，阵地创建添活力

为了充分发挥学生们的主体性，引导他们以主人翁精神参与到班级的文化建设中，我们创建了孩子们参加班级活动的文化阵地。

1. 阅读之星墙

在阅读书籍之中，学生们都会有些所思所感，在交流、分享中，不同的思想会碰撞出别样的火花。秉持着这个想法，我们班级创建了"阅读之星墙"。

每天放学前一段时间，班级学生按照学号准备好讲稿以及书籍，到讲台前推荐阅读的书籍。在分享书籍的过程中，既督促学生们去阅读，又锻炼了他们的语言表达能力。每周五通过推荐、投票，选出两名阅读之星，将他们的照片悬挂在"阅读之星墙"上。

很多学生从刚开始的时候磕磕巴巴，到现在能较流畅地完成自己的推荐。这一过程中优秀的书籍在学生之间广泛流动，无形中也增加了学生们阅读的积极性。

2. 家务达人岗

现在的家庭中，家长们对孩子都是极其宠爱。为了锻炼学生们的动手能力，班级创建了"家务达人岗"。

在班队课上，通过观看视频，阅读详细例子，引导学生们制订家务计划，在讨论中修改、完善。学生通过各种途径学习做家务的技巧，并将每天做家务的情况通过照片上传到班级QQ群中。在QQ群中，学生们可以相互监督家务完成的情况，也可以分享自己的劳动心得，使阵地的功能得到充分发挥。

3. 萤火虫小广播

这个灵感来源于央视的一个节目《朗读者》。第一阶段，每个学生合作朗读完一本书，在这个过程中，既是对学生朗读能力的锻炼，也创建了共读一本书的氛围；第二阶段，每个学生围绕一个主题，独立收集与主题相吻合的文章，进行朗读；第三阶段，每个学生围绕一个话题，提前一天准备好演讲稿，第二天进行演讲。这个阵地致力于培养一群能讲、会讲、爱讲的班级成员。

"扶""换""竞""创"，这就是班级文化建设实践中得出的"四字诀"。充满积极、健康能量的班级文化有利于该年龄阶段孩子的成长，在潜移默化中孩子受到思想上的熏陶，能力上的锻炼，形成健全的人格和高尚的情操，从而有效促进学生自我管理。

四、勤思考，促成长 >>>>>>>

在班级文化建设过程中，能看到学生身上的些许改变。面对他们，班主任并不是束手无措，而是要明确这类学生产生的原因，有针对性地采取措施，使学生从心底里认同这些举措，愿意积极地参与其中。这类学生的转化是个漫长的过程，需要教师亲力亲为。在转变的过程中，不仅要发挥学校主导作用，而且要充分发挥家庭因素对他们的积极作用，以实现家校合力，共同教育的目的。

点评 >>>>>>>

黄老师以小胖的案例作为引子，从家庭、社会、学生自身三个方面分析了学生自我管理能力欠缺的原因，结合自己多年班主任经验，总结了提高学生自我管理能力的四字要诀。

1. 抓班级核心骨干，用"扶"字诀，锻炼班委管理能力。根据班级管理需要，设置多个班级管理岗位，让更多的学生有机会参与到班级管理活动中。

2. 运用行为塑造原理，以"换"字诀，通过"萤火虫银行"积分的方式对学生进行相应奖惩；期末的积分换礼物活动调动了学生以良好行为多积分的积极性，每天的积分变化为学生提供了直观具体的行为监控方式。

3. 以组内合作组间竞争方式，以"竞"字诀，调动学生小组团结共同进步；形式上的小组竞争蕴含着组内的团结合作，使用恰当的方式可以促进学生的沟通与交流。

4. 通过多种班级活动方式，以"创"字诀，为学生搭建多元发展平台，促进学生个性化发展。

北京教育学院副教授　伍芳辉

提升低年级学生自我管理能力"六步走"

北京市培星小学　陈纳

一、引言 >>>>>>>

伴随着教育改革的步步深入，学校教育中更注重突出学生的主体性，重视学生自我管理能力的培养。小学低年级阶段是学生自我管理能力和好习惯形成的关键时期，小学生自我管理能力的形成具有差异性、阶段性和反复性的特点，自我管理能力的形成需要家长、学校、老师以及学生本人共同努力。能力一旦形成，有利于学生提高学习能力，提升心理素质，增强自信心，使学生受益终身。

二、案例分析 >>>>>>>

宇宇（化名），六岁，男，一年级，性格偏内向，父母工作比较忙，教育经验较少，孩子由家里老人看管多。入学第一学期，宇宇课堂小动作比较多，桌面物品摆放凌乱，书本和作业本缺角、缺页，在校丢失过衣物和学具，书写潦草，学习马虎。

三、原因分析 >>>>>>>

　　分析出现以上现象的原因：第一，由于学生年龄较小，又是男孩子，很多事情家里老人包办得比较多，造成孩子的依赖性强、性格内向、胆小等问题，像宇宇这种情况的学生在班级里不是少数。由于孩子的年龄特点，出现丢三落四的现象也较为普遍。第二，由于孩子处于小学低年级阶段，在很多家长传统意识里，更注重孩子的知识学习，而忽略了孩子自我管理能力的培养，而小学低年级正是自我管理和习惯养成的关键期，因此需要改变家长的错误观点。

四、解决方法 >>>>>>>

　　针对以上问题，我决定采用学校教育为主，家庭教育配合的方法，采用以下六步法，与家长合力提高孩子的自我管理能力，改正孩子丢三落四，课堂小动作多，马虎等问题。

（一）第一步：指错，指出问题正行为

　　一次语文课快下课时，我发现宇宇不见了，于是我赶紧走到他桌前，只见他桌子上碎纸、剪刀、水杯、数学书、语文书等铺满整张桌子，椅凳上的书包掉到了地上，书包里红红绿绿的水彩笔也掉得到处都是，而他正在课桌下面寻找不知道丢到哪里的铅笔。我严肃地把宇宇从桌子底下叫出来，问他："宇宇同学，请背诵一遍老师的课前准备歌。"

　　"铃声响，别着急，下节课本放桌上，书本放在左上角，文具放在右上角，下课五件事，收书放书对桌子，捡起垃圾上厕所。"宇宇流利地背诵出来了。

　　可是对照他的行为，真是让我哭笑不得。看来一个好习惯的形成，不能仅仅局限在歌谣上，还需要对照歌谣在行为上进行不断强化。

（二）第二步：纠正，树立标杆立榜样

　　我抓住小学生善于模仿和喜欢模仿的特点，继续说："宇宇同学背诵得特

别好，提出表扬，但是咱们这个准备歌，可不能仅仅停留在嘴巴上，还要落实到咱们的日常行动中。马上就要下课了，请同学们一边背诵课前准备歌，一边按照歌谣中的要求来摆放学具，比一比谁摆放得最快最好！"全班开始行动起来，仅十几秒班级里就有几位同学迅速、整齐地把学具摆放好了，我立刻表扬了这几位同学。伴随着下课铃声，我让同学们去参观他们的课桌，让他们给同学们介绍一下自己的摆放经验。

（三）第三步：帮扶，同学帮扶督行为

我把宇宇单独安排给一位摆放特别整齐的同学，让这位同学指导宇宇如何正确摆放学具。在他们的摆放过程中，我发现口诀还需要更细化，比如先拿什么，后拿什么。于是我细化了一段课前准备的歌谣："先摆笔袋再拿书，左角摆放书和本，右角放个小笔袋，课前摆放有计划，上课用来真方便。"我和宇宇进行了交谈，告诉他每节课前，如果物品不准备好，在课堂上使用起来会产生很多不方便，而且还会影响到其他同学，孩子虽然小，但是还是能够明白这个道理的。我又找了班级上的一位小干部，在每节课下课时及时提醒宇宇摆放好下节课的学具。而每节课上课前一分钟，我会让同学们提前坐好，重复课前准备歌，并检查每一位学生，特别是宇宇同学的学具摆放情况。

（四）第四步：合力，家校合力促转变

经过一段时间的坚持，宇宇同学已经能够按要求在课前摆放好课桌用品。可是马虎的问题还是时常出现。比如上完体育课，发现衣服找不到了；放学时发现水杯落在教室里等。一项能力的形成，仅仅依靠学校还是远远不够的。因此，我主动联系了宇宇同学的家人，利用放学时间与他的妈妈做了沟通。通过交谈，我了解到原来宇宇的爸爸妈妈工作非常忙，从小就是由老人带孩子。老人很疼爱孙子，很多事情都大包大揽，所以孩子的自理能力较差。因此，我建议孩子的妈妈与家里老人达成一致，在家里有意识地训练孩子的自理能力，如有意识地在家里给孩子安排一些家务活，并建议与孩子一起制定一张生活表，列清哪些事情需要孩子做，一周检查一次完成情况，并给予相应的奖励。

（五）第五步：激励，设置岗位激动力

针对宇宇同学的这种典型情况，我决定在班级里建立"服务小岗位"，鼓励有类似问题的同学积极认领班级岗位，锻炼这些同学的能力，大家都非常积极地认领了自己的岗位。宇宇同学认领了"课间卫生岗"，每次下课的时候，他都非常积极地检查每位同学的桌兜和地面卫生，我也赶紧抓住时机对其进行表扬和奖励。

（六）第六步：表扬，表扬进步固成果

根据同学们的完成情况，为了进一步巩固成效，我在班级里设置班级常规评比栏，根据学生们的日常表现和岗位完成情况进行评比，以周为单位，进行周奖励。宇宇同学获得的奖励渐渐多起来，自我管理能力有了很大的提高，丢失物品的现象基本没有了，而且在家里还主动帮助老人做事情，在学校进行的感恩节活动中，宇宇的家长给我发来了宇宇在家里做饭，为爷爷洗脚的照片。宇宇真的变了，变得不仅能够独立完成自己的事情，而且还能主动帮助他人了。

五、反思 >>>>>>>>

教育心理学告诉我们，任何习惯的养成和能力的形成都不是一蹴而就的，必须经过不断地强化，在"反复抓，抓反复"中逐渐形成，并伴随终身。对于低段学生来说，自我管理能力较弱，教师首先要向学生明确具体怎么做，让学生有清晰的学习榜样，然后在模仿中逐渐形成"定式"，由盲目的"无意识"的公式化行为转变为长期坚持的"有意识"的自我管理能力，而这种"有意识"并不是仅仅依靠每天的学校教育可以达到的，还需要家长和老师的共同努力，给予学生在日常生活中一点一滴的关注与表扬，滴水穿石，进而才能让学生养成习惯。

陈老师完整呈现了一个帮助学生建立良好行为习惯的案例。对于一年级的学生而言，自己物品的保管与整理是自我管理的重要任务，也是自我管理能力的典型反映。文中所述宇宇的表现是非常典型的。陈老师用的六步走方法，运用了行为塑造法的基本原理和重要策略。

第一，发现宇宇文具管理混乱的基线行为，通过让他背诵要求方式澄清目标行为。

第二，运用良好行为示范，让宇宇可以观察模仿文具整理的行为。

第三，以他律加自律的方式监控宇宇的文具整理行为，进行及时的行为结果反馈。

第四，家庭行为模式干预，将学校中的行为与家庭情景中的行为统一，形成行为的一致性。

第五，以"课间卫生岗"的认领，帮助宇宇在监控班级其他同学的过程中，学会行为自控。

第六，以激励方式，不断巩固良好的行为模式，将其扩展到其他自我管理行为中。

陈老师始终以正向、积极的方式面对个别学生的行为问题，并把个体辅导与班级管理有机结合，是低年级班级管理的有益实践。

北京教育学院副教授　伍芳辉

健康成长有"配方"——提升孩子自主管理能力

北京市密云区南菜园小学　荣连玉

　　近两年来我一直担任一年级的教学和班主任工作，成了一个名副其实的"孩子王"。面对这些"小不点儿"，如何让他们在最短的时间内适应环境，喜欢上我，愿意和我一起学习，是我一直探究、摸索的难题。

　　常言说得好："播种行为，收获习惯；播种习惯，收获性格；播种性格，收获命运。"如果说每个孩子都是一颗小星星，我愿用真诚、热情为他们撑起一片挚爱的晴空，让他们各自闪烁出最灿烂、最动人的光辉！

一、基础配方——以身带学 >>>>>>>>

　　老师就是学生面前的一面镜子、一本书，学生的很多行为、习惯都源于老师，一年级那些稚嫩的学生更是如此。美国的雷夫·艾斯奎斯老师曾说过："孩子们以你为榜样。你要他们做到的事情，自己要先做到。我要我的学生和气待人、认真勤勉，那么我最好就是他们所认识的人之中最和气待人、最认真勤勉的一个。"因此，教师在规范学生的行为前，首先要规范自己的行为；在提高学生的素质前，首先要提高自身的素质……要真正做到为人师表，率先垂范。

　　一年级的学生比较小，光用语言表达学生有时不明白，所以每次开学初我都会"变成"小学生，教孩子学习坐姿、站姿、写字姿势、举手姿势等课堂常规，平日上课我也会以身示范，用动作带学生，从不松懈，这样一来整个课堂充满了精气神。

相信你也有这样的感觉，在学生做连线题或竖式计算题时，不管你怎么提醒、怎么嘱咐，都会有学生把线画得七扭八歪；在学生排队上操或集会时，不管你怎么批评，怎么惩罚，都会有学生说话甚至打闹……怎么会这样？我们经常抱怨：说了多少遍，嘴皮子都磨破了都不听。想一想，你在要求孩子这样做的时候，你自己是否做到了。

记得那是初教一年级的一次考试，试卷上有一道题：画了很多小蘑菇让你数一数，一共有多少个，把数写在下面。这么简单的题，平日里做过很多次，怎么还有那么多人做错？在分析原因时，我发现这些孩子都没按我的要求去做，每数一个标记一个，一个有经验的老师告诉我："光强调对他们是没有用的，你要示范着这样去做，直到他们形成习惯了，你不用说，他们自己就做了。"后来再做这样的题时，我都在屏幕上带着学生一起点着数，果真在考试时孩子们都做到了。从那以后只要要求学生做到的我都会自己做到，答应学生的事，我一定遵守承诺，成为了学生真正的榜样，身教重于言教。

二、调味配方——以奖带效 >>>>>>>>

奖励对学生来说是最大的诱惑。所以只要我和学生在一起，多数时候都是表扬、奖励他们。课上，我以小组竞争，优秀小组发积分卡的形式，表扬习惯好的，带动习惯差的；做练习时，我以奖励看书、画画，免写作业，偶尔还奖励零食的形式，表扬写得正确、工整的，带动边写边玩、不认真的。当然，对于那些跟自己比进步很大的学生我也会奖励，使他们更有动力。

记得一次上操跑步，天气比较热，学生们无精打采的，体育老师怎么说学生也不听。见此情景，作为班主任的我就开始表扬跑得好的，但效果不大，怎么办呢？我想了想对他们说："谁跑得好，我就让他当小班长到队伍外面管大家。"话音刚落，学生们的精神立刻就变了样，姿势特别漂亮，跑得特别整齐。为了让学生保持状态，两圈之后我选出了第一个人，一圈后又选出一人……整个跑步时间都在不停地选人。学生们表现得都特别好。只有一个小男孩，比较胖，跑着跑着就坚持不住了，我就对他说：只要你坚持跑完一圈，你就是今后的小班长之一了。他真的做到了，我也兑现了承诺，其实他不知道我这里的"阴谋"：这个孩子本身就胖，再不运动怎么减掉一身的小肉，使身体健康呢？让他当小班长后，他要管学生，不仅要以身作则，还必须追着大家跑。这不是一个两全其美的办法吗？让学生管理这个方法在我们班一直在用，减轻了老师的负担，学生的精气神也大大提高了。

奖励就是一剂良药，不仅让学生尝到甜头，而且可以达到意想不到的好效果。

三、经典配方——以爱育爱 >>>>>>>>

我经常和我的学生说：只要你上课认真听讲，下课只要不做危险的事，怎么玩都行！学生们都很上进，做得都很好。

平日里我会和学生聊天，把我的事情说给他们听。说其他老师对我们班的称赞，对我的帮助；说家人对我的关心、对我忙于工作的理解。我希望他们都有一颗感恩的心，和我一起把我们班建设得越来越好。

更多的时间我会聆听学生的喜怒哀乐，和他们一起伤心，一起笑。记得刚开学不久，我就关注到了班里的一个小男孩，他很乖，就是整天闷闷不乐，不爱说话，不爱参加教学活动，衣服也脏兮兮的几天都不换。我慢慢接近他，表扬他听讲认真，写字漂亮……我会给他纸，让他把鼻涕擦掉，会让他洗洗小手，帮他抹上护手霜……慢慢地我知道了：原来他的爸爸妈妈工作都很忙，家里的妹妹还小，爸爸妈妈只顾照顾妹妹忽略了他，让他以为爸爸妈妈不爱他，只爱妹妹。我开导他，希望他换个角度去想，希望他能做爸爸妈妈的小助手。同时，我也悄悄地联系了他的妈妈，和她说了孩子的想法，希望他们能多关心孩子，毕竟他也不大，哪怕就是简单的抱一抱、问一问，让孩子感受到被重视、被爱。后来，孩子变得开朗了，活动也积极了，成了一个认真、阳光的学生。

我用我的真情，关注每个孩子细微的表情、细微的动作，和他们亲切交谈，理解他们，帮助他们，成为了他们的好朋友。我教过的孩子每每见到我都会大声地喊我，有的还跑过来抱抱我，这让我觉得无比幸福。

有人说：爱是细雨，滋润学生干涸的心田；爱是阳光，温暖学生纯真的心灵；爱是明灯，照亮学生前行的道路。我更觉得：爱是桥梁，建立了我和学生之间深厚的情谊。

　　总之，在成长的路上，我会尽我所能，用自己的真心和热情，爱着孩子、激励着孩子、包容着孩子，使他们健康快乐地成长。

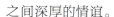
点 评 >>>>>>>

　　荣老师以夹叙夹议的方式，将自己带低年级过程中的有关案例进行综合，形成了提升学生自助管理能力的有效方法。

　　1. 以身带学的方法生动地告诉我们，低年级学生出现的不按要求做的现象，是因为学生头脑中没有教师要求中的行为模式，可以记住语言，但不清楚语言所表达的行为样式，需要教师将语言要求与行为示范结合，给予学生具体的行为指导。

　　2. 以奖带效的方法，揭示了学生行为养成的过程中需要有效的激励，使用奖励的这种方式可以引导学生不断做出良好的行为。

　　3. 以爱育爱是一个更高层次，更有持久影响的方法，这不是简单的策略，而是一种随时随地都在行为中体现出来的对学生的关注与尊重，是细腻的、具体的、深刻的教师之爱。

北京教育学院副教授　伍芳辉

几粒米饭，成就认真书写好习惯

北京市密云区南菜园小学　李艳华

我接手四（3）（4）班时，两个班学生就像一盘散沙，懒懒散散，而且学习习惯特别差，每天上交的家庭作业本60人能交上47个就算完成情况好的，而且交上的作业简直"惨不忍睹"，先不说字漂亮与否，连最起码的认真写也做不到，而且作业本上时常是油迹斑斑，有七八个孩子几乎成了不完成作业的"专业户"。开学初我就找到这些孩子的家长，但他们的孩子交上来的作业依然不堪入目，而且超不过一周肯定交白本。

这天，我照惯例判着作业，当时我一边与同办公室的老师聊着天，一边忙着判孩子的家庭作业，判着判着，突然一块什么东西粘到了我的手上。我定睛一看，只见一堆泛着黄色的米粒粘在了我的手上，我赶紧去卫生间洗手，反反复复地搓了好几遍，洗完手我恨不得把那堆作业扔开，可转念一想我不能这样做，于是我嘴里一边埋怨着一边小心翼翼地处理作业本上的米粒，心里还不停地盘算着我该如何对待这件事。

经历了这件事之后，我开始反思，孩子为什么作业习惯那么差？我一定要找准病因，对症下药。

我先分析了这些孩子的家庭情况，经过调查我发现我班87%的孩子来自华远市场做小买卖的外省市家庭，孩子习惯非常差，不要说认真书写了，就连按时完成作业都成了我们对一些孩子的"奢望"，所以孩子的作业又乱又差几乎成为了通病，只要孩子能把作业完成，作为老师的我们就已经很高兴了。

一、走进家庭找原因，理解孩子 >>>>>>>

两天后，我开始走访那些孩子的家庭。在第一个我走访的孩子家中，我看到了很多，也有了很多的感触。进入他家，眼前只有一间二十多平方米的屋子，中间用一块布帘将本已很窄小的屋子隔成三个屋，里边是卧室，床上的被褥随意地摆放着，床边放着一张不知从哪儿弄来的很旧的课桌，布帘隔开的外边是间厨房，锅碗瓢盆散落在案板上、地上。孩子的妈妈有些不好意思地说："老师，你看家里这么乱……"我忙说没关系。眼前的一切让我明白了孩子为什么习惯如此之差。正是由于这样的家庭环境导致了这批外地来京的孩子养成了写作业像"草上飞"、作业本不整洁等不良习惯，这次家访让我真正理解了孩子。

二、帮助孩子分析原因，找方法 >>>>>>>

回来后我把这次的经历跟孩子们讲了，并且表示了老师对他们的理解，同时把泛黄米粒作业本事件跟同学们说了，同学们在下面不好意思地笑了。我紧接着表明我的态度：老师并没有批评你们的意思，可是家里再忙再乱，我们也应该让自己的作业本干净起来。我又接着问：荷花漂亮吗？你知道它生长在哪儿吗？淤泥里。荷花能出淤泥而不染，那么同学们能不能在这样的家庭环境中先让自己的作业本干净起来？孩子们一致表示愿意。我紧接着和同学们讨论起方法来：（1）写作业前先把写作业的地方腾干净。（2）写作业过程中要专注，不能边吃边喝边写作业，也不要因为哪儿有声音就转移注意力。（3）每天为自己的作业打分评价。（4）做完作业收拾学习用具。

三、召开家长会，争取家长的配合 >>>>>>>

一个星期后我召开了一次专题家长会：让孩子的作业本干净起来，让孩子的书写认真起来。家长会开始我先用投影出示了四份油迹斑斑粘着杂物、字如"草上飞"的作业本，家长看了都觉得不可思议，我说："可这就是我们孩子的作业，孩子的好习惯真的需要好好培养。"而后我又出示了两份干净的书写认真漂亮的作业，引起家长的议论。我紧接着给家长支了几招，并且把我想到的方法跟家长做了沟通，家长纷纷表示愿意配合支持孩子养成好习惯。

四、组织多种形式评价和竞赛，促进认真书写习惯养成 >>>>>>>

"万事俱备，只欠东风。"家长和孩子的工作已经做完，接下来就看我这个领路人的功夫了。我经过慎重思考，集思广益设计了一系列的评价措施和办法。

（一）家庭作业每天一评，每周一总结

每天判家庭作业时，我就留心将家庭作业分类：作业本干净整洁的、书写认真大方的在班级功过簿中为这些同学加20分，作业本脏、作业书写不认真的在功过簿中扣掉10分。每周一班队会结算作业得分和扣分，点评一周作业情况。对一周连续五天加分的孩子奖励减一天的家庭作业，和一些屡教不改的孩子单独谈话，刺激他们的竞争欲望，并且对他们降低要求，让他们体验成功的乐趣。

（二）开展家庭作业展览，激发学生写好字的欲望

每个月月末开展家庭作业展览，为作业打分。孩子们自由翻看作业，民主评选出十佳作业进行表彰，奖励一本课外书。这个活动的开展大大激发了学生的兴趣，并决心写好作业。

（三）奖惩并用，促进习惯养成

在这些活动的基础上，大部分孩子都让作业本干净起来了，而且书写也认真多了，但是依旧有个别学生不求上进。于是我加上了惩罚的措施，不认真书

写的重新书写。经过两周的奖惩措施共用，孩子的作业认真多了。

（四）发挥舆论作用，让孩子想成"名人"

在几次教研组老师和领导检查作业时都反映我们班作业清楚，书写非常认真，我在暗暗自喜的同时更不忘与孩子们分享。我告诉孩子们检查作业的老师和同年级的老师都说我们的作业干净，书写认真漂亮，老师们还记住了咱们班小然、小菲等同学的作业。有的同学伸长了脖子也没有等到自己的名字，我赶紧激发他们的斗志，说没有记住你们不要紧，继续努力，下次你也一定成为咱班的"名人"。

（五）持之以恒，让孩子尝到认真书写的甜头

在孩子们和我的共同努力下，我们班的作业终于拨开云天见日出，无论是做作业还是做卷子学生都能认认真真对待，经常得到同年级老师的称赞，我也为之骄傲。在这样认真书写的氛围下，孩子不光不用补作业、重做作业，反而有时间玩，而且在做事的态度上也发生了翻天覆地的变化，做操、站队、读书都比原来认真多了，孩子们像一群小鸟一样欢快地向我诉说着他们的收获。

即便是现在，每当我拿起孩子的家庭作业本时，也还会不由自主地回忆起那泛黄的米粒。我要感谢这泛黄的米粒，正是这米粒成就了我们四（3）（4）班孩子认真书写的习惯。

点 评 >>>>>>>

作业是课内学习的有效补充，一般对课内学习内容具有预习、练习和复习等作用。由于课内时间毕竟有限，课外作业能够将校内外学习紧密结合起来，因此良好的作业习惯是拉开学生成绩差异的重要因素。就本文案例而言，四年级的学生还没有建立起较好的作业规范和习惯，势必会影响到他们的学业表

现，形成作业习惯差和学业不良的消极循环。如何打破这种循环？还是要从学生学习的一些最基本规范做起。

本文老师首先通过走访学生家庭，深入地了解和理解了学生作业规范不良的原因，并和学生及家长进行了真诚的沟通。其次，这位老师以改进作业习惯为目标，具体采用了代币制评价制度、开展有趣的展览活动、奖惩并用、积极鼓励等措施，并最终让学生体验到认真做作业的乐趣，从而激发其内在学习动机，使其总体学业表现都得到提高。

北京师范大学教育学部讲师　李蓓蕾

"三精三自"班级管理

四川省成都市龙泉驿区柏合九年制学校　王艳华

长期以来，班主任给人的印象都是起早摸黑、苦口婆心、终日琐事缠身、疲惫不堪。究其原因是班主任忽视了学生的自主发展和自主管理，忽视了学生成长过程中的主体意识，把原本学生能做的事情代劳了，剥夺了学生磨砺的机会。

苏联著名教育学家苏霍姆林斯基曾说过："只有能够激发学生去进行自我教育的教育，才是真正的教育。"这引起我们的思考：在班级管理中，应如何引导学生自主地参与到班级事务及管理中，并让他们在参与班级事务和管理的过程中，实现学生自我管理，自我教育，自我服务。

我校的"三精三自"班级管理模式，正好为学生自主管理提供了一个很好的平台。"三精"指：精神引领（文化浸润，价值培育）、精心落实（从"人人有事做，事事有人管"的基本要求，到"人人能成事，事事出精彩"的品质追求）、精准评价（多元激励与制度创新）。通过以上三个层面的扎实推进，实现学生自我管理、自我服务与自我教育，从而实现制度育人的目标。

在班级管理中，我是这样来践行"三精三自"管理模式的。

一、确立"三精三自"班级管理制度 >>>>>>>

（一）做好学生思想动员

在确立班级制度之初，要考虑如何让学生接受这项制度。学生愿意接受、愿意执行的制度才能更好地发挥其作用。所以，首先要做好学生思想动员。于是，在七年级开学之初，我开展了主题班会课"我们理想中的优秀班级"。通过这次主题班会让学生明白：作为班级的一分子，每位同学都应承担起一些班级事务，班级实现了人人有事做，事事有人管，才会更加规范有序。当每位同学都尽自己最大努力，做好自己的分内之事，形成"人人能成事，事事出精彩"的良好局面，我们的班级才会向着我们理想中的优秀班级靠近。同学们都想我们的班级成为优秀班级，于是他们很乐意承担起班级事务，并在过程中想办法把事情做好。

（二）做好分工、明确职责

做好同学们的思想动员之后，将对班级事务进行分工，让同学们知晓各自的职责，以及考评方案。这个过程分五步走：确定岗位、选择岗位、选管理员、制定考评细则、公布分工结果。

1. 确定岗位

根据班级事务，确定相关岗位。制作出"三精三自"分工安排表。

2. 选择岗位

在第一周小组评价课上，让学生自由选择岗位，对于没有选到合适岗位的同学，老师进行协调，做到"人人有事做，事事有人管"，并详细记录在"三精三自"分工表中。

3. 选管理员

根据分工结果及学生的表现，选出各项事务的管理员。对于任务繁重的事务，如清洁打扫、分餐等，需要选出管理员两名，其余事务只需1名管理员。

4. 制定考评细则

根据学校德育办对班级的考核要求，制定出"三精三自"考评细则初稿，跟全体学生商议之后作为班规。并根据考评的需要，制作出详细的考核表，以便记录学生在学习、常规中的考核情况。

5. 公布分工结果

向全班同学公布分工结果、基本要求、考评细则，并制成班级公约张贴在班级事务栏中，要求每个同学牢记自己的职责及考评细则。

（一）培训学生

想让学生做好一件事，需要让学生明白：我应该如何做，做到什么程度才能达到要求。而我班学生，大多都不知道如何做事，如何管事。这就需要我在较长的一段时间里亲自训练他们如何去做，如何去管。比如，早读的管理。

首先，让学生熟悉早读的基本要求及考评细则。

早读的基本要求：每天早上学生到校交完作业，立即进入自读状态，7：20开始由早读管理员带领大家齐读，同时，管理员将对所有学生（打扫清洁的学生7：30）进行早读到岗考核。所有学生齐读时坐姿端正，双手拿书并将书立起来。管理员巡视，修正学生们做得不好之处，并记录好每个学生的早读情况。

早读的考评细则：

（1）早读管理员能在早上7：00之前开始领读的加3分，没做到扣2分；

（2）在7：00之前自读的学生加2分；

（3）早读迟到的学生扣3分；

（4）早读非常认真且声音很大的学生加2分，不认真、不发声音的学生扣3分；

（5）早上补作业的学生扣10分。

然后，在实践中亲自培训参与学生和管理员。在早读时，先教学生如何规范早读，然后手把手地教管理员如何使用考评表，以及当学生早读出现状况时，该如何处理。经过一个月对早读的跟踪，同学们都知道该如何早读了。

（二）考评制度

在刚开始实施"三精三自"管理模式时，同学们的积极性很高，都能积极地按照要求去做，但是当学生的新鲜感过了之后呢？就会有部分学生出现"偷工减料"的现象，为了让"三精三自"能持续地走下去，在一开始实施"三精三自"时，班级的考评制度就一定要跟上。

1. 循环考评

所有同学都是班级事务的参与者，他们在该项事务中的参与情况和完成情况由管理员考评。

管理员的参与情况以及该项事务的完成结果由"三精三自"委员考评。

分管班级常规的班长会根据每天年级学生会对班级的考核情况，考评"三精三自"委员。同时，全体同学监督班长、"三精三自"委员以及各项事务管理员的考核是否公平公正。对于以上所有的考评，都将记录在班级事务考评表中。

2. 量化考评

对于每项事务的考评，管理员都将依据"三精三自"考评细则，将每位同学负责事务的完成情况转化成考评分。

3. 分期考评

为了尽量体现班级考核的价值和意义，在量化评价过程中，我们会采用周评、月评、半期评、学期评四种形式。

（1）周评。

每周五，两位班长算出每个同学、每个小组、每个大组的得分，并在小组评价课上向全班同学公布结果，并写在黑板上。

全班四个大组，得分较低的两个大组将负责下个星期清洁的打扫和午餐抬饭，作为他们对班级的"补偿"。全班十二个小组，将根据他们得分的高低决定下个星期排队吃饭的顺序。得分最低的小组会为班级买一盆小植物美化教室环境，倒数第二、三名的小组将送给班级一本名著，丰富班级书柜。同时，每个大组里的三个小组中得分高的组获得优先选座位的资格。

（2）月评。

每个月末，根据每个小组的得分，评出一个优秀小组。在升旗仪式时接受学校表彰。

（3）半期评。

半期时，根据学生的表现，评出：优秀管理员两名，优秀科代表三名，优秀小组三个，优秀学生五名。其中优秀管理员、优秀科代表由全班同学投票产生，优秀小组、优秀学生则是根据半期以来学生的考评分产生。

（4）学期评。

期末时，用最后一节小组评价课，带领全班同学一起计算本期每位同学的考评分。先将每个同学每个星期的得分公布出来，同时各组组长负责将自己组所有成员的每个得分写在黑板上，然后当着全班同学的面，计算组员的得分。将所有同学的得分从高到低排序，前50%的同学为A等，后面的同学为B等，B等中个别对班级贡献较多的同学，酌情考虑将其升级为A等，以示鼓励。

三、落实"三精三自"班级管理 >>>>>>>

在实施"三精三自"管理的过程中，还可借助"外力""刺激"学生的感官，促使"三精三自"管理制度持续走下去。

（一）用好小组评价课

小组评价课上采用多层面的评价。

管理员根据所负责的考评内容及记录情况，汇总该周的情况，在小组评价课上总结发言，尤其要大张旗鼓地表扬做得好的方面，对于有待改进的也要提出自己的建议。

每周得分最高的三个同学和三个小组的代表，向全班分享他们的得分"秘诀"。

小组交流讨论时，小组长带领组员分析本周失分之处，以及如何改进，并对组员提出建议和要求。

（二）利用班级文化

在班级文化外墙中有一板块为小组评价。每周考评前三名的小组都将获得一面红旗。

为了将同学们每周的考评情况展示出来，特意做了一块展板——成长的足迹，用来存放各类考评表。

往届时，为了让学生清楚自己的考评分在班级中的大致排名，用了"琅琊榜"。

（三）借助物质奖励

在班级管理中，我坚信"重赏之下必有勇夫"，而适当的物质奖励（如学习用品、小零食等）对于学生来说也算是"重赏"了吧！每周从早读、午餐、清洁打扫三个项目中分别选出两名表现优秀的同学来奖励，其余事务中共选出五名同学来奖励，这样大部分同学的积极性就调动起来了。

四、感悟"三精三自"班级管理 >>>>>>>

（一）抓好管理员

首先，要选好管理员，管理员一定要选愿意做事的，并且乐意花心思去把事情做好的同学。

其次，要重视对管理员的培训，在管理员刚上岗的时候，首先要他熟悉业务：熟记具体职责、注意事项、考评细则，并在他做事的过程中多观察，从他做事中发现不足之处加以提点。

最后，要放权让管理员自行处理事务，在完成班级事务的过程中，难免会出现一些特殊情况，这时放权给管理员让其自行解决：这样的锻炼能让管理员尽快成长起来。

（二）坚持是成功的根本

每一种制度，不是一开始实施或是实施一段时间就能看到立竿见影的效果，它的作用需要在我们不断坚持的过程中慢慢体现出来。当然，这个坚持的过程也是艰辛的。当管理员没有做好自己的本职工作时，我们需要适时提点。当同学们不是很在乎某项班级事务的考核时，我们要点拨管理员想点新招数，让同学们能再次投入这项制度的完成中来。其实在我们坚持落实一项制度时，也在培养学生坚持的好习惯，锻炼学生学会思考。

刚毕业的2018级6班，我在八年级时中途接班。刚接班时，学生常规较差，七年级时班级获得流动红旗的次数屈指可数，班级成绩处于年级中下游。接班之后，坚持落实"三精三自"管理制度，学生的常规逐渐好转，连续三周获得流动红旗时，同学们非常激动，常规班长李嘉宇同学在小组评价课上高呼："流动红旗，so easy！"同学们也更加认同"三精三自"管理制度，更加愿意参与到班级管理中，做好自己的分内之事。慢慢地，获得流动红旗成了常态，每年我班都被评为"常规示范班"。同学们自主管理的意识越来越强，他们在自我管理中不断学会做事，学会做人，懂得规则，懂得感恩。

点 评 >>>>>>>

班级管理是一门艺术，需要老师用心设计，用情管理。面对青春期阶段的学生，王老师的"三精三自"的班级管理模式，关注学生的主体意识，助力学生的自我发展。

1. 根据青春期学生的特点，从学生角度出发，激发学生的参与热情，形成有效的班级团体动力。七年级学生，自我意识增强，通过班会的设计与实施增强他们的集体意识，形成积极向上的集体，有助于有效的班级管理，最终形成班级管理模式。

2. "三精三自"班级管理模式的设计实施，有效引导学生从"人人有事做，事事有人管"到"人人能成事，事事出精彩"，既关注个性差异，又推动班级的整体建设。

3. 巧用评价，帮助学生持之以恒，达成行为习惯养成。在"三精三自"班级管理模式实施的过程中，老师通过不同时限的评价、不同方式的考核，全体学生参与，借助班级文化、物质奖励的强化，达成很好的效果。

北京市东城区教育研修学院心理教研员　赵晓颖

小学信息技术课学生自主管理能力培养案例

黑龙江省伊春市乌马河区第一小学校　郑秉芝

一、信息技术课堂问题表现 >>>>>>>

下课铃响了，微机室内，顿时椅子碰撞、键盘抽屉掉下来的声音响成一片。"轻点儿慢点儿呀，别使劲儿推键盘抽屉，我强调多少次了！"走廊里等着排队的学生打打闹闹，我嘱咐学生安静站队下楼，但嗡嗡声一点儿没减少。

室内椅子东倒西歪。我开始整理时发现桌子夹缝处又塞了花花绿绿的小食品包装袋，地上粘了块嚼过的口香糖，下节课的学生马上要来了，我没有时间去揪住那个"顶风作案"的学生。我这边刚打扫好，门外又气喘吁吁跑上来大批队伍，学生陆续穿好鞋套，还有七八个没带鞋套的蹭着墙站着。看到那几个熟悉的面孔，我十分生气："上星期你就没带吧，你当时怎么承诺的？不是答应这星期一定带吗？""老师，我的丢了。""下节课带不带？"学生点点头。但下回很有可能依旧不带。

"老师，我的电脑打不开"，"老师，我的座位被占了"，"你为什么抢座位"。"上课了，别说话了！"我敲着桌子声嘶力竭才使教室暂时静下来，学生的眼睛都瞧着电脑，没人准备上课。"老师，我的电脑需要密码"，"老师，他把我的鼠标线拔了"。我在濒临崩溃中开始了一节课。

我在巡视指导过程中，又有学生报告"老师，他玩游戏"。"不是讲过不准玩游戏吗？你怎么不听呢？"学生马上又切换到作业状态。要下课了，那个学生不顾督促只做了一点点……我带着满腔无奈进入下一节课。

二、纪律问题原因分析 >>>>>>>

（一）纪律问题客观原因

1. 机少人多的问题

有的班级人多，又想尽量照顾每一位学生上机时间，两人一机的人员不固定，这对每节课的正常秩序产生了干扰。

2. 电脑硬件的问题

（1）机器配置低，运行速度慢，故障率高，学生座位不固定，教师经常一边焦头烂额解决硬件问题，还要回答学生学习中的问题，影响课堂纪律。

（2）电脑不可控，上节课的学生修改或删除了部分数据设置，导致下节课的学生无法正常使用应用软件，学生去找好用的电脑，就会出现"抢占"现象，导致课堂纪律混乱。

3. 小学生自控力低的原因

学生喜欢上网玩游戏，注意力是波动的，不持久的。他们逮住机会就玩，影响课堂教学。

（二）纪律问题主观原因

1. 管理观念上的原因

有的教师认为小学生年龄小，自我控制力差，让小学生自主管理为时过早，就得靠强制看管。有的教师觉得浪费时间，怕对学生学习有影响，还不如老师代劳……学校管理靠班主任早晚跟班看管，课间由班主任、科任教师轮番看管，值周教师走廊内巡视，学生普遍缺乏主人翁精神，缺乏集体荣誉感。学生去微机室上课，有班主任跟班时秩序井然，脱离了班主任和值周教师的视线则杂乱无序，老师的话都被学生阻隔在"千里之外"，所以信息技术课堂是纪律问题的高发地。

2. 教学内容枯燥的原因

有的教学内容比较枯燥、单调，小学生认知能力还不成熟，注意力保持时间短，又顽皮好动，思维被吸引到别处去，从而引发纪律问题。

3. 教学方式固化的原因

信息技术教学方法形式化照搬，学科特点不突出，课堂学生交流讨论，但却引发了"乱"说，学生忘记了约束，讨论变成"吵"论。

4. 教学层次不清的原因

教学层次不分，一把抓。学生认知有快有慢，基础有好有差，优生无挑战，后进生不会做，百无聊赖引发了纪律问题。

三、问题解决策略 >>>>>>>

（一）客观问题解决策略

（1）面对机少人多的问题，学校可适当缩小班额减小教师压力。现有条件下，采取五人四台电脑互换上机的方法，学生自由组合，小组成员在纪律、学习、卫生方面相互提醒、相互监督。

（2）要改变硬件的配置低导致的不可控局面，更新换代的电脑要通过设屏蔽、监控，让电脑可控，减少学生下载、安装、运行游戏的机会，达到对学生进行有效管理的目的。

（3）教师做好课前软件维护更新工作，为正常教学创造良好的环境。

（二）主观问题解决策略

1. 与班主任联手，抓好学生自主管理

作为一名科任教师，要"不等不靠不告状"，先从主观上改变。开学初与班主任讨论规划自我监督管理表格，统一要求。学期第一节课和学生讲明道理，与学生讨论加减分办法，说清活动的规则和违反规则的处置。每五人一组分成若干个小组进行百分制量化考评，考评有上下楼、保持肃静、鞋套配带、

卫生保持、作业完成几个方面。每周小组长执勤，连续三个星期满分晋升为纪律监察，连续六个星期满分升为小督察，不同层级的管理角色轮换，让学生工作起来更主动、更积极。每星期统计一次，汇报给纪律督察统计。当时有四年级的某班某组长，别的组长都选好组员了，剩几个不好管没人要的学生，他哭着说不想当那几个学生的组长，经过班主任的耐心劝导才上岗。结果这位小组长特别认真，管理得非常好，为课堂教学有序进行提供了保证。

2. 备课下足功夫，吸引学生学习兴趣

教师备课时对教学内容加工和处理，创设有趣的氛围，形象生动的比喻，吸引学生的注意力，从而提高学生的课堂参与意识与热情。

3. 教学方法要体现学科特点

教师要引导学生自主学习和合作学习，自主管理五人小组也是自主学习小组，控制教师讲解、小组讨论时间，要避免形式化的讨论。教师要对集体讨论结果及时评价。

4. 竞争机制引入课堂，实行学生分级教学

三次作业完成又快又好的学生晋升为"小老师"，"小老师"帮助教师指导其余同学，教师要帮助"小老师"树立自信、树立威信。满六次的"小老师"晋升为"优秀小老师"。

经过小学信息技术课堂教学管理实践得出，小学中、高学段正是自我意识觉醒时期，是自主管理能力的建构时期。经过信息技术课堂自我管理实践，课堂纪律出现了明显整体改观，我看到了学生自律、公正、向上的可喜风貌。实践证明，学校里的每一分钟都是提升小学生自主管理能力的黄金时间，学校的每一寸空间都是训练小学生自主管理能力的土壤。在今后的实施过程中我还要认真观察管理对教学的促进，进一步完善，坚持正确引导，让学生在良性竞争中不断进步。

点 评 >>>>>>>>

　　作为一名科任老师，能够关注学生自主管理能力的培养，并实施有效的方法引导，并且寻找利于学生改善的有利因素，通过学科教学、建立奖励机制、与班主任沟通等方式，对学生施以辅导，效果很好。

　　1. 原因分析全面而到位，从学科的特点、硬件的现状、小学生自控力低，以及教师的观念、教学设计主客观两个角度来分析，为制订计划，实施落实奠定基础。

　　2. 与班主任联手，统一要求，了解学生的心理、行为特点，借助班主任的力量，形成合力，共促学生行为改善。

　　3. 从本学科特点入手，进行教学方法的设计，引导学生自主学习和合作学习，过程中避免了形式化的讨论，教师的及时总结与评价，让效果彰显。

　　4. 将竞争机制引入课堂。老师根据学生的特点，建立"小老师"奖励制度，在老师的指导下，学生的自信心也就开始建立。

北京市东城区教育研修学院心理教研员　赵晓颖

提升小学低年级学生班级卫生自主管理的小策略

安徽省合肥市莲花小学　张中良

卫生打扫一直是个难题，一些小学低年级学生在家里衣来伸手饭来张口，学龄前几乎没有做家务的体验，劳动技能几乎没有。让习惯于丢纸屑忘文具的他们学会将桌面和书包收拾整齐，进而打扫干净地面和抽屉，十分困难，更不用说合作打扫干净班级或者帮助别人打扫了。

这是班级组建时卫生方面所遇到的学情。对此，我是这样做的。

一、全方位宣传劳动教育　>>>>>>>

班级文化建设时墙面装饰劳动标语，卫生角布置整洁有序，卫生工具结实耐用方便易取，张贴班级卫生员值日表；举行卫生手抄报评选，利用每月更新的黑板报和每周四块的宣传白板倡导卫生洁净、热爱劳动；利用班会课进行"讲卫生爱劳动"主题班队会；课间和午间大屏幕滚动播放大队部统一制作的卫生教育视频；课上联系课文实时渗透；配合全校主题教育月集中教育等。

二、传统习诵，牢记于心　>>>>>>>

开学之初的早读，孩子们都会诵读国学经典，譬如统一诵读《弟子规》，其中便有："晨必盟，兼漱口。便溺回，辄净手。冠必正，纽必结。袜与履，俱紧切。置冠服，有定位。勿乱顿，致污秽。""房室清，墙壁净。几案洁，笔砚正。墨磨偏，心不端。字不敬，心先病。"这样的字句，一边读古文，一边教故事，每日坚持，润物无声。

三、"责任田"命名承包制 >>>>>>>>

班级是大家的，由大家来爱护；你的座位是你的"地盘"，由你来维护。每一个学生可以给自己待的位置取个名字，还可以制作一个标签，座位每天流动，"地盘"也是流动的，人到哪儿，哪里就是你的"责任田"。孩子们脑洞大开，创意无穷，"百花园""努力田""勤思堂"……我给教师的负责区域——讲台取名"且停亭"，意思是老师在这里驻足，在这里回眸，在这里思考，在这里守望。

四、建立有体系、有监督、有互助的卫生打扫团队 >>>>>>>>

班级实行轮流值日生、轮流值日班长制，每天一位值日班长带领一组值日生，每位同学平均两周轮到一次。每天午餐后是集中打扫时间，每位同学进行自己"地盘"的细节清理，同桌互查后，由值日班长带领值日生进行公共区域大清扫，并护理班级绿植和动物，教师负责讲台区域打扫。如果有同学请假未到，由同桌兼任打扫，同桌也未到，由其所在学习小组的小组长兼任打扫。未到同学回归班级后要表示感谢并回报劳动一次，若有其他同学自愿帮助，也表示鼓励。

五、事事人人干，首遇负责，就近负责 >>>>>>>>

魏书生老师是我敬仰的教育家，他的"事事有人干，人人有事干"自主管理班级培养模式深得我心。班级里的每一样事务都有人负责，班级里每一样事务都有人出力，班级里每一个个体都为班级服务，也在班级获取他人的帮助，这才是一个良性运转的和谐集体。每一位同学都是管理员，从黑板窗户到宣传栏垃圾桶都有人承包，专人专项，培养责任感，也让孩子拥有荣誉感，增强凝聚力。

在此基础上，我们还实行首遇负责制，第一个发现问题的人有优先处理问题的权利；就近负责制，离得最近的人有优先处理问题的权利。譬如宣传栏张贴的手抄报被风刮起，第一个看到的孩子可以拿起胶带将它贴平整，不用专门告诉老师或宣传栏管理员，其他同学可以借胶带但不要争抢。又譬如科学课老师需要播放多媒体，窗户透进的光不利于投影呈现，那么坐在窗户旁边的同学就会率先拉起窗帘，而不是等到窗帘管理员匆匆跑过去。

六、抓住主要矛盾的主要方面 >>>>>>>>

尽管卫生打扫需要学习的地方诸多，但最困难也最需要指导的就是地面打扫，我花了半年时间专门督促这一方面。半年中其他卫生检查方面不苛求，不进行综合性卫生评比，只要求地面干净，一丝一毫的污渍纸屑都不能有。因为目标单一，在老师细心教授打扫技巧，并提出明确达标要求后，孩子们也明白保持地面干净是硬性要求，必须达成。

七、授人以渔，技术、思维双向培养 >>>>>>>>

公共层面的事宜，不能只号召然后坐待其成，而要制定可操作的流程，如果整天只是说"要讲文明讲卫生"，最后可能只是"自说自话"，若要变成行动，就要实实在在落实到位。譬如流感时期我们班级需要通风消毒，恰逢寒冬，什么时候开窗，谁来开窗，什么时候关窗，一天开关几次，雾霾雨雪怎么办，谁来监督填表，怎么一直坚持，需不需要消毒液消毒，谁来消毒，多长时间消毒一次，消毒后班级通风是否会影响夜间教室财产安全，这些问题班级都进行了细化。当时我已经培养起了班干事体系，班干部们能够分担很多事情了，然而在劳动素养培养初期可没有这么顺利，授人以鱼不如授人以渔，不可能一切都由家长和老师帮孩子打理，所有的技能都要亲身示范细细教导。

这里分为两个层面，一是技术层面，面面俱到地告知学生打扫的技巧。如何洗抹布叠抹布，如何从后到前反向拖地，如何抠捻揉拉擦黑板槽等死角，这些技术讲解远没有示范来得快而到位，一步步做给孩子看，他们的模仿能力惊人，很快便学会了。二是思考层面，同学间如何互相配合轻松打水，如何小组分工协作清扫，如何解决黑板高于身板的问题，纵使孩子们当时不一定能帮到你，但让他们跟着你的表达一步步明白思考过程时，他们也将学习到清晰的逻辑思维，开发自己的大脑，说不定师生还会碰撞出思维的火花。最重要的是让学生学会自主思考、善于发掘身边资源，这是相较于爱劳动、讲卫生以外更为重要的劳动素养培育目标。

八、明确达标要求，实现量化管理 >>>>>>>

"怎么做"有了明确指导后，还要对"做成什么样"有明确的细化规则，譬如达标的个人"责任田"应该是：桌子对齐瓷砖线横竖笔直，桌面干净无笔痕墨渍橡皮屑，书本放置左上角，文具放置正前方，抽屉内除午睡枕、雨伞等必需品外无垃圾杂物，书包放置椅子上，包带套在椅子背上，拉好书包拉链，地下无纸屑果皮、干净整洁。检查也分为几个层面：同桌督查、小组内查、小组互查、班干事检查、老师抽查。

九、每日常规落实，细节思考全面 >>>>>>>

每天放学时，我们有几件必须做的事，第一是检查桌椅是否排整齐，垃圾是否丢干净；第二是检查是否喝完早上带来的一杯水；第三是想想自己今天有没有在课上发言至少一次。这三点是从三个角度出发：勤劳、健康、自信。

讲台上有一些教具粉笔小奖章等杂物，我用鱼缸装着它们，又大又方便又易取。为什么不用坚硬的盒子呢？这可有讲究，易碎的东西才会让人珍惜，孩子们曾经摔碎过鱼缸，后来又自发从家里带来了几个，因为容易坏所以学生触碰时格外小心翼翼，比使用坚硬盒子时用心多了。

儿童喜欢嬉笑打闹，尖头的雨伞出于安全的考虑一律不让带入学校，折叠伞也需整理整齐放入自己抽屉，不能乱七八糟地放在教室外面。

班级有天气预报员，不仅报天气，而且要和卫生管理员搭配工作，雨天何时拖地，晴天怎样打扫，瓷砖怎么拖最方便，都要大家商量着去办。

十、身先士卒，榜样垂范 >>>>>>>>

一开始的习惯养成期，由于孩子小，对于老师的要求时听时忘，有时我到班级一看，之前才打扫好的屋子又变得一团糟，这时该怎么办？大发雷霆严加训斥？我也有过伤心失落无比狂躁的时候，冷静下来想想，这不仅不利于师生感情，而且对孩子卫生习惯养成也于事无补，后来我就秉承一句"身教重于言教"，用行动说明一切。

孩子们吵，班级里脏，我忍住想发火的欲望，走到讲台边。因为讲台是教师负责打扫的区域，我开始拿抹布细细地擦桌，拿扫把认真地扫地，将书本教具归置整齐，将黑板擦在垃圾桶轻拍干净，把花瓶里的水换新，给小鱼投食。因为班级倡导互相帮助，我扫完讲台会喊一声"讲台我扫干净啦，现在应该帮助第一排的同学打扫一下"，接着我开始打扫第一排卫生，其间一直不动声色。

孩子们会从喧闹中慢慢平静下来，有的会面红耳赤飞快地捡起垃圾，有的会兴致盎然地跟着老师一起劳动。然后我便开始走动，给他们一些打扫建议，对干净整齐的角落及其主人进行表扬。孩子们打理好自己的"责任田"后，开一个"微班会"十分必要，简要分析局面出现的原因，说说如何保持卫生洁净，表扬行动利落的个人及小组……这一整套流程虽然复杂费力，但十分有效。

十一、劝莫若导，堵不如疏 >>>>>>>

个别学生出现破坏班级卫生的现象在所难免，所以卫生工作和其他的班级工作一样需要反复抓、抓反复，如果对其视若无睹，会使其他心性未定的孩子们跟风。

对于这样的孩子，先要搞明白其破坏卫生的原因是什么，若是因为不满班级纪律，有了情绪故意发泄，就需要老师和他耐心沟通；若是平时在家中卫生习惯不好，无意间又带入班级，便需要提醒纠正。

有一段时间Z同学实在克制不住自己爱丢纸屑的坏习惯，对老师的劝导也不屑一顾，我就寻了个理由把他聘为贴身秘书，跟我一起办公半天，我去哪儿他去哪儿，在这过程中我一直扮演一个爱丢垃圾的老师角色，午餐喝完的酸奶盒随便扔在窗台，在办公室批作业本子丢到地上，擦鼻子的卫生纸也丢在垃圾桶外围，故意让他看到。后来他实在忍不住了，跟我说："老师，您这样是不对的，跟平时在教室里一点儿也不一样，您一直说酸奶水果不可以带出教室，不能乱扔东西。"我故意激他："说是一回事，做是一回事，我的办公室我自然要自在一点。"他不服气："说到就要做到的。""好，你说的对。"这时我拿出趁他们上室外课不在时拍摄的他座位旁一团糟的照片："你说这个同学他有没有说到做到呢？"后来他不再跟我争辩，还成了班级最积极的卫生监督者。

十二、常说两句话："我如何做你就如何做""人生三米之内我负责" >>>>>>>

"我如何做你就如何做"这句话很好理解，坚持做下去却不容易，班里定下几条硬规矩：大家不洗手就不吃饭；欢迎随时参观张老师办公室，发现一次混乱当天全班少布置一次作业；垃圾桶张老师去倒，表现好的孩子可以去倒，倒垃圾是一种奖励……榜样的力量总是无穷的，同学们一开始非常兴奋地在办公室周边打转，到后来发现无法挑错，对于老师的管理也渐渐接受，"劳动是光荣的"这一理念一旦普及，很快班容就整洁起来。

有的时候有同学请假，他们周边的卫生就会无人打理，对于这种"各扫门前雪"的情况，我在班会课上送给孩子们一句话"人生三米之内我负责"。这句话源自一位"感动中国人物"的获奖人，与其他有着光辉事迹的获奖人物不同的是，她是一名普通的农村妇女，对智障哥哥、重症丈夫、患病小叔的不离不弃，对困境生活的不服输精神把她推向了荧屏，使她变得广为人知。领奖台上她的感言甚至有些贫乏，她说："我念的书少，我只知道太远的地方我够不着，我能负责的只是我家小院的十米之内。"

十米对于孩子来说太大，就改为了三米，每天的三米之内你能负责吗？人生的三米之内你又能负责到如何？这句朴实无华的话引发了大家的深思。三米之内不分你我，班级外围也要打扫干净。

同理，外出时，大家也照管好自己的三米之内，有垃圾随手捡起来扔到垃圾桶，有人需要帮助上前问一声。孩子们放学时所过之处，歪掉的花盆扶正了，地上的垃圾不见了，习惯成自然。

十三、及时表扬，专项表扬 >>>>>>>

事情做得好，表扬不可少。表扬分为几个梯度：态度认真；麻利高效；保持持久；创造思考；团结互助；家校一致。

对于平时学生讲卫生爱劳动的行为要及时表扬；对于公众场合学生自发的讲卫生行为要抓住教育契机；对于表现突出者进行"每月劳动之星"的褒奖；对于持之以恒者期末进行"卫生达人"奖状颁发。

表扬既要有形也要无形，鼓励的话语、夺目的奖状是表扬，赞许的点头、温柔的眼神也是表扬；表扬可以公开也可以私下，班级点名赞许是表扬，放学路上一个点拨也是表扬；表扬可以正式也可以多元，发奖状是表扬，在报告册上认真书写孩子劳动方面的进步更能持久激励；表扬既可以来自老师，也可以来自同学、家长、社会，引导孩子读懂这些公共的赞赏，也是一种教育；自身的成长进步更是一种自己给自己的无形表扬。X同学在班里一直抢着干苦活累活，去倒垃圾时垃圾桶都有他小半个身子高，但他从不喊苦喊冤，班里选优秀学生他以最高票当选，成绩好的文艺强的都排后面。大受鼓励的他也把劳动时的踏实转移到学习上，三年级上学期的那次期末考试，进步了三十名。

十四、荣誉平常化，优秀是习惯 ›››››››

从我做起，对从事卫生工作的人保持尊重，向保洁阿姨道一声辛苦了，向修着下水道的保安爷爷道一声辛苦了，向为班级进行消毒工作的家长们道一声辛苦了，对为校园、班级付出的劳动者存一份感恩之心也是孩子们应该做的。

保持卫生干净的习惯是一种体面，它的养成是为了在以后的人生中用这样的标准和素质为自己提供更有质感的生活。

二年级过后我很少打扫讲台以外的班级区域，全部由学生自主管理，虽然不过问但是文明红旗常挂。有一次校卫生检察员进来检查，撇着两只脚用鞋子的侧边缘走路，我很担心他崴脚问他干吗这么做，他说"你们班太干净了，我不敢踩脏了"。班里孩子哈哈大笑，掌声一下热烈起来，送给了当天值日班长汤浩同学，感谢他检查时的铁面无私。

积善之家必有余庆，积善之班必有生长，学生擦的是桌子也是心灵，扫出的是干净的班级也是真善美的聚集地。劳动素养的培育不仅有利于学生劳动技能的提高，劳动观念的改变，卫生素质的提升，而且有利于他们思维的培养和创造力的增强，更是德育工作、美育工作的重要组成部分。

点 评 ›››››››

劳动教育是使学生树立正确的劳动观点和劳动态度，热爱劳动和劳动人民，养成劳动习惯的教育。所谓"一屋不扫何以扫天下"，就是对劳动教育目标和作用的最有力诠释。指导低年级学生对班级卫生进行自主管理看似琐碎，在张老师的实际工作中却井井有条、生动活泼和多姿多彩。同时也能感受到学生的乐此不疲和进步。

"事事有人干，人人有事干"是自主管理班级培养模式的核心。"授之以渔"，通过家长和老师的亲身示范切实地培养了学生的技能。学生在了解"怎么做"的基础上,将"做成什么样"细化成为劳动教育量化管理的有效指标。我们看到了孩子们在班级卫生自主管理过程中的成长,也看到了我国优秀的传统文化和思想教育在劳动教育中的应用。

天津市学生心理健康教育发展中心主任　吴捷

自主学信息，快乐掌技术

——农村小学信息技术课堂培养学生自主学习能力的研究

浙江省诸暨市店口镇弘毅小学　邵晓媛

一、问题的缘起 >>>>>>>

我国的信息技术教育始于20世纪80年代，发展到现在不过30余年。但是，在这短暂的30余年里，随着我国经济的不断发展，信息技术教育事业取得了巨大的发展。如今，在这个全面信息化的社会中，信息技术教育的基础环境建设日益完善，大部分的学校都配备了多媒体电子教室，为孩子们在校学习信息技术提供保障。与此同时，随着家庭收入水平的提升，越来越多的孩子家中拥有了计算机。对于城市小学生而言，计算机成了日常生活中的一样普通电器。然而对农村地区的小学生来说，由于经济水平所限，仍然有小部分学生与计算机的接触存在困难。

目前我校安排的信息技术课时为每周一节，但由于地处农村，我校计算机教室条件有限，部分班级学生在信息技术课上操作计算机的频率也低于每周一次，部分实践操作的内容练习时间不够充分。当进入计算机教室时学生们更多的兴趣集中在计算机上，而不是信息技术课本身，尤其是小学生年龄较小，自主能力欠缺，行为随意，注意力难以长时间地集中，所以常常会出现这样的情况：有的学生在老师讲解信息技术知识内容时注意力欠缺，更多地关注自己的电脑，然后做学习任务时又不知道该怎么做；有的学生不会利用已学过的知识去完成新的学习任务，有的学生则在做学习任务时，趁着老师不注意，偷偷玩电脑游戏……这样的情况几乎每一个班级中都有，这些学生缺乏自主学习的能力，课堂上参与度不高，往往导致他们一节课时间过去了却没有学到什么知识和技能，只是浪费时间，毫无课堂效率可言。

如果将学生的自主学习能力发掘出来，促进学生的自主性学习，将学生从之前的被动学习转化为自觉自愿的学习，学生就可以在信息技术课堂上更好地参与进来，成为课堂的小主人，更加高效率地学习，在有限的时间里取得更好的学习效果。所以，在农村小学的信息技术课堂上如何促进学生自主性学习，就成了一个应予以重视的问题。对这一问题进行研究，是非常必要和有价值的。

二、国内外关于同类课题的文献综述 >>>>>>>

教育部发布的《教育信息化十年发展规划（2011—2020年）》指出："基础教育信息化是提高国民信息素养的基石，是教育信息化的重点。基础教育要帮助所有适龄儿童及青少年平等、有效地学习信息技术，培养自主学习、终身学习能力。" 实践性强、知识更新迅速是信息技术区别于其他学科最显著的特点。为了更好地培养学生的信息素养与操作应用能力，对于农村小学来说，在日常教学过程中，信息技术教师应当充分考虑农村小学生的自身能力与需求，正确引导学生，在小学的信息技术课堂教学当中融入自主学习理念，给予学生自主学习的帮助、创设自主学习环境，提高学生自主学习信息技术知识的能力，从而实现信息技术学科的教学目的。

信息技术在我国作为一门新兴的学科，在小学阶段开设的历史较短，所以国内关于信息技术课堂的研究内容相对国外来说数量较少。在对文献资料进行相关检索后发现，关于小学信息技术的课堂研究已有教师进行，但是农村小学信息技术课堂教学相关的研究却并不多见。

三、研究的设计 >>>>>>>

（一）研究的对象

诸暨市××小学2017年三（1）班至三（8）班学生［（现四（1）班至四（8）班学生］。

（二）研究的方法和目标

1. 研究方法

本课题将采用调查研究法、行动研究法、文献研究法等研究方法。

2. 研究目标

（1）了解信息技术课堂教学的结构、课型、评价等方面，探索学生自主学习方式形成的方法与途径。

（2）根据教材的知识体系和教学内容，结合农村小学的实际情况，考虑农村学生的实际信息技术水平，准备教学资源，创设自主学习环境。

（3）在信息技术课堂上探索合适的教学方法，改进教学行为，提高学生学习的内驱力，促进学生自主性学习。

（三）研究的内容

（1）当前农村小学信息技术的教育现状和学生的实际自主学习情况。

（2）探索学生自主学习方式形成的方法，培养学生在信息技术课堂上自主学习的能力。

（3）对学生在信息技术课堂上自主学习的效果进行评价。

四、农村小学信息技术课堂培养学生自主学习能力的实践探索 >>>>>>>

（一）调查当前农村小学信息技术的教育现状和学生现阶段的自主学习情况

为了解当前农村小学信息技术的教育现状和学生现阶段的自主学习情况，

主要采用了对我校和兄弟学校的信息技术教师进行访谈交流，学校内部实地考察以及问卷调查这几种方式。

1. 当前农村小学信息技术的教育现状

在与我校和周边兄弟学校的信息技术教师交流以后，结合我校内部的实际考察情况综合分析，信息技术课堂上，学生面对的直接教学对象是计算机，心理压力没有其他课那么重，课堂上自己动手操作也占据了一定的时间，学生身心都比较放松，加上没有升学考试的压力，大多数学生都对这门课程的学习有浓厚兴趣。然而，在学校里，信息技术课却处于一个比较尴尬的境地：信息技术课时为每周一节，有时会因为一些不可避免的情况不能上成。对学生来说，在课堂上完成老师布置的学习任务就可以了，不需要再学习其他什么知识，课上学习的课下很快就忘记，到下一周上课时基本就忘记了上一节课的内容。

由于信息技术课是一门操作性很强的课。计算机是我们每一节信息技术课都必不可少的学习工具。学习信息技术，必然离不开电脑。但是，由于部分家庭没有电脑，以及部分家长担心小学阶段学生自控力差，明令禁止孩子使用电脑这两个主要的原因，很多学生基本不会在课后使用计算机。可以说，对于大部分的学生，信息技术课是他们获取计算机操作能力的唯一途径。

在信息技术课堂上对于老师布置的任务，如打字或者完成简单的电子制作，学生只是按老师的规定完成，缺乏提高自身能力、自主学习的意识。如果遇上要求学生自由发挥的任务就变得异常困难。

根据开始自主学习能力培养之前发放并且回收的173份调查问卷统计结果显示，有将近九成（包括54%非常喜欢和33%喜欢）的学生是喜欢信息技术课的，然而，对于信息技术课堂知识的掌握程度的调查结果反映出来的却是大部分的学生对于课堂知识的掌握并不充分。综合分析这两点，反映出的就是学生们对于信息技术本身是很有兴趣的，但是课堂的学习效率欠佳。课堂的学习效率与课堂的教学方式是密不可分的。

问卷中关于信息技术课堂的教学方式的满意度这一问题也从侧面提示了这一点，共有39%的被调查学生对于现阶段的信息技术课堂教学方式是不满意的，其中甚至还包括了16%的学生对此感到枯燥和厌倦。究其原因，是长期以来，学校的信息技术课的知识传授基本以教师讲授—学生聆听的模式来进行，教学的主要重心放在"教"上，对于学习主体——学生缺乏重视。

综合以上内容，当前本地区的农村小学的信息技术教育状况大致可以这样概括：学生对信息技术本身具有一定的学习热情，但是由于短期内无法改变的外部条件（包括硬件设备不足和每周一节的课时数）和对他们而言不够"合理"的课堂教学方式，在一定程度上限制了他们信息技术课堂上的学习效率，对信息技术课程的认识尚且不足。要想提升学习效率，提高他们对信息技术课程的认识度，课堂教学方式这一层面上还有很大的提升空间。

2. 学生现阶段的自主学习情况

根据以往信息技术课堂对学生的观察，很多学生对于教师的讲解依赖性比较强，在为数不多的几次要求自学的教学环节中，自学效果都不尽如人意。部分学习能力一般的学生则存在"一学就懂，一做就晕"的学习现象，他们往往在老师的演示过程中基本都明白，甚至觉得有几分简单，一旦轮到自己做就感觉不会做了，又要求助于老师。独立自主的学习对他们而言是一道很高的"门槛"。

根据问卷调查的结果显示，在"希望用哪种方式完成课堂实践活动"这一问题的回答当中，有50%的学生选择了希望在老师的指导下完成，只有11%的学生是希望自己独立完成的。学生们最喜欢的讲解方式的回答当中，"老师一边演示，学生一边操作"这一选项以42%的比例高居榜首，紧随其后的是占比22%的"老师先演示，学生依据演示进行操作"，其中"老师布置任务，学生根据操作提示完成，老师适当指导或个别辅导"仅占16%。这一调查结果显示超过60%的学生需要教师的演示指导，自主学习能力有待加强。

综合平时的课堂观察和问卷调查结果，我们不难发现：在信息技术课堂上，绝大部分学生现阶段的自主学习意识较为缺乏，比较依赖于教师的讲解和演示，对于需要自己独立自主完成的学习任务存在"畏难情绪"，自主学习能力还比较薄弱，有一个很大的提升空间。

（二）探索学生自主学习方式形成的方法，培养学生在信息技术课堂上自主学习的能力

课题组与信息技术组教师研讨学习新型的教学理念，尝试各种新颖有效的教学方法，逐步培养学生在信息技术课堂上自主学习的能力。

1. 转变以教师为主导的教学理念，重视学生的情感体验

以往教师"一人承包课堂"的教学方式很大程度上影响了学生的学习积极

性，学生的个体差异往往被忽略，这样一来，学生就缺乏自主思考的意识。在这种模式下，学生从接受知识到掌握知识，基本就靠死记硬背、生搬硬套，全程处于一个比较被动的状态，进而导致学习效率低下，学生缺乏想象力和创新能力，可以说是没有"灵魂"的学习。

《基础教育课程标准》提出"以学生发展为本"的基本理念，强调要改变学生单方面接受学习的现状，重视学生，让学生主动参与学习。这为我们教师指明了方向，我们必须切实转变教学观念，发挥自己的教育智慧，改变教师"唱独角戏"的课堂模式，尽可能地关注学生的情感、态度，重视培养学生的自主参与意识，让学生敢想、敢说、敢做并且培养他们能想、能说、能做的素养，让信息技术课堂变得生动起来，使学生能够自主地学习，从"要我学"转化为"我要学"。

2. 在信息技术课堂中，以学生为主体的各种新颖的自主学习能力培养方法的尝试

在信息技术课堂教学中，我们努力尝试实践了几种以学生为主体的自主学习能力培养方法。

（1）游戏辅助：对于年龄较小的三年级小学生来说，游戏具有一定的诱惑，如果把游戏和教学结合在一起，学生学习起来势必事半功倍。游戏与教学最好的搭配就是将教学的内容恰到好处地融入游戏中去。所以，我们探讨了如何使用游戏来辅助教学，确立了游戏教学的基本方案，就是选用健康益智的游戏，将教学形式变为游戏方式。游戏的选择上，每一个教学游戏都应该服从教学内容的需要，符合孩子的心理特点。将教学形式转变为游戏方式最主要的就是把抽象、枯燥的知识与游戏有趣的形式有机地结合在一起，既要考虑知识的特点，又必须保留游戏灵活有趣的特征。

在"玩转鼠标"一课当中，我们做出的尝试就是让孩子们使用"选一选，涂一涂"的涂色游戏来训练鼠标的单击、移动操作，使用"移一移，拼一拼"的拼图游戏来训练鼠标的移动、拖放、单击操作。学生们在自己进行操作时都表现出了不一般的热情，学习的积极性非常高。这样不仅激发了学生自主学习的兴趣，而且提高了学生学习信息技术课的热情，真正做到了寓教于乐。

（2）情境创设：对于所有的课堂教学来说，教学情境都是一项不容忽视的重要因素。合理而又有趣的教学情境，可以为处于不同水平的学生提供学习

背景，激发他们主动参与学习的心理，满足学生学习体验的需求。因此在小学信息技术教学中，教师也应根据教学需要，借助实物、图片等资源创设一个有价值的教学情境，促进学生自主学习能力的提高。

实物资源是创设情境的资源中最直接而有效的，因为实物资源学生们不仅能看到，而且可以触摸到，是最真实的。例如，三年级的第一课——"初识计算机"，是三年级小学生们的信息技术起始课，在这一课中，我们选择了让学生直接观察计算机教室的计算机来明确一般计算机的组成部分。以计算机的组成部分为例，在他们聆听老师对鼠标、键盘等部分的介绍的同时，他们还可以用自己的小手按一按，点一点，直接地感受这些组成部分，在脑内形成自己的认知。

图片资源也是可以将教学内容比较直观地反映出来的创设情境的资源。以三年级"键盘一家"为例，需要学生认识操作指法。学生们在听讲解时十分明确，但一到具体打字操作就犯错。所以我试着在课上给他们出示了一张不同颜色区分不同手指的键盘分布图，供学生打字练习时对照确认自己的手指有没有放错位置，并能够自主地纠正错误。

（3）微课助力：微课是以视频的形式教师有针对性地解说某一知识点（一般为教学重点和难点）的教学资源。作为近年来涌现出的一种教学资源，微课因其时长较短，使用方便，符合学生的心理特征、认知特征，对于学生进行自主学习甚有效果，风靡一时。微课最大的优点就是可以反复多次地播放、中间遇到不懂的问题还可以自由地暂停，相较于平时信息技术课堂上的老师的讲解更为方便。所以，在课上，教师如果围绕信息技术的课程性质，利用微课独有的优势，为学生提供自主学习的平台，就能充分彰显学生在整个教学中的主体地位，把课堂这个舞台还给学生，提高他们的自主学习能力。

以三年级认识画图程序一单元中的"复制与变换"这一课为例，由于操作较为复杂，根据往年的教学经验，大部分学生在自己独立完成复制与变换时存在着很大的问题，举手向老师求助的频率较高，但由于老师的"一人之力"非常有限，并不是所有的学生的问题都能及时地得到解决，进而导致有些学生不能及时完成绘画任务。因此，在给这届三年级上这一课时，本人提早准备，制作好了专门介绍"复制与变换"的微课，在学生开始做绘画任务时发送到学生电脑上，以供遇到问题的同学再通过自学的方式补补课。这样一来，学生举手求助的频率减少，更多的学生借助微课，自己完成了学习的任务，收效颇丰。

（4）评价激励："皮格马利翁效应"告诉我们，在本质上，人的情感和观念会不同程度地受到别人下意识的影响。所以如果教师学会期待每一位学生，让每一位学生都觉得"我也能行"，就能激励学生产生自主学习的动力，可以学有收获。

形成性评价是增强学生自主学习动力、提升学生学习效率的有效手段。如果对于学生在课上的表现没有给予一个合适的回应和反馈，定然会影响学生的学习热情。然而，在评价时不能简单粗暴地以"对"或者"错"来反馈，真正需要的是可以鼓励孩子的语言和行为，不然很有可能因为一次无心的评价导致孩子自信心的丧失。所以，在教学过程中，教师应充分挖掘学生的非智力因素，多运用激励性的语言，对学生的课内自主学习行为给予及时、合理的评价，多多鼓励学生，增强学生自主学习的动力。

以三年级"制作贺卡"一课为例，要求学生完成的是一张节日贺卡，在制作之前有一个教学环节是让学生分小组进行包括贺卡画什么，送给谁等内容的设计，然后再由小组成员一起上台汇报展示。除了汇报精彩的小组，也对合作积极性较高、能团结协作互帮互助的小组和个人都及时给予积极肯定的评价和必要的奖励。这样一来，大大地激发了学生自主学习的信心和动力，提高了他们做学习任务时的积极性。

（三）对学生在信息技术课堂上自主学习的效果进行评价

课题组成员与信息技术教师共同研讨，明确了学生在信息技术课堂上自主学习的效果的评价标准使用A、B、C的等级制来评定。其中具体的评价条例主要划分为3个板块：知识与技能、过程与方法和情感态度与价值观。具体的细则如表1所示：

表 1　达成目标及评价细则

达成目标	A级	B级	C级
知识与技能	自学掌握全部知识点	自学掌握部分知识点	不能自学掌握知识点
过程与方法	自主高质按时完成练习	在帮助下完成练习，还需改进	练习没有完成，还需努力
情感态度与价值观	有明确具体的学习目标，努力创新	遵照老师提出的学习要求，以求完成	无视学习目标，无所谓

五、研究的成果与收获 >>>>>>>

经过一年的实践，学生的自主学习能力得到了大幅提升，实现了学生从"要我学"到"我要学"的转变，提高了信息技术课堂的教学有效性，课堂有了崭新的面貌，同时也提高了我校信息技术教师的专业水平。

（一）学生自主学习能力得到了大幅提升

通过教学改进，学生上信息技术课的兴趣更加浓厚了，课堂参与积极性较高，学生的信息素养也有了明显的提高。

我们再次向上一次参与问卷调查的173名三年级学生发放了有关于信息技术课堂自主学习的调查问卷。根据问卷调查对照分析可以看出，在经过一个学年的自主学习能力培养教学，我校三年级学生们当中喜爱信息技术课的人数在原来的较高基础上有了一个小幅提升。"掌握的信息技术课堂知识程度"这一问题中选择"熟练操作"的数量小幅上升，"一点不懂"的学生小幅下降，整体掌握程度略有提高，对现在的信息技术课堂教学方式满意度则有较大的提升，喜欢现在的信息技术课堂教学方式的人数则有一定幅度的上升，对教学方式感到"枯燥、厌烦"的人数则下降了，也就是说，有一定数量的学生是相对喜欢自主学习的教学方式的。信息技术课堂中完成操作的时间也是学习成效的一个指标，选择"刚刚好"的学生数量有一定幅度的增长，选择"根本不够"的学生数量也下降了一些，整体完成任务的时间上变得更加充足了。

另据观察发现，相较之前的信息技术课堂，现在的信息技术课堂最大的变化就是学生们在操作时遇到问题不再是直接举手向老师求助了，而是会自己先去书本上寻找答案，或者是自行观看当节课对应的微课来寻求解决方法。有些一直以来十分依赖老师解决问题的同学也渐渐地独立自主了，更多的同学完成学习任务的时间变得充足了，甚至有很多同学还能有模有样地当起"小老师"，帮助身边的同学解决问题了呢！我们欣喜地发现自主学习的想法已经在学生心中萌芽了，他们自主学习的能力有了一定的提高。

由此可见，这一次自主学习能力的培养对学生而言是颇有成效的：它成功调动了学生信息技术的学习兴趣，从而把这份兴趣转化为学习的动力，激发他们对学习成果的向往，进而对提高学生信息素养起到了重要的作用。

（二）提高了信息技术教师的专业水平

课题组教师在研究过程中通过不断的学习与探讨活动，教学能力和科研能力都有了很大的提升，有效推动了教师专业化成长进程。在信息技术教学过程中，要学会多思考、多学习、多实践、多配合，博采众长，探索并形成一套适合培养学生自主学习能力的教学策略，并取得了一些研究成果。

（1）以信息技术自主学习为主题建设的之江汇个人教学空间"自主学信息"被评为省级精品空间。

（2）以信息技术自主学习为主题建设的之江汇个人教学空间"自主学信息"被评为绍兴市优秀教学空间二等奖。

六、创新和推广价值 〉〉〉〉〉〉〉

农村小学信息技术课堂上学生自主学习能力的培养，实现了学生从"听老师讲"到"我自己学"的转变，提高了信息技术课堂教学有效性，可以让学生在同一节课上收获更多的信息技术知识。从学生的变化、教师的变化、课堂教学效果的变化都可以说明，该课题研究是科学的、可行的，是具有推广价值的。本研究为我国农村小学更好地开展信息技术教育工作具有一定的理论依据和现实意义。

七、后续研究与思考 〉〉〉〉〉〉〉

本课题研究已初见成效，有一定可行性、推广性，但在研究中也遇到一些困惑，呈现出不容忽视的问题和可以提升的空间。主要表现在以下两个方面。

一个是研究当中更多地从整个班级大多数学生的角度出发来培养自主学习能力，对于个别特殊学生的培养尚有欠缺。我们要关注学生的个体差异，在教学中，从学生的实际出发，因材施教，实施差异化教学，充分发扬学生的个性，尽可能地弥补他们的不足。

另一个就是我们要把信息技术课堂自主学习能力培养的有关资料进一步整理，提炼升华，撰写文章，把成果推广出去。

点 评 >>>>>>>>

1984 年，邓小平同志在上海市展览馆活动上的一句"计算机普及要从娃娃抓起"标志着一个时代的开始。当看到今天农村的小学生仍然对课堂上的计算机而非信息技术课本身感兴趣，城市和农村教育上的差距让人感触颇深。

本案例注入了农村教师对教育的浓浓深情和对孩子们的殷切希望。信息技术课的教师从农村教育的实际出发，根据课程实践性强、知识更新迅速的特点，通过调查问卷的形式了解学生学习情况，有目的地建立学生自主学习模式。学生从对计算机感兴趣、迷恋游戏到操作时遇到问题会自己先去书本上寻找答案，真正体现了信息技术课程知识更新快、要求学习者不断学习的特点。教师也在摸索过程中建立起一套有针对性的教学体系，其研究成果值得推广。

天津市学生心理健康教育发展中心主任　吴捷

班级个体量化管理体系建立探索——班级小组管理的实践与思考

山西省阳泉市实验中学　李楠

初中教育作为非常重要的一个教育阶段，各方面都有其特殊之处，如何在班级管理中找到一种高效的，适合该阶段学生心智发展、班级规模以及客观教育资源条件等的班级管理方法就成了摆在我们初中教育人面前的一个课题。通过参加学校组织的班级管理培训及多年教育实践经验，我逐步探索出了一套"班级个体量化管理体系——班级小组合作量化评比管理模式"。

一、我国初中教育阶段的特点 >>>>>>>

（一）教育任务特点

（1）义务教育阶段属性，不同于精英教育。

（2）基础教育阶段不同于技能教育。

（3）综合培养的同时，中考任务仍是第一要务。

（二）学生心智发展特点

（1）不同于小学阶段的儿童式。

（2）不同于高中、大学的成熟式。

（三）班级规模特点

现阶段，我校每班平均人数为45人。班主任一人管理，工作量太大，容易有疏漏。班干部式管理，对学生的综合评价不精细、不量化，过于主观。

二、管理体系框架设计思路 >>>>>>>

基于现阶段初中学生的特点，在班中任工作中，我不断思考，逐渐摸索出班级小组合作量化评比管理的模式。我的设计思路如下：

（1）在分组和制定评价细则中营造德、智、体、美、劳综合发展的公平的氛围，不唯成绩论。

（2）小组式管理，小组人数不能过多，否则给组长造成过大的管理负担。同时，小组数量也不过宜多，否则班主任无法应付，造成管理效果不佳。

（3）人员分配原则：小组内部兼顾成员优缺点，外部兼顾小组间的均衡。

（4）组长配备：组长是小组管理的核心，需要有较强的责任心，在小组内各方面表现突出，并且能受到小组内成员的认可。组长需要配合好班干部及课代表的工作，形成有效的班级管理系统。

三、"班级小组量化评比管理模式方案"内容 >>>>>>>

（一）小组设置

班主任通过一段时间的观察、摸底将学生的综合情况排序，并将学生分为5个层次，由学生自主轮选组成9个组，每组5人。各小组建立小组成长手册，包括起组名、设计组徽、组员个人成长记录表等，积极进行小组文化建设。

座位：为使同组成员加强沟通，班主任在班级座位安排上也打破了传统的做法。班内每个学生坐单桌，同一小组成员就近坐，组员位置可组内自主流动。每周小组间按一条龙顺序轮换。

值日：卫生委员分配劳动任务，分配原则是责任到人。每组每天一人参加值日，每天共9人参加劳动。值日评价由卫生委员向组长反馈，并填表记录。

这种组建方式既最大限度上保证了组际之间的公平竞争，又有利于组内成员的沟通、团结。

（二）量化管理细则

学生利用班会时间认真学习校规及学校下发的综合素质测评细则。在此基础上，经过师生讨论，最终确定班级小组量化管理细则方案。制定方案的原则：抓重点，不繁杂，易于组长操作。依照管理方案来设置学生个人成长记录表，分为五大部分对学生进行考核：德育20分，纪律20分，卫生20分，作业20分，参加活动10分，学业水平10分。所以，每位学生的起始分数为100分。然后，根据工作情况细化考核的加、减分值。分数不设上、下限制。如周考优秀者、参加学校活动及得奖者、好人好事等均可获得相应的加分；迟到、旷课、不完成作业等行为均会相应扣分。此过程让每一位学生明确本班常规管理的各项工作，明确各自的工作任务和责任，提高学生的思想认识。

（三）奖惩适度，形式多样

班主任每周、每月定期组织学生反馈，公布前一段时间学生成长记录表的考评情况。总结班级管理的成绩，指出普遍存在的问题，并进行奖罚。

三级文明之星：每周每组评选一名周文明之星。按学生个人成长记录表得分，分数最高者为周文明之星。每月在周文明之星中评选两名月文明之星；每学期末在月文明之星中评选两名班文明之星。文明之星按不同的等级，可获得相应的加分、奖品和奖状。

红旗小组：每月按组别算出小组平均得分并排序，选出优胜小组为红旗小组。红旗小组成员每人都有加分，组长双倍加分。每学期末，叠加小组每月平均分，分数最高的小组评选为本学期班级红旗小组，上报学校。奖励每位小组成员，组长双倍。

四、"体系"建立以来取得的成效 >>>>>>>

（一）班级凝聚力提高

小组管理体系建立以来，班中展现出"组组争先，人人争优"的可喜局面。班级向心力空前高涨。学生学会了如何与他人相处，增强了集体荣誉感；学会了竞争，知道了实力是最重要的；学会了如何管理，对班主任、班干部的辛苦感同身受；学会了共同学习，感受到学习中分享的快乐。班级管理更加有序、高效，学生风貌发生了很大的变化。

（二）具体成效

（1）实行小组管理模式以来，学生迟到率为0。无人带智能手机到校。人人遵守跑操纪律。

（2）交作业率上升至100%，优秀作业人数明显增多。

（3）学生们积极参加学校各种社团及专项活动：参加足球队3人、长跑社团15人、花样跳绳社团11人，合唱队9人。另外，学生还积极参加校运会、英语才艺表演、万米接力赛、义务劳动等。

（4）在周检、期中、期末考试中，班级总成绩呈上升趋势。"学困生"的学习态度有了很大变化，单科成绩在30分以下的学生基本为0。

（5）9名组长的成绩稳步上升。

五、实践中遇到的问题及改进方向 >>>>>>>

轮换机制：实施班级小组合作量化管理，充分运用了激励的原则，是一种动态激励管理。小组组长固定不变，长此以往，组员积极性降低，小组名存实亡。

改进方向：组长由组内民主选举并且可以轮换。

六、下一步探索方向 ⟩⟩⟩⟩⟩⟩⟩

（一）初三持续性

由于班级的制度均以量化形式出现，过于笼统起不到激励作用，过于细致则牵扯班主任、学生大量的时间和精力，特别是到了初三迎考阶段，这个度的把握很难。

（二）组、班、校三位一体无缝融合

分组目前只是班级管理上的应用，学科学习方面设计不多，如何让各学科任课教师配合班主任一起充分利用小组合作、分组竞争值得我们去思考，这也是我校"高效课堂"模式改革的一个重要话题。

班级小组量化管理在理论上有待进一步探讨，在实践上有待进一步完善。我将继续探索，多学习同行的经验，让班级小组管理之花焕发出它的生机和活力。

点 评 ⟩⟩⟩⟩⟩⟩⟩

制度的制定是为了管理实施过程中有据可依，量化的标准则是制度能够切实实施的有力保障。同样，班级管理过程中也需要有量化的过程，在规范学生行为的同时，可以充分调动班主任工作的积极性。

本案例量化管理体系的制定建立在我国初中教育阶段的特点以及学生心智发展特点的基础上，根据班级规模等实际情况进行了调整，兼顾小组内成员的个体差异和小组间成员优缺点的平衡。在小组设置、奖惩形式等方面进行了严格的规定。管理不是最终的目的，关键是学生在量化管理的过程中有所收获和成长。管理也不是终点，量化管理的过程也是一个动态的过程。根据现实情况

和制度的实施情况灵活做出调整。当量化的标准真正深谙于心时，学生心中的那把尺子才能随时衡量言行是否得当，才能达到无需管理的更高境界。

天津市学生心理健康教育发展中心主任　吴捷

你们的班级，你们做主

江苏省常州市青龙实验小学　程蓉

习近平总书记在2019年3月18日主持召开学校思想政治理论课教师座谈会并发表重要讲话，他指出：青少年阶段是人生的"拔节孕穗期"，立德树人是教育的根本任务，思想政治理论课是落实立德树人的关键课程；强调解决培养什么人，怎样培养人，为谁培养人这个根本问题；认为思政课老师人格要正，要有堂堂正正的人格，把思政小课堂和社会大课堂结合起来……

作为一名道德与法治教师，我一直在思考我到底要教学生什么。经过课堂教学和班级管理的双向实践，我才明确，我要教我的学生做一个"堂堂正正，能在社会上直立行走"的人。我们应用积极的德育方式，让学生从课堂、理论回归生活，"做到课上课下一致"，避免言行脱节的现象，从而培养他们堂堂正正的人格。

一、你们的班级，为何让你们做主 >>>>>>>

现代教育强调人文性、主体性，学生是班级的主人。在现代教育中，学生占主体地位，而教师只占主导地位。现代建构主义教育理论认为：受教育者的精神世界是自主地、能动地生成、建构的，一切教育活动的前提，是学生必须进入、存在于教育的世界中，并让教育世界成为人创造有意义的"生活世界"。因此，在教育中，发挥学生的自主性和能动性是必要的，学生自主建设班集体是自主性的表现。

但是，自主建设，并不代表着没有目的、没有章法地胡乱建设。陶行知在《新教育》中曾提出"学生自治问题"，他认为：学生自治，不是自由行动，乃是共同治理；不是打消规则，乃是大家立法守法；不是放任，不是和学校宣布独立，乃是练习自治的道理。班干部是班集体的管理者，其主要任务是带领全体同学做班级的主人。而建设好小干部队伍，是实现班级自主建设的重要方法。

二、你们的班级，怎能让你们做主 ＞＞＞＞＞＞＞＞

小学生毕竟还是年龄小、心智并未成熟的孩子，在参与班级自主建设的过程中，仍然存在着较大问题。

（一）班干部参与班级自主建设的意识薄弱

笔者在教学中发现，绝大部分班干部并不明白自己当选"干部"的原因与意义。他们中的很多人都是被任命上岗的，而非自己通过努力争取的。更有小部分班干部会把班主任交代的任务出色完成，但其实并不清楚自己在班级建设中擅长做什么。他们中的绝大多数只把干部看成"老师的助手"，不认为干部是"群众的代表"；大家都想当干部、当个好干部，缺乏"每个人都是班级小主人""争做合格的班级小主人"的意识。

同时，受社会上一些负面因素的影响，笔者通过平时与学生的聊天发现，部分学生之所以愿意参加竞选做班干部，是"因为奶奶说，要做就做大班长，小队长有什么意思？"除此之外，个别学生会借"兄弟之情"等方式进行拉票，帮助自己顺利当选班级干部。由此可见，有些学生虽然当选为小干部，但仍不清楚小干部的责任，甚至只是觉得，当选了班级干部比较有面子。这种角色定位偏差，在一定程度上影响了班级的自主建设。

（二）班干部参与班级自主建设的方法缺失

一个积极、团结、自主的学习氛围对于班级的自主建设有着至关重要的作用。如果一个班级的"主心骨"能够起到榜样示范作用，能够在班级建设中有自己的主见，将会带动整个班级的发展。

然而，笔者通过观察发现，部分班干部在进行班级管理时，喜欢发号施令，通常会命令其他学生服从自己的决定。个别小干部会凭借自己的喜好来管理班级，当与自己处得来的小朋友出现常规错误时往往会笑脸相待；而当与自己交情不是太好的学生出现常规错误时则会毫不留情。

另外，目前的小学生都是"00后"，"4+2+1"的家庭格局在一定程度了增强了他们对家长的依赖性，而削弱了他们处理问题的能力。当问题出现时，他们往往会向老师或者家长寻求帮助，试图寻找解决办法。特别是低中年级的班级干部，当出现一些他们无法解决的问题时，他们通常会采用"报告老师"的方法，希望从老师那里得到帮助，甚至希望老师去解决这个问题。

（三）班干部参与班级自主建设的平台缺失

现在学校的班主任大多数是任课教师，这给班主任带来了双重身份。由于教学的影响，大多数班主任不敢放手让小干部或者学生去自主建设班级。另外，即便有的班主任有心放手，一旦小干部的某些活动的策划出现问题，就需要班主任花较多精力去进行整改。为了顾全整体教学情况，这些班主任也不再敢让小干部去进行班级的自主建设，从而进行"专制管理"，学生自主参与建设的积极性不高，因而出现小干部"想管而不会管""想管而不能管"的情况。

三、你们的班级，如何让你们做主 >>>>>>>

针对目前班干部参与班级自主管理出现的问题，笔者根据已有的经验提出以下三种建议。

（一）强化班干部自主建设的意识

辩证唯物主义认为，意识具有能动性，正确的意识促进客观事物的发展，错误的意识则阻碍客观事物的发展，这就要求我们要重视意识的力量，树立正确的意识。

1. 明确岗位职责

因材施教是教学中一项重要的教学方法和教学原则。当教师选择适合每个学生特点的学习方法进行有针对性的教学，就可发挥学生的长处，弥补学生的不足，激发学生学习的兴趣，树立学生学习的信心，从而促进学生全面发展。

班干部的设定亦可遵照"因材施教"的原则，给予学生自己选择职位的权利，从而充分发挥学生的主观能动性。笔者曾经有过一年中年级的班主任管理经验，在这个班级的自主建设过程中，80%以上的学生都有自己的职位，并且这些职位中的绝大部分都是学生自己选择的。在此过程中，细致的分工，明确的职责，让整个班级变得自主，而不是班主任一个人"苦心经营"。

2. 设立竞争机制

常言道，有压力才有动力，一成不变的角色设定会让人觉得乏味。因此，适当的竞争反而能在无形中转化成小干部工作的动力。为此，我定期进行一次举荐与自荐活动，人人都可参与，一方面让在职的小干部认识到自己的职位的重要性与做好班级建设的必要性，另一方面也能为其他学生提供可能性。

除此之外，根据"双班委"制度的经验，我在班级中会在同一职位设定两名小干部，其他学生为评委，工作做得出色的为正干部，相对较弱的即为副手。当小干部树立了正确的服务意识、自律意识、自主意识之后，班级的自主建设便会得到有效的推动。

（二）增强班干部自主建设的能力

当代社会非常重视人的各种能力，能力的高低远比"分数"的高低来得重要。那么，在小学阶段，有什么方法可以提高学生自主建设的能力呢？

1. 开展有效活动

常言道，实践出真知。一项班级活动的开展需要经过策划、准备、实施、总结四个基本环节。在此过程中，可以让学生展示自己的特长、开发创造性思维，让学生们主动积极地参与到活动中来，献计献策，把每个活动搞得有趣而有意义，并使他们感到获益匪浅。

2014年6月，我校少先队组织了一场"跳蚤市场活动"，我带的第一届学生对此兴趣盎然。活动前，导购员、宣传员、记账员、交通指挥员、后勤等，都是学生事先通过认真、思考、举荐、自荐等环节一一产生的。最后，通过井然有序的分工合作，合理的营销策略，我们班级所得的义卖总额在年级组中最多。在之后的活动写作回顾中，甚至有学生写出"幸亏××帮我，不然我的物品就卖不出去了""我觉得我更加喜欢做生意了"等感言。笔者想，在同类的活动中，他们的策划能力、组织能力、合作能力、宣传能力已经得到了很大的提升。

2. 完善评价机制

作为班主任我们可以通过完善评价机制，鼓励学生做好自主建设的工作。适时、适当的物质奖励一方面可以肯定学生在班级建设中的贡献，另一方面也能刺激其积极主动地为班级着想。而非物质奖励方面，让表现好的学生分发作业本、和老师共进午餐、当一次"晨读小百灵"等方式都可以让学生认识到自己在班级中的主人公地位。

（三）提供班干部自主建设的平台

在班级建设中，很多班主任不是不愿意让孩子自主建设，只是自主建设往往离自己的预想有着很大的距离，然后还要想办法去"弥补"，为此很多班主任才不敢放手。

2015年10月初，笔者现在所带的班级（当时是二年级）出现水痘患者。为了预防水痘的扩散，班级必须做好通风和消毒工作。起初，学生们并不知道要如何消毒，所以我亲身示范，并安排好消毒人员，如此坚持了一个星期时间。而后有一天放学之际，我临时去参加会议，并没有安排消毒工作。没想到回到教室，灯已关，门已锁，透过窗户看到稍显潮湿的桌面和地面，我知道，他们已经自己做好了教室的消毒工作。

如今，虽然流感也随着季节总是小面积爆发，我们班的学生在卫生消毒方面已经有了充足的经验，消毒片没了他们知道该去哪里取，也知道怎么和卫生老师进行沟通。学生们能够在值日组长的带领下，有条不紊地做好消毒工作。

陆士桢在《班主任职业定位与素质要求》中指出，班主任要喜欢孩子，尊重孩子，平等对待孩子。所以，班主任转变角色、改改方法，才有利于班级自主管理。成人总觉得学生是孩子，总觉得他们无法完成一些自主活动。但其实这些只是我们陈旧的观点，有时稍稍放手给孩子一个施展的平台，他们会比我们想象中做得更好。

作为教育者，我们的一些方式方法总以"为了学生好"为出发点，但却忽略了孩子成长的重要收获。关心"人"的成长应该是教育的一种情怀，这也是班级自主管理的出发点。作为教育者，我们要给学生埋下真善美的种子，引导学生扣好人生第一粒扣子，无论是班干部还是学生，他们一直都走在参与班级自主建设的路上，作为班主任，我们要敢于放手，让学生做班级的主人，做他们的引路人，而后静待花开。

点 评 ▸▸▸▸▸▸▸▸

学校也是一个小社会。学生在这个社会中学习、成长，其所见所闻会影响到其自我人生观、价值观的形成。因此，正确发挥学生干部在班级管理中的作用，是班主任日常工作的重点，也是班级管理能够顺利进行的基础。

本案例从"为什么"和"怎么样"两个方面出发，分析了目前班干部参与班级建设的现状、存在的问题和解决的途径。通过班主任引导，在加强班干部自主建设意识和能力的基础上，放手让学生干部进行班级管理工作，同时给予最大的支持和信任，使学生真正由"领导角色"向"服务者角色"转变。以身立教，为人楷模，把学生紧紧地吸引和团结在班干部的周围。同时明确自己所肩负的重托，严于律己、以身作则，增强班级的凝聚力和学生的主人翁意识。学生自主性提高了，作为园丁的教师就可以静待花开。

天津市学生心理健康教育发展中心主任　吴捷

落实养成教育计划　共育三美十好少年

北京市平谷区第七小学　贾国清　赵德永

平谷七小始建于1997年，是平谷城乡接合部的一所公办农村小学。现有教职工52人，全校共有14个教学班，405名学生，其中有167名随迁子女。近年来，学校在区教委"幸福教育"理念引领下，以"各美其美，做更美的自己"为办学理念，以"我更美"教育为办学特色，以养成教育塑造美为突破口，不断完善学校养成教育体系，逐步强化学生的养成教育，全面培养学生良好的品行和习惯，为学生形成良好的人格奠定基础，从而成就"更美"学生。

一、构建养成教育工作体系，育三美十好少年 >>>>>>>

（一）以《手册》为抓手，细化养成标准

依据《北京市中小学养成教育三年行动计划》中《北京市中小学生行为习惯养成学段重点目标》要求，结合"我更美"校园文化理念，我们梳理出"平谷七小三美十好少年培养目标"，编辑出版了《三美十好少年养成手册》（以下简称《手册》），"三美十好"即："上好课、读好书、写好字"——争当"学习优秀美少年"；"说好话、走好路、敬好礼"——争当"举止文明美少年"；"做好操、穿好衣、练好武、净好身"——争当"健康向上美少年"。手册内容涵盖了培养标准、评价方法等，每一个标准都是以儿童喜闻乐见的歌谣形式呈现，这样简单易记、入脑入心，便于落实。

（二）以课堂育行为，重在规范引领

课堂教学是培育学生美好心灵、塑造高尚品德的重要途径，更是落实"我更美"教育的重要载体。

首先，利用《手册》，规范引领。每位学科教师将《手册》要求与课堂评价紧密结合，时刻关注学生良好习惯的养成，随时将评价结果记录在册。评价内容包括学生的物品摆放情况、学生使用学具情况、学生回答问题情况等。这种要求和评价贯穿课堂始终，每位教师、每堂课都要进行。经过这样的长期训练，学生的课堂习惯有了显著变化，课堂变得紧张而有序。

其次，课程育人，渗透美育。为了学生健康发展，塑造健全人格，我们积极推进三级课程，实现课程育人的教育理念。在国家课程方面，我们要求各学科教师主动挖掘学科中的美育功能，让品德与社会学科中的"道德之美"，数学课中的"对称之美""公式之美"，语文、英语学科中的"语言之美"，音乐学科中的"旋律之美"，体育学科中的"力量之美"……如涓涓细流浸润学生的心田。在校本课程方面，我们结合"我更美"教育特色文化和学生的培养目标，依托校内外优势资源，开设了舞龙、舞狮、绳毽、篮球、小足球、武术等体育健康类课程，书法、民乐、太平鼓、戏曲、竖笛等艺术类课程，航模、科学幻想画、风筝、悬浮纸飞机等科技类课程……使学生全面协调发展的同时，丰富了学生对美的实践体验，提升了他们发现美、体验美和创造美的能力。

（三）以管理督落实，重在持之以恒

学生良好习惯的养成需要在自我管理中得到落实，需要在持之以恒、坚持不懈中得以形成。因此，学校充分利用管理小干部落实《手册》的检查督导任务，主要涉及学生的文明礼仪、纪律卫生、两课两操等诸多方面，检查结果纳入班级管理评价和《个人养成手册》，既是对班级整体的督导，又是针对每个学生个体的检查。这种自我管理和评价，学生不仅乐于参与，珍视这份荣誉，而且极大激发了学生的竞争意识和班级荣誉感。

（四）以评价促竞争，重在激励争先

《手册》实施以来，学校为全体学生搭建了展示自我的平台。首先，各

班每周评出"三美"模范、"未来之星"和"进步标兵",每周一升旗时间对"三美"模范进行表彰。其次,月末评出3个模范班级、20名模范标兵和60名"进步之星"。最后,每个学年末,对各班推举的学年度美少年进行表彰,家长荣获"三美十好优秀家长"称号。学校通过这些评比评先活动,激发了学生的积极性和主动性,形成了"比赶超"的浓厚氛围,学生的自我约束意识增强,良好的习惯在激励争先中得以养成。

二、强化家校社协同育人网络,注重共管共育 >>>>>>>>

(一)加强师资培训,提升教师育人能力

教师是落实学生习惯培养的执行者,而执行者的态度和能力又决定养成教育的落实程度。因此,学校十分重视师资培养,提升教师的执行力。

1. 落实师德积分,提升师德素养

良好的师德是教师做好工作的先决条件。自区两委推动师德积分机制以来,学校分层次征求教师意见,并多次召开全体教师会共同研讨和完善师德积分卡内容。学校将师德积分与教师形成性评价相结合,将教师的遵纪守法、自我研训、教学行为、教育落实等全部纳入形成性评价当中,从而规范了教师教育教学行为。此外,学校秉承研讨即培训的理念,在研讨中逐步提高教师的认知,在润物细无声中提升教师自我约束的意识,不断提高了教师的师德修养,为养成教育的落实奠定了基础。

2. 加强班主任培训,提高育人能力

班主任是教育学生的主体,他们的工作能力决定了学生养成教育的效果。

首先,学校实施班主任例会制。学校每周二固定时间召开班主任例会,除了布置每周的工作任务外,还利用班主任例会进行落实《守则》《规范》以及学生养成教育的系列培训,提高了教师进行养成教育的意识和能力。

其次,开展经验交流分享活动。每个月,学校还利用班主任例会时间组织一次"养成教育"经验交流活动。每次交流都精选出3名班主任发言,他们的经验都是对平时实际工作中遇到的问题以及解决的措施的总结,既接"地气"

又便于操作。这种交流分享深受教师们的欢迎，成为班主任们思想碰撞、互相学习的途径，为进一步抓好养成教育奠定了坚实的基础。

（二）制定落实"三规"，补齐养成教育短板

《手册》虽然涵盖了学生养成教育的诸多方面，但是不可能面面俱到。针对这种情况，学校开展了制定"校规、班规、家规"活动，作为养成教育的内容的延伸，从而补齐《手册》的短板，促进学生全面发展。

校规：根据学校教育特色和养成教育目标，学校制定《平谷七小学生一日管理规范》，作为《手册》的有益补充，完善学校对学生的日常管理。

班规：各班根据学生养成教育目标以及养成教育的薄弱方面，制定符合自己班级实际情况的《班级公约》。公约由学生自主制定，班主任指导，学生自我管理落实。

例如，一（1）班制定的班级公约："……上课时坐姿及写字姿势要端正，能够根据上课状态改变自己的坐姿；上课时发问，先举手再发言，不随意插话……"

家规：学生根据自己在家庭当中的表现，针对自己存在的问题，和家长一起制定家规，由家长督导检查。

请看我校五（1）班孙云飞和父母一起制定的家规：

（1）尊老爱幼，懂礼貌。

（2）吃饭不浪费。

（3）父母问问题要及时回答。

（4）星期天在家帮忙收拾家务，自己的事情自己做。

（5）不说脏话。

（6）出去玩要和家长打招呼。

三规没有空洞的承诺，有的都是点点滴滴的"小事"，这些"小事"汇聚成为学生良好行为习惯的养成，健康人格的构建。三规的制定，不但成为《手册》内容的有益补充，完善了养成教育的内容，同时学校倡导的自我制定、自我管理，增强了学生的三规认同感，激发了践行的积极性，落实效果更好，提高了养成教育的针对性和实效性。

（三）开展特色活动，强化实践养成效果

1. 寻美日记促养成

"做最美的事，成更美的人"是学校的校训，我们要求学生不但自己做最美的事，还倡导学生主动发现身边的美景、美事、美人、美物，并以日记的形式记录下来，每周一篇。撰写"寻美日记"，既是学生发现美、欣赏美、践行美的过程，又是学生自我教育的过程。这种过程更加内化于心，成为学生树立正确价值观的催化剂。正如一名同学在日记里所说："……老爷爷和阿姨做点小买卖不容易，但他们并没有私吞姑娘的钱，而是选择了拾金不昧，这种品质真值得我学习。拾金不昧是中华民族的传统美德，我也要将这种美德传承下去，做个拥有美好心灵的少年！"

2. 利用"四节"助养成

学生的发展进步离不开学校的科学规划，学生的习惯养成离不开平台的激励与鞭策。因此，我校设立了"四节"，即读书节、体育节、科技节、武术节，并每年依托"四节"开展各类主题活动。如读书节——"读美德故事，做美德少年"；体育节——"塑造强健体魄，展现力量之美"；科技节——"我是小小发明家"；武术节——"弘扬民族瑰宝，展现中华雄风"。每个主题活动开展的过程，都是他们积极参与、精心准备、快乐展现的过程，更是一个自我教育、自觉向上、良好习惯的激发与培养的过程。

（四）家校紧密合作，携手共育增添动力

学生的养成教育光靠学校教育的力量是远远不够的，更需要得到家长的支持、理解和共同教育。我们通过家长教师协会，第一，帮助家长树立正确的育人观，认识到良好的行为习惯对人的学习、生活以及事业上的成功都至关重要，必须从小抓紧、抓实、抓好；第二，通过三次专题讲座，指导家长如何培养学生的家庭学习习惯、生活习惯、文明礼仪习惯、家务劳动习惯，从而使家长的教育督导具有实效性；第三，邀请家长代表参加学校各种大型活动，增强家长和学校之间的了解与合作，取得家长对学校工作的支持，为学生养成教育助力！

三、注重实效，让养成教育效果"显"出来 >>>>>>>>

　　宝剑锋从磨砺出，梅花香自苦寒来。经过全体干部、教师长期不懈地狠抓养成教育，持续开展"三美十好少年"评比活动，使校园中处处展现文明、有序的美。课堂上学生认真倾听、积极发言、主动合作、礼貌交流，课下学生主动问好、行走有序、轻声慢步的习惯已逐步养成，每一名学生都成为谦谦君子、"更美"少年！

　　自2017年9月到现在，共有330余人次获得区级以上各类奖励，占全校学生总数的89%。几年来，学校先后获得平谷区教育工作先进集体、平谷区书香学校、平谷区特殊教育先进集体、首都未成年人思想道德建设创新案例提名奖；在"中国好老师"优秀育人案例评选中获得一等奖；在市级基础教育课程建设优秀成果评比中获得一等奖；在北京市第六届风筝比赛中获得团体二等奖；在2018年平谷延庆首届青少年风筝邀请赛中获得团体一等奖；在区级科技节比赛中获得小学组团体二等奖。在收获这些荣誉的同时，学校的教学质量也稳步提升，在2017年全区教学质量检测中，我校获得全区第八名的好成绩。

　　总之，学生良好行为习惯的养成不是一朝一夕的事，我们将继续秉承"我更美"教育理念，以养成手册为抓手，以"三美十好"为目标，坚持养成教育常抓不懈，并不断创新育人方法和途径，努力把学生培养成为"有理想、有道德、有文化、有纪律"的一代新人。

点 评 >>>>>>>>

　　文章作者详细介绍了学校养成教育管理体系的构建与实施。学校管理体系的构建有理念、有层次、有落实，将"各美其美，做更美的自己"的办学理念落实在"三美十好"的培养目标中，并将办学目标进一步具体细化建立评价标准，更将标准编成歌谣帮助学生易于理解与落实；抓住课堂主阵地，以课程育人方式开展持续的养成教育，每位教师按照标准评价要求学生，利于学生行为一致性的养成；运用合理评价方式，以激励为主开展班级竞争；强化家校合作，形成共管共育良好氛围，使学生学校中的行为与家庭表现相一致，固化良好行为模式；充分发挥班主任骨干作用，提升班主任育人能力；以多种方式开展丰富多彩的活动凸显现成教育效果，经过不断持续、扎实的工作，学校养成教育取得了丰硕成果。

北京教育学院副教授　伍芳辉

如何提升学生自主管理能力
——生态课堂下的小组建设与评价研究

黑龙江省塔河县第二小学　尹金玲

一、典型问题及表现 >>>>>>>

在社会高速发展的今天，各行各业需要更高素质人才，这些人才无论是管理型的、创新型的，还是技术型的，都要掌握较强的自主学习及管理能力，都需要较好的协作能力。这就要求我们教育工作者从小培养学生的自主学习、合作探究的能力，让他们能够自主学习、自我管理。

但如今的学生中独生子女较多，一些学生心理脆弱，思想和行为懒惰，严重缺乏自我学习、自我管理与合作学习的能力。

为此结合学校"生态课堂下的小组建设与评价研究"的国家课题，利用课堂教学，我着重运用了"自主学习、合作探究"的生态课堂教学模式，对学生自我学习、自我管理与合作学习方面进行了训练与培养。

二、分析及解决问题的策略 >>>>>>>

（一）课题介绍

"生态课堂下的小组建设与评价研究"是我校"1+4"生态教学体系下创

建的课堂教学课题。它的创建基于学校生态课堂教学模式多年的研究，来自一线教师的实践，并结合了我校的学情。如今学校正在进行的"五步三查"课堂教学模式中就包括"独学""对学""群学""展示"和"检测"环节。其中课前预习、课上"独学"环节能充分让学生自主学习与管理，而"对学""群学""展示"等教学环节，能让学生学会在自主学习的基础上，学会更好地与人合作，并抓住机会充分展示、质疑、阐述观点等。在生态课堂模式下的小组建设与评价能优化我们的课堂教学，使学生养成自主学习和管理的好习惯与品质，具有广泛的适应性和使用价值。

（二）研究工作主要进展

根据学校课题组的计划，我们经过了前期的理论学习与培训和课堂教学实践、现阶段的研讨与提升，如今正处于课题的实施阶段中期。

实践过程中，我们理论与实践结合，参加了国省地县教育部门及"育中方略"集团的培训指导，对问题进行研讨，在课堂上采用"培—用—研—讲—总结"的方式。学生在课堂上自主学习与合作学习结合，自主学习、自我管理的能力大幅度提高，合作探究能力提升。从学生行为习惯、学习习惯养成和学期学年的成绩上来看，小组合作学习和评价是提高生态课堂效率的有效方式。

（三）小组合作与评价的具体实施

1. 小组合作的实施

小组合作学习是一种新的教学方式。它是在课堂教学的基础上，学生在教师指导下，以小组合作学习的形式展开的，它是在学生独立思考、独立学习的基础上开始的。课堂上，师生、生生共同协作，相互交流，深入探究，完成学习任务，小组合作的关键是分工协作。

2. 小组合作的评价

促进小组合作深入开展和达到成效的是评价，只有跟进有效的评价，让合作与评价有机结合，才能使小组合作更具成效。小组评价有自评、组评和综合评价。

三、效果和经验总结 >>>>>>>

（一）多样的学习方式

1. 适当的课堂预习，基础内容的"独学"

我校是一至九年级的九年一贯制学校，这使得我们小学和初中的教与学能有效地结合与衔接。在此课题的要求下，我校一至九年级都要有课前的预习和课上"独学"。

预习内容根据学科、课程的不同，根据学生的实际分层安排，如语文有课前读文、生字的提前读写，课外资料的查阅，数学有基础题的尝试学习，英语有单词、读文等。

课上"独学"内容一定是比较基础的，80%的学生能完成的问题，目的就是学生能"够得着"，能独立完成，而又不因为内容过难而消磨了学生自主学习的积极性。

课前预习检查方式有新课前检查，也有前一天晚上班级微信群里的个人提交、组长评价、教师批阅。这样评价即时、督促及时，能有效地加强自主学习的时效性。"独学"的检查方式，可在之后的"对学""群学""展示"中检测，让学生"独学"结果得以保证。

2. 生生互助的合作性学习——"对学、群学"

（1）科学分组，以增强学生的自主学习能力。

根据学情可有主导式、民主式和互助式分组。主导式：把学生按4或2人分组（2人时是对学），组中好、中、差，男女搭配均匀，性格互补，成绩好、能力强的学生做组长，组织本组的学习与评价；民主式：可以把学习实力接近的组员分为一组，两两合作互研互评；互助式：可强弱搭配，互带互帮。

（2）发挥小组长的管理作用。

成绩好、责任心强、有一定组织能力的学生担任学习小组长。其职责有：有效组织本组成员合作学习；确保小组成员能一对一讨论或小组内不同层次的学生能互研互促；监测小组成员的合作情况，并进行小组成员自评汇总和对其学习行为表现进行评价。

（二）学生间的自主评价

教学中我常用的评价方式为自评、组评、综合评价。

自评：每节课学生的学案后都有达成每一项的"星"，每达成一项，自己画"√"。

组评：一是组长在本节课的组评表上对组员自评进行统计，二是组长负责评价本组学生成员在小组合作学习中的行为表现，并填写入组评表中。

综合评价：主要是组自评和其他组评相结合，再加上小组合作过程中的评价，最后形成小组的综合评价。

（三）必要的激励"政策"

到了期中和期末对表现突出的小组进行奖励，主要是奖励学生感兴趣的图书、学习玩具等。奖励不针对个人，这样更能提高学生小组合作的意识，使他们合作更积极。

课堂教学中，学生学习的方式应该是多样的，我们课堂教学中要本着以学生为主体，鼓励他们能自己学会的自己学，不会的互相学，互相学不会的研究着学，最后解决不了的师生合作学习。在课堂上让学生充分自主学习、自主管理，只要教师肯放手，学生的自主学习和管理的能力就能得到提升。

点 评 >>>>>>>

尹老师的文章介绍了"生态课堂下的小组建设与评价研究"课题的相关研究内容。聚焦小组合作学习，开展了一系列有意义的探索。合作学习的基础和前提是每个学生的独立思考，尹老师使用的先"独学"再"对学、群学"的方法符合合作学习的基本要求，让合作学习真正有价值；在分组时结合学情采取"主导式、民主式、互助式"等灵活多样的分组形式，有利于调动小组内每个成员的积极性；运用"自评、组评、综合评价"等方式，关注评价主体的多元性，提高了评价的实效性；为了激发小组合作的积极性，开展一系列激励政策，形成了良好的竞争与合作氛围。实践研究关注了学生学习自主性的发展，让学生在自主、胜任和有归属感的环境下学习，激发了学生的学习动机、提高了学生的学习能力，达到了良好的学习效果。

北京教育学院副教授　伍芳辉

信任是支点

福建省北京师范大学厦门海沧附属学校　蓝辉春

教育的最终目的是为了能够不教育。一个孩子要是能够在接受学校教育的同时，打开自己的心灵世界，也就找到了自己。而孩子们一旦找到了自己的存在，就走上了自我成长的道路。这正如周国平先生所言："一切教育都是自我教育。"假若教师能以信任为支点，为孩子们提供足够的时间和空间，选择恰当的教育契机，讲究育人的实施策略，提供合适的历练平台，孩子们也一定能够渐入自我成长的教育佳境。

然而要让孩子们真正迈入自我教育的正轨，就要求教育工作者能给成长中的孩子足够的信任，以积极、平和、宽容的阳光心态去面对学生、影响学生。这是一种修养境界，也是一种专业素养，更是一种育人的智慧。

一、老师，我们还用再去督导吗 ﹥﹥﹥﹥﹥﹥﹥

2016年秋冬交替时节，学校西边一角的假山鱼池刚建好不久，孩子们颇感好奇，前往观赏的孩子一批又一批。可是好景不长，不到一周我们便发现鱼池中的观赏鱼被戳破肚皮……还有的孩子直接把小乌龟抓在手中，想要带回家中自己养着慢慢欣赏，更有甚者把小乌龟抓起来，用两块小木板夹着……种种不可理喻的行为是我们没想到的。某天值周老师把"肇事"的5个"熊孩子"送到了我的办公室，我经过一节多课时间和他们"斗智斗勇"的交流后，事实已基本了解清楚，原来是一名六年级的男生领着一群三年级的孩子干的。一查下来有十三人之多，可他们又害怕被告诉家长，谁也不愿承认。

　　作为教师，我们不能忽略了孩子的缺点和错误，让他们在成长的路上迷失自己。那会儿，我突然意识到追究下去事实当然会更清楚，但同时会错失一次让他们自己思考反省的教育契机。于是，我灵机一动，当即成立了一支专门管护假山鱼池的校园文明礼仪督导队，那个六年级的男生当队长，每天课间和上下午放学时间必须带领两名队员到那儿去督导，做好鱼池的管护工作，直到清校时段。每周五天，每天一组，多余的两名同学则负责收集他们佩戴的印有"校园文明礼仪督导队"标志的绶带以及监督队员们的到位情况。试行一段时间后，我惊喜地发现来观赏的孩子多了，鱼池中鱼儿受伤害的事件不再发生了。更让我感动的是第二学期开学后，那些小队员都主动地找到我说："蓝老师，这个学期我们还用再去假山鱼池那儿督导吗？"看着他们那一股认真的劲儿，我笑着说："在你们的督促引导下同学们都知道要爱护这些小生命了，你们不去也没人搞破坏了。当然，你们要是还愿意去的话，我们很欢迎的！"听了这些话，他们便开心地离开了。

　　显然，我们要给成长中的孩子们足够的信任，学生们身上的一系列喜人的变化，不正是我们所追求的给他们思考反省的自由空间，引领学生自己成长的现象吗？

二、老师，那音箱又回来了 >>>>>>>>

　　2015年9月，我校继先前的未来海岸校区（总部）、京口校区（初中部）后，第三个校区体育中心校区（小学部）也正式投入使用。为了充分利用校区毗邻海沧区体育中心的资源优势，落实教育部文件关于学校体育工作的规范要求和我校提出的"每天锻炼一小时，幸福生活一辈子"的育人理念，我们尝试在校区的运动场所推行"诚信器材"活动，让体育装备真正"走出来，用起来"，让体育装备从原来的器材室进入运动场周边设施的专用柜中，全天候向师生开放，试行一个学期后深受师生的欢迎。

　　可是事情往往都有两面性。一日，体育教研组长周老师气冲冲地领着三个孩子来到我的学生成长中心办公室，看上去是余怒未消，直截了当地对我说：

"蓝老师啊，这些孩子真的要好好教育教育！"我赶忙起身点点头，当我想要询问缘由的时候，没想到他转身就离开了。为了不挫伤老师的工作热情和孩子的自尊心，等周老师走远后，我示意那几个眼神中带着几分惶恐和不安的孩子在沙发上坐下，和他们聊起天来。

原来为了准备学校"校园足球活动月"的班级足球比赛，他们和几个同学在体育器材室门口的空地上练习颠球、传球和模拟射门，不小心把挂在器材室门口墙上的小音箱砸下来摔坏了。我微笑着看着他们，让他们静下心来想一想：你们的行为哪些是好的？又有哪些是不好的和需要改进的地方呢？通过交流，他们放松了戒备心理，自己七嘴八舌地分清了所犯错误的责任担当问题，也知道了热爱体育运动是个好习惯，喜欢足球本身并没有什么错，但损坏公物就不应该了，是要照价赔偿的。当我要给他们提本次事件的处理建议时，一个姓魏的同学主动说："蓝老师，您不用担心，过几天我们准让全新的音箱回到器材室的墙上。您就放心吧，我们保证完成任务！"看到他们自信满满的样子，我笑着说："相信，相信，完全相信！"说完就让他们各自回去了。

时隔几日，那名魏同学看到我在操场和孩子们一起打球，硬是拉着我来到器材室门口，指着不远处的墙上对我说："蓝老师，你看，那'音箱'又回来啦！"看到他那得意的样子，我故作惊讶状，明知故问："那它又是怎么回来的呢？"看我很想知道这背后的故事，他神采飞扬地讲了起来，原来他们在班主任老师的帮助下，五个有相关责任的同学，每人分摊了十几元，魏同学自己多承担了些，一个八十几元钱的音箱就买回来了。事后他们又主动向信息中心的郑老师求助，新买的音箱就回到了墙上！听完他的讲述，我立即竖起大拇指夸他说："这就对啦！人都会犯错误的，但要敢于面对并认真改正！小小男子汉，就应该敢做敢当嘛！老师要为你们点个赞哦！"看我不仅没有批评他，反而还一个劲儿地夸他，他不好意思地低下了头……

一个音箱既让孩子知道了犯了错误是必须承担责任的，损坏了公物是需要赔偿的，又培养了他们的责任担当意识。同时教师的信任又把学生导向自我教育的目的，教师要与孩子们友善相处，引领他们成为更好的自己。

三、走，大宝，我们巡课去 >>>>>>>

众所周知，我们的教育对象是千差万别的学生，因而教育需要和风细雨式的润物无声，也需要严寒酷暑式的严格要求，更需要做教育工作的我们用爱心和智慧去有效实施个性化的教育，因人而异、因势利导才能带给学生更加积极的影响和更长远的帮助。

又是一个轮值的巡课周，随着班队会课清脆的上课铃声响起，我走出办公室准备去巡查各班级班队会课的落实情况。可刚走出办公室，却看见令老师们又爱又气（爱他聪明可爱，头脑灵活；气他不守规矩，小错不断）的三年级的大宝同学在楼道里大喊大叫，不时还发出尖叫声，扰得整个楼道不得安宁。我快步上前制止他："大宝，你没听见班队会课的上课铃声响了吗？怎么回事？不上课又想上哪干'好'事去？"可他依然一脸玩世不恭的样子站在那儿。

我顿时收敛了脸上的笑容，故意严肃地大声说："就你这个小家伙多事，你那么聪明，难道不知道上课该去哪儿，要怎么做吗？"听了我这一连串的问话，小家伙愣在那儿。见此情景，我灵机一动，心想：与其空洞地说教，不如让他眼见为实，让他看一看别的班级的弟弟妹妹和哥哥姐姐们是怎么上课的，或许他就知道自己错在哪儿，该怎么做啦！于是，我就牵着他的手，笑着对他说："走，大宝，我们巡课去！"

就这样，我们俩从一年级到六年级每个班级逐个巡过去，当最后一个班巡完后，我蹲下身子问他："课巡完了，你觉得这些哥哥姐姐、弟弟妹妹他们哪些方面做得好？你知道该怎么做了吗？"我话音刚落，他便头头是道地说起来并表示要好好遵守纪律，认真听课。看着他那一脸认真的神情，我点头表示赞许，同时郑重地告诉他："只要你期末考试语文、数学、英语三科都达95分以上就给你发奖状！"他高兴地和我拉钩确认后就一蹦一跳地回班级了。我暗暗地想：这一趟巡课，要是真能触动他那颗迷茫的心，也不枉我的良苦用心。

期末考试那天，当最后一科考试结束后，他硬是拉着接他回家的妈妈来到我的办公室，可小脸憋得通红却不说话。我从办公桌前探出身子轻声询问："怎么啦？大宝，是不是又犯错啦！"他摇摇头否认了，在我反复询问后他才说出原委，原来他是担心自己语文发挥不太正常上不了95分，怕拿不到奖状要来和我商量的。我便顺势追问他："那其他两门学科发挥得如何？"他仰起脸，蛮自信地说："应该没有问题！"我看他那认真却带着几分失落的劲儿，便立刻答应他，只要他其他两门学科实现目标，语文不低于90分，之前我们之间的约定，照样有效！果不其然，本次考试他以语文92分，数学100分（是他们班唯一的满分），英语96分的优异成绩名列班级前茅，如愿以偿地拿到了"学习之星"的大奖。当他自豪地站在闭学式领奖台上的时候，我为他在自我教育的路上又稳稳地迈出了一大步感到欣慰，默默地祝福他能越变越好！

其实，作为一名教育工作者，重要的是遇到各种各样的问题能沉着冷静，尤其是面对那些所谓的"问题孩子"犯错时，更要不急不躁，应站在儿童的立场上思考问题，深入思考孩子为什么会这样做，审时度势、因势利导，给孩子充分的信任和足够的宽容，在"管"与"不管"间寻求突破，促使孩子进入"自我教育"的最佳状态，这才是真正的智慧教育。

四、在坚守中创新，努力追寻适合每一个孩子快乐成长的教育 ›››››››

回望北京师范大学厦门海沧附属学校十五年的发展历程，全校上下自始至终坚定一个信念：我们是一所处在沿海经济特区的城乡接合部的新办学校，但我们要办一所有情怀、敢担当、勇创新的省内外一流、全国知名的高水平的求真的学校。"示素质教育之范，育全面发展之人""九年影响一生""每一个孩子都重要"等这些以人为本的办学理念化成了全校教师孜孜以求的教育理想，共同用爱心和智慧成就"阳光学生、智慧教师、幸福学校"的教育愿景。

教育需要坚持，成功源于创新。在我国当代著名教育家顾明远先生题写的"自信自强，惟德惟能"校训的指引下，我们不断提升学校的办学品质，走内涵发展的创新之路，不断完善和深化校园文化自信，成就了学校建校十五年以来辍学率为"0"和不以牺牲学生的健康和快乐为代价的高水平优质教育的梦想。我们的成功主要源于：

1.学生的自信——在回归中成长

在我们学校，"以学生为本"绝不是一句空话，而是回归校情、学情，关注每一个孩子成长需求的真实的教育行动。我们始终相信学校、教师多为学

中国好老师 · 育人故事

生想一点，学生就受益多一点。德国著名的哲学家、教育家雅斯贝尔斯在《什么是教育》一书中阐明："教育的本质是一棵树摇动另一棵树，一朵云推动另一朵云，一个灵魂唤醒另一个灵魂。"真正好的教育不只是教授学生外在的知识，还要挖掘他们内在的潜能，引导他们自己去认知世界。教师的职责主要是激发学生进行自我教育的潜能，回归学生本位，实现其自我成长。久而久之，学生被校园文化耳濡目染，有了源于学校文化的自信，他们就能阳光地学习和生活，努力去实现自己的理想，走向幸福的人生。

2. 教师的自信——在坚守中创新

当今的学校教育，如何走出"教师越来越难教，学生越来越不想学"的怪圈？在坚守中创新方能走上智慧教育的成功坦途，也是每位拥有教育梦想的教师的最佳选择。

实践证明：教育归根结底是人的教育。教师一旦拥有了学校文化的自信，就会真正成为学生学习的引领者和促进者，让校园和课堂真正成为学生自主学习、自我成长的主阵地。孩子们在课堂上就会自觉主动地"活起来"，思维也活跃起来，从而实现主动发展和自我成长。每一个学生在属于自己的成长路上，找到适合自己的发展方向，这才是真正的更好的教育。

3. 家长的自信——在信任中前行

无数成功的教育事实告诉我们：家长与学校文化的高度融合建立在家长对学校与教师工作的充分信任基础之上。要想引领家长在信任中前行，牢固树立家长的校园文化自信，必须密切家校关系，让家长主动参与到学校教育的课堂、活动当中来。向家长全方位展示安全的管理，井然的教学秩序和孩子锻炼的真实场景……让家长真切感受到孩子的变化和进步，充分认同教师的默默付出和辛勤教育，才会高度肯定、真正认可学校的成功，在轻松和谐的良好氛围中实现家长与学校文化的高度融合，共同期待和享受每一个孩子的快乐成长。

作为一名教育工作者，我们无论何时何地都要把准信任这一支点。因为像上文所述的大宝这样的所谓的"问题学生"，由于平时所受批评责备多，难免形成逆反心理。要想让他们能正视自己，努力改变自己，实现自我教育，为人之师的我们必须用平和、宽容、积极的心态去面对他们，化消极因素为积极影响，变被动接受为主动发展，变批评指责为充分信任，以爱的名义，以情感关怀为动力，信任为支点，激发他们上进的热情，充分发掘他们自身存在的教育潜能，他们就会鼓足勇气朝着我们指引的正确方向健康成长。我们永远都要坚信：守住你心底的那一缕光，或许很多人会在它的帮助下走出黑暗的境地，走向光明的世界。这才是教育所追寻的最真、最好、最美的境界！

点 评 >>>>>>>>

　　学生在成长过程中会出现一些问题行为。作为教师，面对学生的行为，如何积极有效地陪伴、干预、辅导，就显得很重要。本文的作者站在学生的角度，用教育智慧进行学生的行为重塑，取得了较好的效果。

　　1. 以信任为支点，建立积极有效的师生关系，带动学生行为的改善。在班级中，良好的师生关系可以带动学生行为的改善。而蓝老师通过给予同学信任，向学生传递了老师对学生的理解和接纳，建立了安全、和谐的师生关系，在关系的带动下，形成良好的氛围，最终达成问题的解决。

　　2. 积极引导，借助外部力量，陪伴学生健康快乐成长。当学生出现问题时，教师以清晰的提问来澄清问题，以巧妙的方法——巡课带动学生行为的改善，激发其内在的力量去解决问题，正面引导而不是简单批评，赏识教育而不是简单表扬。

北京市东城区教育研修学院心理教研员　赵晓颖